청년이 묻고
대법관 김신이 답하다

청년이 묻고
대법관 김신이 답하다

김신 지음

뿌리와
이파리

차례

서문

1983년에 부산지방법원 판사로 임명되어 2018년 대법관으로 퇴임하였다. 35년 동안 법관으로 근무하면서 판결문을 읽고 쓰는 것이 일상이었다. 그러나 지금 판결문을 읽어보아도 판결문은 여전히 어렵고 이해되지 않을 때가 많다. 문장이 복잡하고 장황한 탓인지, 내용이 전문적인 까닭인지, 아니면 아예 논리의 오류 때문인지, 아니면 그 모두의 탓인지, 판단하기 힘들다. 세종어제훈민정음은 "나랏말싸미 듕귁에 달아 문자와로 서로 사맛디 아니할쎄"라고 한 것처럼, 법원에서 작성한 판결문이 국민들이 일상에서 사용하는 문장과 서로 사맛디 아니한다고 생각하는 사람들이 있다. 판결문이 좀더 쉽고 분명해야 한다고 외치는 소리도 있다. 이 소리에 적극적으로 호응하고 노력할 때 법원에 대한 불필요한 오해가 사라질 수 있을 것 같다.

동아대학교 법학전문대학원의 석좌교수로 근무하고 있던 중 법무법인 지평 부산사무소의 젊은 변호사들이 함께 대법원 판결을 공부하자고 제의하였다. 그래서 2019년 10월부터 2020년 7월까지 10개월 동안 매월 1회 변호사들을 만나 대법원 전원합의체 판결을 함께 읽고 서로 묻고 답하며 토론하는 시간을 가졌다. 판결을 깊이 연구하는 것은 각자의 몫으로 하고, 함께 만나서는 판결의 배경과 문장의 의미, 논쟁의 전개 과정을 이해하면서 판결의 진정한 의미를 알아가려고 애썼다. 그들과 함께 묻고 답하는 시간이 지적 도움이 되기도 하였지만, 젊은 변호사들의 형편과 마음을 알 수 있어서 유익하였다. 젊은 변호사들이 그 흔적을 자신들의 기억 속에만 간직하기는 아깝다고 하면서 책으로 출판하자고 제의하였다. 그래서 다시 기억을 더듬어 주고받은 말들을 글로 엮어 다듬었다. 막상 정리하고 나니 대화의 주제가 된 판결이 주제별, 체계적으로 선정된 것이 아니어서 다소 산만하고, 필자의 의견이 강하게 담겨 있는 것 같아 객관성이 떨어진다는 비판을 받을 것 같다. 그렇지만 이 책을 읽는 사람들이 법원의 판결에 관심과 애정을 가질 수 있고, 법률에 관심과 지식을 가진 사람은 판결문에 더 쉽게 다가갈 수 있기를 바란다.

장마다 대법원 전원합의체 판결을 하나씩 읽으면서 나눈 대화를 실었고, 그 끝에는 대상 판결문을 첨부하였다. 판결문 전체가 아니라 필자가 작성하거나 관여한 반대의견 또는 보충의견만 실었다. 판결문의 일부지만, 원문의 신선한 맛은 그것을 요리를 하여 가공한 맛과 다른 싱싱한 느낌을 줄 것 같다. 이 책이 연구자들에게는 불충분하고 일반인에게는 여전히 어려울 것이다. 어쩔 수 없는 한계라고 생각한다. 그러나 이 책을 통하여 대법원 전원합의체 판결이 어떻게 탄생하였는지, 대법관들은 어떤 생각을 하였는지, 그런 결론이 도출될 수밖에 없었던 사정이 있었는지를 약간이나마 엿볼 수 있을 것이다. 국민들이 법원을 향하여 서로 사맛디 아니한다는 불평이 조금 줄어들고 법원을 따뜻한 마음으로 이해하게 된다면 다행이겠다.

함께 공부한 젊은 변호사들의 이름을 밝혀두려고 하였으나, 그들이 실명을 밝히지 않겠다고 하여, 부득이 세준, 재윤, 지희라는 이름으로 그들의 실명에 갈음하였다. 최근 어느 분이 학문사변행(學問思辨行)이라는 다섯 글자를 보내왔다. 배우고(學), 묻고(問), 생각하고(思), 변별하고(辨), 행하다(行)라는 뜻으로, 공부를 어떻게 할 것인가를 요약한 말이다. 대법원 전원합의체 판결을 두고 공부하고 발표하고 묻고 답한 젊은 변호사들이 이 책의 진정한 저자라고 할 수 있다.

젊은 변호사들과의 만남을 기획하고 출판을 독려한 법무법인 지평의 이상근 변호사와 이 책을 기꺼이 출판해 주신 뿌리와이파리 정종주 대표에게 감사를 드린다.

2021년 4월 1일
김신

1주일이 5일?

1주 최대근로시간

판시사항

휴일근로시간이 구 근로기준법 제50조 제1항의 '1주간 기준근로시간 40시간' 및 제53조 제1항의 '1주간 연장근로시간 12시간'에 포함되는지 여부(소극)

휴일근로에 따른 가산임금과 연장근로에 따른 가산임금이 중복하여 지급될 수 있는지 여부(소극)

세준 대법관님, 안녕하세요!

김신 저도 젊은 변호사들을 만나서 반갑습니다. 여러분들이 대법원 전원합의체 판결을 공부하고 있다는 말을 듣고 기뻤습니다. 요즘 법조인들도 대부분 사건 처리에 필요한 경우에만 인터넷으로 대법원 판결을 검색하고 있지 않습니까? 그런데, 여러분들이 정기적으로 대법원 판결을 공부하고 있다니 귀하게 생각됩니다.

세준 저희들이 대법원 판결을 읽고 공부를 하고 있지만, 쉽게 이해되지 않을 때가 많습니다. 특히 전원합의체 판결은 다수의견과 소수의견에 보충의견이 있어서 너무 복잡하고 어렵습니다. 대법관님께서 많이 가르쳐 주시기 바랍니다.

김신 젊은 변호사들이 판결을 함께 공부하자고 하니 저도 여러분으로부터 무엇을 배우게 될지, 기대가 큽니다. 오늘은 첫날인데, 어떤 판결을 준비해왔습니까?

세준 대법관님께서 주심을 맡았던 대법원 2018. 6. 21. 선고 2011다 112391 전원합의체 판결[임금]을 준비해 왔습니다.

김신 그 사건은 제가 대법관 취임하기 전에 이미 상고되어 대법원에 계속되어 있었는데, 제가 대법관 퇴임하기 직전에야 판결이 선고되었습니다. 상고 시부터 판결 선고 시까지 무려 7년이 걸린 사건입니다.

세준 우여곡절이 많은 사건이군요.

김신 그렇습니다. 그동안 소부에서 합의를 하였지만 결론을 내리지 못하고, 전원합의체에 회부되어 여러 번 합의를 하였지만 최종 결론을 도출하지 못하였습니다. 그 사이에 대통령도 바뀌고 대법원장뿐 아니라 관여 대법관도 몇 분이 바뀌었습니다. 대법원에서 공개변론을 열어 대리인들과 전문가들의 변론을 듣고 의견도 청취하였습니다만, 그 사이에 국회에서 근로기준법을 개정하는 바람에 다시 공개변론을 열고서야 최종 판결을 할 수 있었습니다.

세준 쉽게 결론을 내리지 못한 이유가 무엇입니까?

김신 이 사건은 표면적으로는 연장근로와 휴일근로 가산임금을 중복해 달라는 청구이지만, 실질적으로는 주당 최대근로 시간이 52시간인지, 68시간인지가 더 큰 쟁점인 사건입니다. 이에 관한 선례가 없고 학계에서도 깊은 연구가 이루어지지 않은 데다가 판결 결과에 따라 노사 관계는 물론 사회 전반에 미치는 파장이 매우 큰 사건이었습니다. 실제로 판결 선고 후 지금까지도 이 판결에 대한 찬반은 계속되고 있습니다. 그런 사건이다보니 원고, 피고 쌍방이 상고이유서 제출 후에도 상고이유보충서를 여러 차례 제출하였고, 노동자 단체와 경영자 단체도 기업과 경제에 미치는 영향에 대한 연구성과를 여러 차례 제출하는 등 공방이 치열하였습니다.

지희 당시 언론에서 이 사건의 선고 시기와 결론을 두고 큰 관심을 보였던 기억이 있습니다.

김신 어느 분이 이 사건의 사실관계와 소송의 경과에 대하여 말씀해 주세요.

재윤 제가 말씀드리겠습니다. 원고들은 피고 성남시에 고용되어 환경미화원으로 근무하다가 퇴직한 근로자들입니다. 원고들이 재직 시 피고시와 체결한 단체협약에는 주 40시간 근무제를 시행하고 토요일과 일요일을 유급휴일로 정해 놓았습니다. 원고들은 피고시에 근무하는 동안 주 40시간을 초과하여 토요일과 일요일에도 4시간씩 근무를 하였습니다. 피고는 토요일과 일요일에 근로하였다고 휴일근로수당은 지급하였지만, 연장근로수당은 지급하지 않았습니다. 그러자 원고들은 토요일, 일요일의 근로가 연장근로에도 해당한다고 주장하면서 연장근로수당도 중복하여 지급하라는 이 사건 소를 제기하였습니다. 제1, 2심은 원고들의 청구를 인용하였습니다.

김신 이 사건의 쟁점은 무엇입니까?

지희 1주간 기준근로시간을 초과하여 휴일인 토요일, 일요일에 근로

한 경우, 휴일근로에 따른 가산임금만 지급하면 되는지, 아니면 기준근로시간을 초과하였으니 그에 따라 연장근로 가산임금도 지급하여야 하는지가 쟁점이라고 생각합니다.

김신 원고들이 휴일인 토요일과 일요일에 근로를 하였는데, 그것이 휴일근로에만 해당하는지, 아니면 휴일근로와 동시에 연장근로에 해당하는지가 쟁점이라는 말씀이지요? 휴일근로라는 점은 다툼이 없고, 연장근로에도 해당하는지만 따지면 되겠습니다. 연장근로에 해당하지 않는다면 중복지급의 문제는 발생하지 않겠지요?

세준 그것이 문제라면, 1주간 기준근로시간이 몇 시간인지를 먼저 밝히고 나서 기준근로시간을 넘는 근로가 연장근로라고 판단하면 될 것 같습니다.

김신 쟁점을 아주 쉽게 정리했군요. 문제를 하나 내겠습니다. '1주일'은 며칠입니까?

지희 1주일은 일요일부터 토요일까지 7일을 말하지 않습니까?

김신 여러분, 놀라지 마십시오. 대법원 다수의견은 근로기준법에서 말하는 1주일에 토요일과 일요일은 포함되지 않는다고 하면서, 1주일은 5일이라고 합니다. 사실 이 문제 때문에 이 판결이 그렇게 늦게 선고되었습니다.

지희 다수 대법관들이 그렇게 주장을 하였다니 믿을 수 없지만, 무슨 이유가 있겠지요?

김신　근로기준법은 1주의 기준근로시간을 40시간이라고 규정하고 있습니다. 1주를 7일이라고 하면 7일간의 기준근로시간이 40시간이 되고, 1주를 5일이라고 하면 5일간의 기준근로시간이 40시간이 됩니다. 다수의견은 1주를 5일이라고 하고, 반대의견은 7일이라고 주장합니다. 다수의견에 따르면, 토요일과 일요일에는 기준근로시간과 별도로 근로를 할 수 있고, 그 근로는 연장근로에 해당하지 않습니다. 반대의견에 따르면, 토요일과 일요일까지 포함하여 1주 7일 동안 40시간 근로를 할 수 있습니다.

세준　다수의견과 반대의견에 따라 1주간 최대 근로시간에 차이가 나는군요.

김신　그렇습니다. 반대의견에 따르면 1주간 40시간의 기준근로시간에 연장근로시간 12시간을 더한 최대 52시간까지 근로할 수 있지만, 다수의견에 따르면 휴일을 제외한 5일 동안 기준근로시간 40시간을 근로하고, 거기에 연장근로시간 12시간을 더한 52시간 이외에 휴일인 토요일과 일요일, 2일 동안 16시간(=8시간x2일)을 별도로 더한 68시간을 근로할 수 있다는 차이가 생깁니다. 그래서 이 사건에서 1주 최대 근로시간이 52시간이냐 68시간이냐가 중요한 쟁점이 되었던 것입니다.

세준　아무리 그래도 다수의견이 1주를 7일이 아니라 5일이라고 해석하는 것은 납득하기 어렵습니다. 왜 그렇게 해석합니까?

김신　다수의견은, 법률을 현실에서 일어나는 구체적 사안에서 타당한 해결책이 될 수 있도록 해석하여야 한다고 합니다. 그래서 문언의 통상적 해석에 얽매이지 않고 법률의 입법 취지와 목적, 제·개정 연혁, 법질서 전체와의 조화, 다른 법령과의 관계 등을 고려하여 해석하여야 한다고 합니다.

세준 그 말은 사건을 타당하게 해결하기 위해서는 문언의 통상적 해석에서 벗어날 수 있다는 것 같습니다.

김신 그렇습니다. 이에 반해 반대의견은, 법률은 원칙적으로 불특정 다수인에 대하여 동일한 구속력을 갖는 사회의 보편타당한 규범이므로, 일관성 있게 해석하고 또한 법률에 사용된 문언의 통상적인 의미에 충실하게 해석하여야 한다고 합니다. 법률의 문언이 분명하면 문언대로 해석하고, 문언의 의미가 불분명할 때 비로소 다른 해석방법을 동원하여야 한다고 합니다. 그런데 1주간이 7일임은 문언이 너무나 분명하여 다른 해석방법을 동원할 필요가 없다고 합니다.

지희 그 말은 법률의 문언적 의미에 충실하여야 한다는 취지인 것 같습니다. 그것이 법률해석의 원칙 아닐까요? 그렇지만 다수의견이 1주간에 토요일과 일요일을 제외하고 5일이라고 해석하는 것도 이유가 있겠지요?

김신 다수의견은 1주에 휴일인 토요일과 일요일을 포함할지 말지는 입법정책에 속한다고 하면서, 근로기준법을 제정한 입법자는 휴일을 포함하지 않았다고 합니다.

세준 입법자의 의사가 그렇다는 것을 어떻게 알 수 있습니까?

김신 다수의견은, 근로기준법 시행령 제30조를 보면 '1주 동안의 소정근로일을 개근한 자에 대해서만 1주일에 평균 1회 이상의 유급휴일을 부여'하고 있는데, 그 조항의 1주에 유급휴일은 포함되지 않는다고 해석되는 것처럼 1주일에 휴일이 당연히 포함되는 것이 아니라고 합니다. 뿐만 아니라 최초 제정된 근로기준법에도 휴일근로는 연장근로에 포함되지 않았고, 휴일근로에 따른 가산임금도 인정되지 않았다고 하면서, 입법자의 의사가 바로 그런 것이라고 합니다. 그리고 2018년 개정된 근로기준법에 "'1주'란 휴일을 포함한 7일을 말한다."라는 규정이 추가되었는데, 이것은 그 이전에는 1주에 휴일이 포함되지 않았기 때문이라고 합니다.

재윤 그 말씀을 들으니 다수의견도 일리가 있는 것 같습니다. 그렇지만 개정 근로기준법에 "'1주'란 휴일을 포함한 7일을 말한다."라는 규정을 다수의견의 근거로 드는 것은 무리한 것 아닐까요?

김신 개정 근로기준법 규정을 당연한 내용을 재확인하였다고 보는 견해도 있고, 종전의 태도를 바꾸었다고 보는 견해도 있습니다. 저는 전자가 타당하다고 생각합니다.

재윤 다수의견은, 1주당 근로시간을 52시간이라고 해석하면 개정 근로기준법 부칙 조항과 모순이 생긴다는 주장을 하지 않습니까?

김신 그렇습니다. 개정 근로기준법 부칙에서 사업장 규모별로 '1주'에 관한 정의 조항의 시행시기를 다르게 정하였습니다. 예컨대 30인 미만 사업장에서는 2021. 7. 1.부터 2022. 12. 31.까지 1주 최대 60시간까지 근로가 가능하다고 규정하고 있는데, 다수의견은 이것을 보면 그 전에는 1주 최대 68시간까지 근로가 가능하였다고 합니다.

세준 반대의견은 근로기준법 개정 전후를 불문하고 '1주간'이 7일이라고 주장하지요?

김신 그렇습니다. 반대의견은 구 근로기준법 제50조 제1항에서 '1주간'에 휴일을 제외한다는 규정을 두지 않았다는 점을 이유로 들고 있습니다.

재윤 이제 휴일근로와 연장근로에 대한 가산임금의 중복지급에 대해 말씀을 나누어보면 좋겠습니다. 반대의견은 휴일근로와 연장근로가 중복되는 경우 휴일근로에 따른 가산임금과 연장근로에 따른 가산임금을 각각 지급하여야 한다고 하고, 다수의견은 중복지급을 하여서는 안 된다고 합니다. 반대의견의 구체적 근거는 무엇입니까?

김신 이 문제를 다루고 있는 규정이 구 근로기준법 제56조입니다. 그 규정은 "사용자는 연장근로와 야간근로 또는 휴일근로에 대하여는 통상임금의 100분의 50 이상을 가산하여 지급하여야 한다."라고 규정하고 있습니다. 이것을 어떻게 해석해야 할까요? 반대의견에서는 이것은 "연장근로에 해당할 경우 통상임금의 100분의 50 이상을 지급하여야 한다.", "야간근로에 해당할 경우 통상임금의 100분의 50 이상을 지급하여야 한다.", "휴일근로에 해당할 경우 통상임금의 100분의 50 이상을 지급하여야 한다."라는 세 개의 문장을 하나로 묶은 것이므로 각각의 근로에 대하여 각각 가산임금을 지급하여야 한다고 합니다.

세준 다수의견은 연장근로가 동시에 휴일근로에 해당하더라도 통상임금의 100분의 50 이상을 가산하여 지급하면 충분하다고 합니다. 이에 대하여 어떻게 생각하십니까?

김신 다수의견에서도, 야간근로가 동시에 연장근로에도 해당하면 야간근로에 따른 가산임금과 연장근로에 따른 가산임금을 중복하여 지급하여야 합니다. 또 야간근로가 동시에 휴일근로에 해당하면 야간근로에 따른 가산임금과 휴일근로에 따른 가산임금을 중복하여 지급하여야 한다는 것도 인정하고 있습니다. 그런데 유독 연장근로가 동시에 휴일근로에 해당하는 경우에만 가산임금을 중복하여 지급하여서는 아니 된다고 합니다.

재윤 조금 자세히 말씀해 주시면 좋겠습니다.

김신 반대의견은 휴일근로와 연장근로는 근로의 성격이 다르고, 가산임금의 보상과 규제의 취지도 다르기 때문에 당연히 중복지급해야 한다고 합니다. 연장근로는 총근로시간의 길이에 관한 것으로 시간의 총량이 판단 기준이자 제한의 근거인 반면, 야간근로는 하루 중의 특정 시간대에 하는 근로이고, 휴일근로는 1주간의 특정일에 하는 근로로서 근로시간의 위치가 판단 기준이자 제한의 근거입니다. 특히 휴일근로는 1주 단위의 최소한의 휴식시간 제공, 건강 보호, 근로자의 자기계발 및 여가선용의 기회 부여를 목적으로 함으로써 헌법이 규정하는 근로자의 권리 및 인간다운 생활을 보장하는 데에 그 취지가 있지만, 연장근로는 1일 또는 1주 단위의 근로시간의 총량 제한을 통해 근로자를 보호하고 근로계약상 근로조건을 결정하게 하는 역할을 하는 차이도 있습니다. 각자가 그 자체로 독자적 보상가치가 있는 것이지요. 따라서 그 둘이 중복되면 가산임금도 중복하여 지급하는 것이 맞다고 생각합니다.

지희 다수의견은 '휴일근로에 대하여는 연장근로에 따른 가산임금을 중복하여 지급하지 않는다'라는 원칙이 노사관계를 규율하는 일종의 사회생활규범으로 자리 잡았다고 합니다. 고용노동부가 휴일근로시간이 연장근로시간에 포함되지 않는다고 해석하여 이를 산업현장에 적용해 왔고, 노사 간에 이러한 해석에 이의제기를 하지 않고 오랜 기간 휴일근로가 이루어져 왔으며, 근로자 측에서 근로기준법 제정 이후 반세기가 넘도록 휴일근로가 연장근로에 포함된다고 주장하며 추가임금을 지급하라는 소를 제기한 적이 없었던 점을 근거로 하여 이것이 사회생활규범으로 자리 잡았다고 합니다. 이러한 다수의견에 대하여 어떻게 생각하십니까?

김신 저는 동의하지 않습니다. 근로기준법은 제정된 이후 1주 1일 이상의 주휴일 및 1주 12시간 한도의 연장근로 규정을 유시하면서, 1주간 기준근로시간만 48시간에서 44시간으로, 다시 40시간으로 단축하였습니다. 그런데 휴일근로(1일 8시간 전제)를 1주간 기준근로시간 및 연장근로시간에 포함시키지 않는다면, 근로기준법상 1주간 최대 근로시간은 68시간(=기준근로시간 48시간+연장근로 12시간+휴일근로 8시간)에서 64시간(=기준근로시간 44시간+연장근로 12시간+휴일근로 8시간)으로 단축되었다가, 다시 68시간[=기준근로시간 40시간+연장근로 12시간+휴일근로 합계 16시간(=8시간+8시간)]으로 늘어났다는 결론에 이릅니다. 근로자의 삶의 질 향상을 위해 1주간 기준근로시간을 축소해 오다가 갑자기 근로시간을 늘이는 입법을 하였을 리가 없지 않습니까? 다수의견은 근로기준법의 변천 과정과도 일치하지 않습니다. 뿐만 아니라 그러한 사회생활규범이 형성되었다고 한들 그것이 강행법규인 근로기준법을 무시할 수 있을 정도에 이르렀는지도 의문입니다.

지희 휴일근로에 대하여는, 가산임금을 중복지급할 것이 아니라 원칙적으로 휴일근로를 금지하고 예외적으로 부득이한 경우에 대체휴일을 보장하는 쪽으로 가야 한다는 의견에 대하여는 어떻게 생각하십니까?

김신 근로기준법과 무관하게 노동 현장에서 장시간의 근로가 이루어진 것은 노사 간의 이해관계가 일치하였기 때문입니다. 그런데 이것을 근로자의 시각에서 보면, 법률이 정한 바에 따라 근로를 하고 지급받는 임금만으로는 인간다운 삶을 영위할 수 없어서 가산임금이라도 받기 위해 연장근로를 수용하였던 것입니다. 1인당 국민소득 3만 달러를 넘은 우리나라의 부끄러운 현실입니다. 그런 점에서, 그것은 바람직한 방향이라고 생각합니다.

세준 다수의견에서도, 근로기준법 개정 후에는 1주는 휴일을 포함한 7일이고, 1주 기준근로시간 40시간에 연장근로 12시간을 더한 52시간까지 근로할 수 있다고 하고 있지요?

김신 그렇습니다. 근로기준법 개정 이후의 사안이라면 다수의견과 반대의견은 차이가 없습니다. 이 사건은 근로기준법 개정 이전의 사안이어서 앞서 말씀드린 차이가 생겼습니다.

재윤 이 판결에는 대법원의 역할에 관한 상반된 보충의견이 제시되어 있어서 눈길을 끕니다.

김신 여러분이 그 의견을 눈여겨보았군요. 박상옥 대법관은 "법의 해석은 법률에 사용된 문언의 통상적인 의미에 충실하게 해석함을 원칙으로 하면서, 입법 취지·목적, 제·개정 연혁, 법질서 안에서의 체계 등을 종합적으로 고려하여 이루어져야 한다. 그런데 이 사건에서 문언해석만을 고수할 경우, 입법부가 오랜 시간의 논의 끝에 이해관계 당사자인 노사의 입장을 충분히 고려하여 최종적으로 결단하여 완성시킨 개정 근로기준법 규정을 무력화시키게 된다. 나아가 입법부로 하여금 개정 근로기준법 입법 당시 고려했던 기업의 부담을 또다시 완화하기 위하여 새로운 입법을 하도록 강제하는 등 사법권과 입법권이 충돌하는 국면을 야기한다. 결국 이는 국가적 차원에서 사회·경제적으로 엄청난 혼란을 일으키는 것이다. 1주간 최대 근로시간과 같은 입법정책적 성격이 짙은 사안에 관하여, 법원은 개정 전후의 법률을 조화롭게 해석하여 법질서의 통일성을 유지하고 사회적 혼란을 방지할 필요가 있다. 이 점이 앞서 본 문언해석의 한계로 고려되어야 한다. 법원이 명시적으로 확인된 입법자의 의사에 반대되도록 법률 조항을 해석한다면, 이는 사법권의 한계를 벗어나 권력분립의 원칙 위반으로 오인될 수 있다. 법원에 주어진 사법권의 행사로 말미암아 오히려 국가기관 사이에 갈등이 유발된다거나 국가의 유기적·통합적 의사결정이 지체된다면, 국민들에게 혼란을 줄 뿐이다. 법원은 이러한 행위를 지양하여야 한다."라는 보충의견을 밝혔습니다.

지희 대법관님은 거기에 반대하는 보충의견을 밝혔지요?

김신 저는 "최고법원이 법해석을 통해 당사자의 법적 분쟁을 최종적으로 해결하고, 이들을 둘러싼 이해관계인들의 사회적 갈등 역시 종국적으로 해결하는 것이 바람직한 모습이다. 그럼에도 사법의 본질은 국민의 기본권을 보장하고 헌법적 가치를 수호함에 있고, 법원은 국민의 권리보호요구에 대하여 경제적 상황이나 정치적 타협을 고려하여 정당한 법해석을 포기할 수도 없다. 개정 근로기준법과의 일부 부조화와 이에 대한 우려에도 불구하고 헌법이 법원에 부여한 법률 해석 권한에 기초하여 구 근로기준법과 관련하여 정당하게 도출된 해석을 있는 그대로 선언하여야 한다."는 의견을 제시하였습니다.

재윤 대법관님과 대화를 하다보니, 대법관들께서 각자의 주장을 법률적인 논리에 담아 치열하게 다투는 현장을 보는 것 같습니다. 그리고, 대법원의 역할에 관한 고민은 대법관들의 몫이지만, 법조인이나 국민들 입장에서도 외면할 수 없는 문제인 것 같습니다.

김신 근로기준법은 오래전부터 주 52시간으로 규정하고 있었고, 다만 고용노동부가 주 52시간 이외에 휴일근로 16시간을 추가로 근로할 수 있다는 해석을 함으로써 법률과 노동 현장 사이에 상당한 괴리가 있었을 뿐입니다. 이 전원합의체 판결과 그 과정에서 이루어진 근로기준법의 개정으로 주 52시간 근로가 원칙임이 재확인되었습니다. 그런데도 주당 최대 근로시간을 52시간으로 단축하는 내용의 근로기준법의 개정과 이번 대법원 전원합의체 판결로 노동 현장과 우리 사회에 심각한 혼란을 가져왔고 경제에 어려움을 주고 있다는 비판이 있습니다. 정부에서 여러 가지 사정을 세심하게 살펴서 우리 실정에 가장 적합한 추가적인 입법과 세심한 정책 운용이 필요하다고 생각합니다.

지희 대법관님. 오늘 공부한 판례는 우리 사회에 굉장히 큰 파장을 가져온 사건을 다루고 있습니다. 쟁점도 복잡하고 결론도 어렵습니다만, 우리 사회에서 사법부의 역할이 어떠해야 하는지를 생각해 보는 좋은 기회였습니다.

김신 저도 여러분과 대화하면서 공개변론과 전원합의를 할 당시의 긴장감을 느낄 수 있었습니다.

세준 그런데 대법관님, 저희들에게는 1주에 52시간 근로는 그저 꿈같은 이야기입니다.

김신 장시간노동으로 힘든 것은 여러분뿐만 아니고, 그 판결을 한 대법관들도 마찬가지입니다. 모든 근로자들이 주 52시간만 일해도 충분한 세상이 오기를 기원하면서 대화를 마칩시다.

일동 대단히 감사합니다. 다음 만날 때까지 건강하게 지내십시오.

대법원 2018. 6. 21. 선고 2011다112391 전원합의체 판결

대법관 김신, 대법관 김소영, 대법관 조희대, 대법관 박정화, 대법관 민유숙의 반대의견

가. 다수의견의 요지는, 휴일근로시간은 구 근로기준법 제50조 제1항의 '1주간 기준근로시간 40시간' 및 제53조 제1항의 '1주간 연장근로시간 12시간'에 포함되지 않고, 그 결과 휴일근로에 따른 가산임금과 연장근로에 따른 가산임금은 중복하여 지급될 수 없다는 것이다. 그러나 다음과 같은 이유로 다수의견의 논리는 찬성하기 어렵다.

나. 우선, 구 근로기준법상 1주간 근로시간의 규제는 휴일근로에도 당연히 적용된다.

(1) 법률을 해석할 때는 가능한 한 법률에 사용된 문언의 통상적인 의미에 충실하게 해석하는 것을 원칙으로 하여야 하고, 법률의 문언 자체가 비교적 명확한 개념으로 구성되어 있다면 원칙적으로 다른 해석방법은 활용할 필요가 없거나 제한된다(대법원 2009. 4. 23. 선고 2006다81035 판결 등 참조).

한편 '근로시간'이란 근로자가 사용자의 지휘·감독을 받아 근로계약상의 근로를 제공하는 시간, 즉 실 근로시간을 말한다(대법원 1992. 10. 9. 선고 91다14406 판결 참조).

(2) 위와 같은 법리를 전제로 다음과 같은 사정들을 종합하여 보면, 휴일근로시간도 구 근로기준법 제50조 제1항의 '1주간 기준근로시간 40시간' 및 제53조 제1항의 '1주간 연장 가능한 근로시간 한도 12시간'을 합한 1주간 최대 근로시간 52시간에 포함된다.

(가) '1주간'은 통상 월요일부터 일요일까지 또는 일요일부터 토요일까지 달력상의 7일을 의미한다.

(나) 1주간 기준근로시간을 정한 구 근로기준법 제50조 제1항에서 그 '1주간'에 휴일을 제외한다는 별도의 규정을 두지 않았고, 실제 근로를 한 날이 휴일이라고 하여 그 근로시간을 실 근로시간에서 제외할 이유가 없다.

(다) 구 근로기준법 제53조 제1항 역시 1주간 연장 가능한 근로시간 한도를 규정하면서 1주간의 어떤 날을 특별히 배제하지 않고 있다. 여기서의 '1주간'과 '근로시간'을 앞에서 말한 의미와 달리 해석할 근거가 없다.

(라) 구 근로기준법은 제55조에서 사용자는 근로자에게 1주일에 평균 1회 이상의 유급휴일을 주어야 한다고 규정하고, 제56조에서 휴일에 근로할 경우 가산임금을 지급하도록 규정하고 있을 뿐 휴일근로를 금지하는 등 특별한 제한을 두고 있지는 않다.

(마) 근로기준법은 기준근로시간을 연장할 수 있는 한도를 정하여 연장근로를 엄격히 규제하고 있으며, 이를 위반할 경우 형사처벌까지 하고 있다(제110조 제1호). 1주간 기준근로시간을 초과하여 이루어지는 휴일근로를 연장근로에 해당하지 않는다고 본다면, 연장 가능한 근로시간 한도를 초과하는 근로가 가능하게 되어 근로기준법이 위와 같이 연장근로시간의 상한을 정하여 이를 엄격히 준수하게 한 취지에 부합하지 않는다.

(3) 따라서 휴일 아닌 근로일의 근로시간이 40시간 미만이지만 휴일근로시간을 합하여 1주간 근로시간이 40시간을 넘는 경우에 40시간을 초과하여 이루어진 휴일근로 부분 또는 휴일 아닌 근로일에 이미 40시간 이상을 근무하였는데도 추가로 이루어진 휴일근로는 모두 연장근로에 해당한다.

다. 휴일근로와 연장근로가 중복되는 경우에 휴일근로에 따른 가산임금과 연장근로에 따른 가산임금을 각각 지급하여야 한다.

(1) 구 근로기준법 제56조의 문언 형식과 구조상 이러한 해석은 당연하다.

(가) 구 근로기준법 제56조는 "사용자는 연장근로와 야간근로 또는 휴일근로에 대하여는 통상임금의 100분의 50 이상을 가산하여 지급하여야 한다."라고 규정한다. 이를 풀어보면 "연장근로에 해당할 경우 통상임금의 100분의 50 이상을 지급하여야 한다.", "야간근로에 해당할 경우 통상임금의 100분의 50 이상을 지급하여야 한다.", "휴일근로에 해당할 경우 통상임금의 100분의 50 이상을 지급하여야 한다."라는 세 개의 문장으로 구성되어 있고, 이 세 개의 문장을 '와'와 '또는'으로 연결하여 하나의 문장으로 묶은 것에 불과하다.

위 제56조는 연장·야간·휴일근로에 대한 각각의 경제적 보상기준을 정한 것이므로 위 규정에서 정한 근로 중 어느 하나에 해당하면 사용자는 그에 대한 가산임금을 지급하여야 하고, 다른 요건을 중복하여 충족하면 가산임금을 중복하여 지급하는 것으로 해석하는 것이 이러한 규정 문언의 형식과 체계에 부합한다. 위 조항에 '각 가산임금을 중복하여 지급하여야 한다.'는 내용이 없다고 하여 중복지급하여서는 아니 된다고 해석할 것은 아니다.

(나) 야간근로가 동시에 연장근로에 해당하면 야간근로에 따른 가산임금과 연장근로에 따른 가산임금을 중복하여 지급하여야 하고, 야간근로가 동시에 휴일근로에 해당하면 야간근로에 따른 가산임금과 휴일근로에 따른 가산임금을 중복하여 지급하여야 하는 점에 대하여는 이론(異論)이 없다. 또한 연장·야간·휴일근로 중 어느 특정 근로에 대하여는 이를 다르게 취급해야 한다는 규정도 없다. 그런데도 유독 휴일근로와 연장근로의 경우에만 가산임금을 중복지급하여서는 아니 된다고 해석한다면, 이는 구 근로기준법 제56조에 연장근로, 야간근로, 휴일근로가 병렬적으로 규정되어 있는데도 불구하고 같은 구조의 조항에 대하여 다른 방식으로 해석하는 것이어서 허용될 수 없다.

(2) 구 근로기준법 제56조에 대한 위와 같은 문언해석에 더하여 다음과 같은 여러 사정 등을 종합하여 보더라도, 1주간 기준근로시간을 초과하여 이루어진

휴일근로에 대하여는 휴일근로에 따른 가산임금뿐만 아니라 연장근로에 따른 가산임금도 지급되어야 한다.

(가) 휴일근로는 연장근로와 비교할 때 성격을 달리하고, 구 근로기준법 제56조에 따른 가산임금의 보상과 규제의 취지 역시 전혀 다르다.

① 연장근로는 총근로시간의 길이에 관한 것으로 그 시간의 절대적 총량(總量)이 중요한 판단 기준이자 제한의 근거인 반면, 야간근로는 하루 중의 특정 시간대, 휴일근로는 1주간의 특정일, 즉 근로시간의 위치가 그 해당 여부의 판단 기준이자 제한의 근거라는 점에서 각각의 보호 목적과 성격이 같지 않다.

② 휴일근로는 1주 단위의 최소한의 휴식시간 제공, 건강 보호, 근로자의 자기계발 및 여가선용의 기회 부여를 목적으로 함으로써 헌법이 규정하고 있는 근로자의 권리 및 인간다운 생활을 할 권리를 보장하는 데에 그 취지가 있으므로 야간근로와 마찬가지로 독자적 보상의 가치가 매우 크다. 연장근로 역시 근로자의 휴게시간 보장이라는 목적에서는 휴일근로와 일부 성격을 같이하지만, 1일 또는 1주 단위의 근로시간의 총량 제한을 통해 근로자를 보호하고 근로계약상 근로조건을 결정하게 하는 데에 중요한 역할을 한다는 점에서 그 자체로 독자적 보상가치를 인정하기에 충분하다.

③ 근로기준법은 여성, 임산부, 18세 미만자에 대하여는 휴일근로와 야간근로를 제한하는 내용의 보호 규정을 별도로 두고 있는데(제70조), 이를 통해 휴일근로가 연장근로와 구분되는 특수성이 있음을 분명히 하고 있다.

④ 구 근로기준법 제56조가 가산임금을 규정한 취지를 근로시간 규제의 측면에서 살펴보면, 연장근로의 경우 사용자에게 금전적 부담을 가중함으로써 기준근로시간을 초과하여 이루어지는 근로를 억제하여 기준근로시간의 준수를 도모하고, 휴일근로의 경우 마찬가지로 금전적 부담의 가중을 통해 근로제공의무가 없는 휴일에 이루어지는 근로를 억제하여 휴일 제도의 실효성을 도모

하려는 데에 있다. 이와 같이 연장근로에 따른 가산임금제도와 휴일근로에 따른 가산임금제도는 그 규제 목적을 달리한다.

(나) 구 근로기준법 제56조 규정과 관련 규정인 제50조, 제53조의 규정을 함께 살펴보면 제56조에서 말하는 가산임금 지급대상이 되는 연장근로시간에 휴일근로시간이 포함된다고 해석하는 것이 관련 규정들의 법체계적 해석이나 개념 정의에도 부합한다.

구 근로기준법 제56조는 가산임금의 지급대상인 근로의 범위를 '연장근로(제53조·제59조 및 제69조 단서에 따라 연장된 시간의 근로)와 야간근로(오후 10시부터 오전 6시까지 사이의 근로) 또는 휴일근로'라고 명시하고 있다. '제53조에 따라 연장된 시간의 근로'는 제50조에 따른 기준근로시간인 1일 8시간, 1주 40시간을 초과한 근로를 의미할 뿐 그 근로가 휴일에 이루어졌는지 야간에 이루어졌는지 구별하지 않는다. 그와 달리 야간근로는 '오후 10시부터 오전 6시까지의 근로'임을 명시하여 연장근로와는 별개의 개념으로 사용되고, 휴일근로 자체는 휴일이라는 특정일의 근로라는 점에서 역시 연장근로와 개념상 구분된다. 이와 같이 제56조는 연장근로를 야간근로 또는 휴일근로와 구분된 개념으로 이해하고 있으므로 야간 또는 휴일에 연장근로가 이루어졌다고 하여 가산임금의 대상이 되는 연장근로의 개념 범주에서 제외되는 것이 아님을 알 수 있다. 즉 야간근로 또는 휴일근로라도 연장근로의 개념에 포함되면 제56조가 정한 연장근로시간으로 산정될 수 있고, 다만 그것이 야간근로 또는 휴일근로에도 해당하는 특수성으로 인해 제56조에 따라 야간근로 또는 휴일근로로서 가산임금이 중복하여 지급되는 것뿐이다.

라. 한편 다수의견의 논리는 다음과 같은 난점이 있고, 그 결론 역시 불합리한 면이 있어 그대로 받아들이기 어렵다.

(1) 무엇보다도 다수의견에 따르면 구 근로기준법이 예정하고 있는 1주간 최대 근로시간이 몇 시간인지조차 명확히 확정되지 않는다.

(가) 다수의견은, 1주간 최대 근로시간이 52시간이 아니라, 고용·노동부 행정해석과 같이 1주 기준근로시간 40시간과 1주 연장근로시간 12시간 및 소정근로일 아닌 2일(통상적으로는 토요일과 일요일)의 휴일근로 각 8시간을 합한 총 68시간임을 전제하고 있는 것으로 이해된다.

그런데 우리 근로기준법은 휴일근로를 금지하고 있지 않고, 휴일근로시간의 최대한도를 제한하는 별도 규정을 두고 있지 않다. 다수의견과 같이 1주 40시간의 기준근로시간 외 1주 최대 12시간의 한도로 연장근로가 가능하다는 규정이 휴일근로까지 규제하는 것이 아니라고 하면, 근로기준법 제50조 제2항에 따라 휴일근로는 1일 8시간까지만 허용되는 것인지 또는 당사자 간의 합의가 있으면 휴일에도 1일 8시간을 넘는 연장근로가 가능한 것인지가 분명하지 않다. 결국 해석에 따라 구 근로기준법이 허용하는 1주간 최대 근로시간은 위와 같이 68시간 한도로 제한되는 것이 아니라 그 이상도 가능하게 된다.

(나) 설령 휴일근로가 1일 8시간까지만 허용된다고 하더라도, 근로자 측과 사용자 측이 근로의무가 있는 날인 소정근로일과 휴일을 1주일 중 각각 며칠로 합의하느냐에 따라 구 근로기준법상 허용되는 1주간 최대 근로시간이 달라지는 문제도 있다.

예를 들어, 근로계약 또는 단체협약으로 1주일 중 월요일부터 목요일까지 4일을 소정근로일로 정하고, 금요일부터 일요일까지를 휴일(금요일과 토요일은 약정 무급휴일, 일요일은 유급 주휴일)로 합의한 사업장을 상정해 본다. 이 경우 근로일인 월요일부터 목요일까지는 1주간 기준근로시간 40시간에 연장근로시간 12시간을 합한 52시간까지 근로가 가능하고(매일 13시간 근무), 휴일인 금요일부터 일요일까지는 3일 동안 매일 각 8시간씩 합계 24시간의 휴일근로가 가능하다. 다수의견에 따르면 구 근로기준법이 이러한 사업장에 대해서는 1주간 최대 근로시간으로 무려 76시간을 허용한다는 이상한 결론에 도달한다. 결국 노사 간 또는 개별 근로자와의 별도 합의를 통해 소정근로일과 휴일을 어떻게 정하느냐에 따라 구 근로기준법 해석으로 도출되는 1주간 최대 근로시간이 변동하는 문제가 발생한다.

(2) 게다가 다수의견은, 근로자의 삶의 질 향상을 위해 1주간 기준근로시간을 거듭 축소해 온 근로기준법상 근로시간 규제의 변천 과정과도 부합하지 않는다.

누구나 알다시피 근로기준법은 제정 이래 1주 1일 이상의 주휴일 및 1주 12시간 한도 연장근로 규정을 그대로 유지한 채 1주간 기준근로시간을 48시간에서 44시간으로, 다시 현행 40시간으로 단축하여 왔다. 그런데 휴일근로(1일 8시간 전제)를 1주간 기준근로시간 및 연장근로시간에 포함시키지 않는 다수의견을 그대로 일관하면, 근로기준법상 1주간 최대 근로시간이 68시간(=기준근로시간 48시간+연장근로 12시간+휴일근로 8시간)에서 64시간(=기준근로시간 44시간+연장근로 12시간+휴일근로 8시간)으로 단축되었다가, 다시 68시간[=기준근로시간 40시간+연장근로 12시간+휴일근로 합계 16시간(=8시간+8시간)]으로 늘어났다는 납득하기 어려운 결론에 이른다. 근로시간을 점차 축소하겠다는 입법자의 일관된 개정 방향과 부합하지 않는다.

(3) 휴일근로가 연장근로에 해당함에도 가산임금이 각각 지급될 필요가 없다는 다수의견의 결론은 아래와 같이 수긍하기 어려운 결과 역시 초래한다.

(가) 휴일근로가 동시에 연장근로에 해당하는 경우와 연장근로에 해당하지 않는 휴일근로를 비교하면 전자의 경우가 근로자에게 더 큰 희생을 요구하는 것이어서 근로자 보호 및 근로시간 규제의 필요성이 더 크다. 이러한 근로에 대하여 가산임금을 중복하여 지급하는 것은 지극히 타당하다. 그럼에도 가산임금 지급과 관련하여 전자와 후자를 동일하게 취급하는 것은 같지 않은 것을 같이 취급하는 것이어서 정의의 관념에 반한다.

(나) 구 근로기준법 제56조는 강행규정으로서 연장근로, 야간근로 및 휴일근로에 대하여 그중 어느 하나에 해당할 경우 가산임금 지급대상으로 규정하면서 그 위반 시 형사처벌 대상으로 삼고 있다(근로기준법 제109조 제1항). 그런

데 위 각 가산사유 중 둘 이상에 해당함에도 어느 하나의 가산임금을 지급하지 않아도 된다고 해석하는 것은 강행규정인 근로기준법을 잠탈하는 결과를 초래한다.

마. 따라서 구 근로기준법상 1주간 기준근로시간인 40시간을 초과하여 휴일에 근로한 경우 휴일근로에 따른 가산임금과 함께 연장근로에 따른 가산임금도 지급하여야 하는 것으로 해석함이 마땅하다.

바. 같은 취지에서 1주간 40시간을 초과한 휴일근로는 동시에 연장근로에 해당하여 휴일근로에 따른 가산임금 외에 연장근로에 따른 가산임금도 지급하여야 한다고 본 원심판단은 정당하다. 상고이유 주장과 같이 연장근로의 한도, 연장근로·휴일근로에 따른 가산임금의 지급 요건, 가산임금의 중복지급 여부 등에 관한 법리를 오해하거나 논리와 경험의 법칙에 반하여 자유심증주의의 한계를 벗어나는 등의 잘못이 없다.

이상과 같은 이유로 다수의견에 찬성할 수 없음을 밝힌다.

다수의견이 지적하고 있듯이, 반대의견에 따르면 구 근로기준법 해석상으로도 1주간 최대 근로시간이 52시간임이 당연히 확인되는 것이고, 그 결과 개정 근로기준법이 마련한 부칙 조항 등이 무의미해진다는 문제점이 있다. 그럼에도 불구하고 반대의견을 취할 수밖에 없다는 점을 다음과 같이 밝힌다.

가. 반대의견에서 자세히 논증한 바와 같이, 과거의 고용노동부 행정해석에도 불구하고 1주간 최대 근로시간이 휴일근로시간을 포함하여 52시간이라는 점은 구 근로기준법 해석상 분명하다. 그리고 이 사건 소송 진행 중 근로기준법이 개정되었다고 하여 구 근로기준법에 대한 이러한 해석론이 개정 시점을 전후하여 변경될 수도 없는 노릇이다. 즉, 개정 근로기준법 공포 전까지는 구 근로기준법하에서 1주 동안 최대 52시간까지만 근로가 허용된다고 보는 것이 당연한 해석론이었으나, 개정 근로기준법이 공포되었다고 하여 이제는 구 근로기준법이 1주간 최대 근로시간을 68시간 또는 그 이상까지 허용하였던 것이라고 해석을 갑작스럽게 변경할 수는 없다.

물론 개정 근로기준법이 구 근로기준법이 적용되던 시점의 기존 법률관계를 규율하기 위해 개정된 것이라면 달리 볼 여지가 있겠으나, 이는 소급 입법의 문제이지 구 근로기준법의 해석에 관한 문제가 아니다. 한편 개정 근로기준법상 소급 입법을 의도하는 규정은 없고, 그러한 의도를 확인할 수 있는 관련 입법 자료를 찾아볼 수도 없다.

나. 법원이 법률을 해석할 때 문언 자체가 명확하지 않다면 입법 취지와 목적까지 두루 고려한 해석을 하는 것이 타당하고, 그 경우에도 법원이 법 해석 및 법

발견 과정에 탐구하여야 하는 입법 취지와 목적이라는 것은 현재 적용하여야 하는 법률에 대한 것이다.

그런데 구 근로기준법 문언상 1주간 최대 근로시간은 52시간으로 해석하는 것이 자연스럽다는 것은 재론을 요하지 않는다. 나아가 개정 근로기준법은 공포 이후의 장래 법률관계를 규율하겠다는 것이어서 입법 의도 역시 장래를 향해 있을 뿐이므로, 이 사건에 적용되는 구 근로기준법에 관한 해석이 개정 근로기준법의 입법 취지와 목적에 따라 좌우될 것도 아니다.

그리고 다수의견이 언급하고 있는 개정 근로기준법과 관련한 입법자의 단일한 의사가 있는지, 그러한 의사가 명시적으로 확인 가능한 것인지도 의문이다. 설령 이를 긍정하더라도, 그 요체는 고용노동부 행정해석에 따라 근로시간 규제가 사실상 이루어지고 있는 노동 현실을 전제로 1주간 최대 근로시간이 52시간이라는 점에 대한 구 근로기준법 규정의 실질적 규범력을 단계적으로 확보해 나가겠다는 의사로 이해된다. 여기서 더 나아가 헌법상 권력분립의 원칙에 따라 입법부에 법률의 해석 권한이 부여되어 있지 않음에도, 입법부가 구 근로기준법을 해석해 보니 휴일근로는 연장근로가 아니어서 1주간 최대 근로시간이 68시간이라는 결론에 이르렀고, 이를 전제로 개정 근로기준법을 입법하였다고 볼 수는 없다. "실 근로시간 단축의 시대적 과제를 해결하고… 1주당 최대 근로시간이 휴일근로를 포함 52시간임을 분명히 하고"라는 개정 근로기준법 개정 이유를 살피더라도, 노동 현장의 실제 근로시간을 단축하기 위한 취지와 목적에 따라 1주당 최대 근로시간이 52시간임을 명확히 확인하는 차원에서 입법이 이루어졌음을 알 수 있다. 결국 구 근로기준법 규정에 대한 반대의견의 해석론이 개정 근로기준법에 나타난 입법자의 의사에 명확히 배치되어 법원의 법해석 권한을 넘어섰다거나 입법권을 침해하는 것도 아니다.

다. 물론 이러한 법리적 논쟁을 떠나, 최고법원이 법해석을 통해 당사자의 법적 분쟁을 최종적으로 해결하고, 이들을 둘러싼 이해관계인들의 사회적 갈등 역시 종국적으로 해결하는 것이 바람직한 모습이다. 그럼에도 사법의 본질은 국민의 기본권을 보장하고 헌법적 가치를 수호함에 있고, 법원은 국민의 권리보호요구에 대하여 경제적 상황이나 정치적 타협을 고려하여 정당한 법해석을 포기할 수도 없다. 개정 근로기준법과의 일부 부조화와 이에 대한 우려에도 불구하고 헌법이 법원에 부여한 법률 해석 권한에 기초하여 구 근로기준법과 관련하여 정당하게 도출된 해석을 있는 그대로 선언하여야 한다.

이상과 같이 반대의견에 대한 보충의견을 밝힌다.

02

나는 합리적인 사람일까?

카지노의 고객 보호의무

강원랜드 사건

대법원 2014. 8. 21. 선고 2010다92438 전원합의체 판결

판시사항

[1] 카지노사업자와 카지노 이용자 사이의 카지노 이용을 둘러싼 법률관계에 대하여 '자기책임의 원칙'이 적용되는지 여부(적극) / 카지노 이용자의 이익을 위한 카지노사업자의 보호의무나 배려의무가 인정되는지 여부(원칙적 소극) 및 예외적으로 카지노사업자의 카지노 이용자에 대한 보호의무나 배려의무 위반이 인정되는 경우

[2] 카지노사업자의 영업제한규정 중 1회 베팅한도를 제한하는 규정이 카지노 이용자 개개인의 재산상 손실을 방지하기 위한 규정이라고 볼 수 있는지 여부(소극)

[3] 카지노 이용자 甲의 아들인 乙이 카지노사업자인 丙 주식회사에 甲의 카지노 출입제한 요청을 하였다가 출입제한자 명단에 등재되기도 전에 요청을 철회하였고, 丙 회사는 甲의 카지노 출입을 허용하여 甲이 도박하면서 이른바 '병정'을 내세워 베팅한도액을 초과한 베팅을 한 사안에서, 甲에 대한 적법한 출입제한 요청이 있었다고 보기 어려워 丙 회사에 甲의 카지노 출입을 제한할 의무가 있다고 볼 수 없고, 丙 회사 직원이 베팅한도액 제한규정을 위반하였더라도 甲에 대한 보호의무를 위반하였다고 볼 수 없다고 한 사례

재윤 대법관님, 그동안 건강하게 잘 지내셨습니까?

김신 여러분의 염려 덕분에 잘 지내고 있고, 특히 젊은 분들을 만나니 마음이 젊어진 것 같습니다.

재윤 저희들로서는 대법관님이 조심스러울 수밖에 없는데, 저희를 편하게 대해주셔서 감사합니다.

김신 여러분이 저를 편하게 대하시면 저도 여러분과 편하게 소통할 수 있습니다. 오늘은 어떤 판결을 준비했습니까?

재윤 오늘은 대법원 2010. 8. 21. 선고 2010다92438 전원합의체 판결 [손해배상(기)]을 준비했습니다.

김신 이 사건은 대법관들의 의견이 첨예하게 갈려 대법원장이 캐스팅보트를 행사한 이례적인 사건입니다. 대법원장은 자기 의견을 적극적으로 표명하지 않고 다수의견을 따라가는 것이 그동안의 관례입니다. 이 사건은 대법관들이 치열하게 논의하여 표결하였지만 대법관들의 의견이 6대6으로 나누어졌기 때문에, 대법원장이 의견표명을 하지 않을 수 없었습니다.

지희 그런 사건이라면 저희들이 너무 어려운 사건을 선택한 것은 아닌지 모르겠습니다.

김신 사실관계부터 차근차근 읽어 가면 이해하지 못할 것도 없습니다. 어느 분이 먼저 사실관계를 설명해 주시기 바랍니다.

지희 제가 말씀드리겠습니다. 원고는 강원도에 있는 카지노에 도박을 하러 다녔습니다. 피고가 운영하는 그 카지노에는 신분확인을 하고 입장료 5,000원만 내면 누구나 들어갈 수 있는 일반영업장과 회원들만 출입이 가능한 회원용 영업장이 있었습니다. 원고는 회원용 영업장에

2004년부터 3년 반 동안 총 333회 출입하여 도박을 하였고, 그동안 사업체도 처분하고 살던 집도 처분하는 등 전 재산에 가까운 231억 원을 잃었습니다. 그런데도 원고가 도박을 끊지 못하고 계속 카지노를 방문하며 도박을 하자, 원고의 아들이 카지노 출입을 금지해 달라는 요청서를 피고에게 발송하였는데, 그날도 피고는 원고가 카지노에 출입하는 것을 막지 않았습니다. 원고는 회원용 영업장 예약실에서 이른바 '병정'들을 이용하여 대리베팅을 하여 거액을 잃었습니다. 그러자 원고는, 피고가 원고 아들의 요청을 받고도 원고를 카지노에 계속 출입시켜 도박을 하게 하였고, 병정을 고용하여 베팅한도를 초과하는 베팅을 하는 것을 묵인하여 거액을 잃는 것을 묵인한 잘못이 있다고 주장하면서, 피고에게 손해배상을 청구하였습니다.

김신 법원은 어떻게 판단했습니까?

재윤 원심은, 원고의 아들이 피고에게 원고에 대한 출입제한을 요청하였는데도 피고 소속 직원이 원고가 카지노에 출입하는 것을 허용하였고, 원고가 이른바 '병정'들을 이용하여 대리베팅을 하는 방법으로 베팅한도액을 초과하여 베팅하는 것을 묵인한 것은 카지노이용자인 원고에 대한 보호의무를 위반한 행위라고 하여, 피고에게 손해배상 책임을 인정하였습니다.

김신 원고가 카지노에서 수백억 원을 잃었다고 하더라도, 이것은 원고가 책임져야지 피고 탓을 할 수 있습니까? 이것은 자기책임의 원칙에 반하지 않을까요?

세준 그런데 자기책임의 원칙이 무엇입니까?

김신 사적 자치를 근간으로 하는 우리의 사법질서에서 개인은 자신의 자유로운 선택과 결정에 따라 행위하고 그 결과를 다른 사람에게 귀속시키거나 전가하지 아니하고 스스로 이를 감수하여야 한다는 것이 '자기책임의 원칙'입니다. 당사자는 자신의 자유로운 선택과 결정에 따라 계약을 체결한 결과 발생하게 되는 이익이나 손실을 스스로 감수하여야 하고, 다른 당사자가 상대방의 이익을 보호하거나 배려할 의무는 없다고 합니다. 다수의견은 카지노사업자와 카지노 이용자 사이에도 자기책임의 원칙이 적용된다고 합니다.

지희 자기책임으로 한 것이니 자기가 책임지라는 말로 들립니다.

김신 그러나 반대의견은 자기책임의 원칙이 중요하지만 카지노 관련 법률관계에 관한 사건에서는 자기책임의 원칙만을 고집하여서는 안 된다는 입장입니다. 왜냐하면 국가는 폐광지역의 경제 진흥이라는 정책목표를 재정집행을 통하지 않고 국민을 상대로 한 카지노업에서 마련한 기금으로 달성하고자 하였으므로, 카지노업의 폐해로부터 국민을 보호할 방법도 마련하여야 합니다. 그리고 카지노 이용자 중 병적 도박 중독의 징후를 보이는 이들은 도박 충동을 자제하지 못하고 베팅금액을 키우거나 게임 횟수와 시간을 늘리면서 게임에 과도하게 몰입함으로써 경제·사회적 파탄에 내몰리는 경우가 있는데, 이 사람들에 대해 자기책임의 원칙을 내세워 보호를 거부하는 것은 부당하다고 합니다.

지희 그렇다면 다수의견은 카지노사업자인 피고에게 카지노 이용자에 대한 보호의무가 없다고 합니까?

김신 그렇지는 않습니다. 다수의견은, 카지노사업자가 카지노 운영과 관련하여 공익상 포괄적인 영업규제를 받고 있지만, 그것을 근거로 카지노 이용자에 대한 카지노사업자의 보호의무를 인정할 수는 없다고 합니다. 즉 카지노사업자는 분명한 근거가 없는 한 카지노 이용자의 이익을 자신의 이익보다 우선할 의무나, 카지노 이용자가 지나친 재산상 손실을 입지 않도록 보호할 의무가 없다는 것뿐입니다.

세준 카지노 이용자가 스스로의 판단으로 카지노 게임을 하는 이상, 카지노사업자의 법령 위반 행위가 있더라도 특단의 사정이 없는 한 그에 따른 손해는 전부 카지노 이용자가 책임져야 한다는 것으로 이해됩니다만, 반대의견은 어떻게 반박합니까?

김신 반대의견은, 카지노 이용자가 자기책임으로 카지노 게임을 하는 것은 맞지만, 이것과 카지노사업자가 관련 법령의 규정을 위반한 것은 다른 차원의 문제이기 때문에 카지노사업자의 법령 위반을 해석하는 단계에서는 자기책임의 원칙이 고려되어서는 안 된다고 합니다.

세준 이 사건에서 구체적으로는 피고의 출입제한 규정 위반과 베팅한 도액제한 규정 위반이 문제되었습니다. 먼저 출입제한 규정 위반 문제를 다루면 좋겠습니다. 다수의견은 출입제한 규정 위반에 대하여 어떻게 판단합니까?

김신 원심은, 원고가 카지노 출입제한 대상자임을 알면서도 출입제한을 하지 아니하였고 이미 출입제한 요청서가 접수되어 출입제한이 되었는데도 피고가 마음대로 출입제한을 해제하여 카지노에 출입시킨 것은 카지노 이용자에 대한 보호의무를 위반한 것이라고 판단하였습니다. 이에 대하여 다수의견은, 원고의 아들이 피고에게 '원고의 도박중독이 의심되며 이로 인하여 가계의 재정에 심각한 어려움이 있으므로 원고의 카지노 출입을 금지해 달라'는 내용의 출입제한 요청서를 발송하였으나, 피고가 미처 출입제한자로 등록되기 전에 원고의 아들이 전화하여 출입제한 요청을 철회한다는 의사를 밝히면서 출입제한 요청서를 반송해 달라고 하여 그 요구대로 하였으니, 결국 원고 아들의 출입제한 요청은 없었다고 보아야 하므로, 피고가 원고의 카지노 출입을 제한하지 않았다고 하더라도 잘못이 없다고 하였습니다.

세준 반대의견은 어떻게 반박하고 있습니까?

김신 반대의견은, 원고의 아들이 피고의 카지노에 출입제한 요청서를 발송하였다면 그 철회 역시 문서로 하여야 하는데, 원고 아들은 문서가 아니라 단지 전화로 출입제한 요청을 철회하겠다는 의사를 밝혔을 뿐이므로 철회의 효력이 없다고 합니다. 그러므로 피고는 일단 원고를 출입제한자 명단에 올려 카지노 출입을 제한하여야 하고, 원고의 아들이 문서로 그 요청을 철회하면 그에 따라 처리하여야 하는데, 피고가 출입제한 요청서를 마음대로 반송하고 원고의 출입을 허용한 것은 위법하다고 합니다.

지희 반대의견은 철회에 대해서도 절차를 엄격하게 준수하라는 것이군요. 이건 카지노사업자에게 도박중독자의 카지노 출입을 금지하라고 법령에 제한을 두면 해결되는 문제가 아닌가요?

김신 그런 방안은 실효를 거두기 어렵습니다. 왜냐하면 카지노사업자는 도박중독자를 상대로 상당한 수익을 얻고 있기 때문에 그들의 출입을 적극적으로 막으려고 하지 않습니다. 그리고 도박중독의 정도와 증상이 다양하고 이용자나 가족이 입는 피해도 다양한데, 카지노를 출입할 때마다 이용자가 도박중독 상태에 있는지, 심각한 피해를 보고 있는지를 개별적으로 심사하여 출입을 결정한다는 것은 현실적으로 불가능합니다. 그래서 도박중독 여부를 가장 잘 알고 있는 이용자나 그 가족이 출입제한을 요청하도록 하고, 피고는 카지노출입관리지침을 만들어 카지노 이용자를 보호하도록 제도를 운용하고 있습니다. 반대의견은, 피고가 그런 지침을 제대로 지키지 않았으니 잘못이 있다고 한 것입니다.

지희 이 사건에서 원고가 베팅한도액제한 규정을 위반하여 베팅하는 것을 피고가 묵인한 것이 위법한지에 대해서도 의견이 갈렸습니다. 그런데 베팅한도액 제한은 왜 필요한 겁니까?

김신 카지노 영업은 대수의 법칙에 의하여 카지노사업자가 종국적으로 일정한 비율의 이익을 얻을 수 있도록 설계되어 있습니다. 그렇기 때문에 베팅횟수별 베팅액수가 커질수록 카지노 이용자가 잃는 돈의 액수가 커질 수밖에 없습니다. 카지노 이용자는 단번에 큰 이득을 보거나 일거에 손실을 만회할 심산으로 합리적 판단력과 자기통제력을 잃고 과도한 금액을 베팅할 위험이 있습니다. 이것을 내버려 두면 카지노 이용자의 손실액은 한없이 커질 수 있기 때문에 법령으로 카지노사업자가 베팅할 수 있는 한도금액을 설정하여 이용자가 그 베팅한도액을 준수하도록 하고, 카지노 종사원은 영업준칙에 어긋나는 게임을 하지 못하도록 하고 있습니다. 반대의견은, 이러한 제한에는 카지노를 이용하는 일반 공중의 사행심

> **대수의 법칙**
> 大數法則, law of large numbers
>
> 확률통계학적으로는, 데이터 표본의 관측대상의 수가 많으면 많을수록 통계적 예상치의 정밀도가 향상되는 현상으로 수학적으로 증명된 것을 대수의 법칙이라고 한다. 각종 보험상품의 보험료는 대수의 법칙을 근거로 정해지고 있다.

유발을 방지하려는 목적뿐만 아니라, 카지노 이용자도 베팅한도액 이상은 잃지 않게 하여 카지노 이용자 개인의 재산상 이익을 보호하기 위한 목적도 있다고 봅니다.

지희 다수의견은 다르게 주장합니까?

김신 다수의견은 그러한 제한은 일반 공중의 과도한 사행심 유발을 방지하기 위한 것일 뿐, 카지노 이용자 개인의 재산상 손실을 방지하기 위한 규정은 아니라고 합니다. 그러므로 피고 소속 직원들이 베팅한도액제한 규정을 위반하였다고 하더라도, 피고가 영업정지 등 행정적 제재를 받는 것은 별론으로 하고, 이용자인 원고에 대한 보호의무를 위반한 책임을 물을 수는 없다고 합니다.

재윤 피고에게 잘못이 있다면서도 책임은 물을 수 없다는 다수의견에는 선뜻 찬성하기 어렵습니다만….

김신 피고는 원고가 베팅한도액을 초과하여 베팅하는 사실을 몰랐다고 주장하기도 하였지만, 그 주장은 받아들여지지 않았습니다. 기록에 따르면, 피고 소속 직원들이 원고가 수년간 피고의 회원용 영업장 예약실에서 이른바 '병정'을 동원하여 대리베팅을 하는 방법으로 베팅한도액을 초과하는 바카라 게임을 하고 있다는 것을 잘 알고 있었음에도 이를 묵인한 사실은 인정됩니다. 반대의견은 피고의 그러한 불법행위로 인하여 원고가 손해를 입었다는 것입니다.

지희 그런데 '병정'이 무엇입니까?

김신 자기는 게임을 하지 않고 다른 사람을 위해 돈을 받고 대리베팅을 해 주는 사람을 말합니다. 한꺼번에 많은 돈을 베팅하려는 사람이 그런 사람에게 부탁하여 사실상 베팅한도액을 초과하여 베팅하고 있습니다. 그렇게 대리베팅을 해 주는 사람을 그 세계에서는 병정이라고 부릅니다. 예컨대 병정 5명을 고용하면 제한액의 5배를 베팅할 수 있고, 이용자의 손해가 그만큼 커질 위험이 있습니다.

지희 다수의견은 카지노 영업자인 피고에게 불법행위 책임이 없다는 결론이군요?

김신 그렇습니다. 보충의견이 다수의견을 잘 요약하고 있습니다. 보충의견은, "카지노 이용계약에서 카지노사업자인 피고의 주된 의무는 카지노 이용자가 카지노 게임을 할 수 있도록 필요한 서비스를 제공하는 것으로서, 그 구체적 내용은 정해진 규칙에 따라 카지노 게임을 진행하고 이용자가 승리하였을 경우 배당률에 따른 돈을 지급하는 것이다. 이용자는 게임의 승패에 따라 자신이 건 돈을 잃을 위험이 있고, 나아가 피고에게 유리하게 설정된 카지노 게임의 승률 구조상 오랜 시간 카지노 게임을 하면 할수록 손실규모가 커진다는 사실을 알면서도 이를 감수하고 카지노 게임에 참여한다. 피고가 법령상 허용된 범위에서 카지노 이용자의 카지노 이용시간 및 베팅금액을 늘려서 더 많은 이익을 얻고자 노력하는 것은 당연하다. 결국, 이용자가 카지노를 이용할지, 카지노 게임에 얼마를 베팅할지는 자신의 재산상황 등을 고려하여 스스로 판단·결정할 사항이고, 카지노사업자인 피고에게 그와 대립하는 이해당사자인 이용자에 대하여 카지노 이용을 제한하는 등의 방법으로 지나친 재산상 손실을 방지하도록 노력할 의무가 없다."고 하여 자기책임의 원칙을 엄격히 적용하여야 함을 천명합니다. 나아가 "카지노사업자인 피고의 카지노 이용자에 대한 보호의무는 아주 예외적인 경우에 제한적으로 인정될 여지가 있을 뿐이고, 피고가 그 취지가 명백하지 아니한 출입제한 규정과 베팅한도액제한 규정을 위반하였다고 하여 이를 카지노 이용자의 재산상 이익을 보호할 의무를 위반한 것으로 볼 수는 없다. 피고의 손해배상책임을 인정하자는 주장은 법해석의 한계를 넘어서는 것이고 도박중독 상태에 있는 이용자를 보호하기보다는 피고의 영업제한 규정 위반을 빌미로 이용자에게 자신의 행동으로 인한 책임을 회피할 기회를 주는 결과에 이르게 되어 동의하기 어렵다."고 합니다.

지회 다수의견은 자기책임의 원칙을 전면에 내세우고 있습니다만, 이 원칙은 스스로 판단하여 합리적인 의사결정을 할 수 있는 사람에 대해서만 적용되어야 하지 않을까요? 원고와 같이 수백억 원을 잃고도 도박을 계속하려는 중독자에게 자기책임의 원칙이 적용되어야 한다는 주장은 지나치지 않을까요?

김신 이 사건에서 문제된 도박은 법률로 금지되어 있고 처벌규정이 있습니다. 도박영업은 극히 예외적으로, 허가받은 카지노에서만 할 수 있도록 허용되어 있습니다. 그렇다면 카지노사업자는 이용자로부터 경제적 수익을 얻는 것만을 목적으로 하여서는 안 되고, 이용자들이 도박의 위험에 빠지거나 과도한 손해를 입지 않도록 보호할 책임도 있다고 생각합니다. 3년 반 동안에 평생 운영하던 사업체도 처분하고 살던 집까지 팔아가면서 피고가 운영하는 카지노에 333회나 출입하면서 231억 원을 잃은 원고가 정상적인 판단력이 있다고 볼 수 있을까요? 원고는 도박에 심하게 중독되어 치료가 필요한 사람입니다. 이런 원고에 대하여 자기책임의 원칙만을 내세우면서 피고의 보호의무를 외면하고 있는 다수의견은 찬성하기 어렵습니다.

세준 다수의견은 자기책임의 원칙을 엄격히 적용하여 카지노사업자의 손을 들어 주었습니다. 반대의견은 자기책임의 원칙을 부인하지는 않지만 보호의무와 조화롭게 해석하여야 한다는 것으로 이해해도 될까요?

김신 그렇습니다. 이 판결에서, 우리 민법의 지도원리인 사적 자치의 원칙과 자기책임의 원칙이 카지노 관련 법률관계에도 당연히 적용되어야 한다는 다수의견과, 자기책임의 원칙이 민법의 지도원리라고 하더라도 피고가 관계 법령을 위반하였다면 그에 따른 책임을 부담하는 것은 당연하다는 반대의견이 충돌하고 있습니다. 그런 의미에서 대법원 판결은 국민들이 가지고 있는 가치관 또는 정의의 관념이 대법관들에게 투영되어 충돌하고 있는 현장이라는 생각이 듭니다.

지희 대법관님 말씀을 들으니 오늘의 판결을 좀더 잘 이해할 수 있을 것 같습니다. 대법원은 국민들이 가지고 있는 가치관 또는 정의 관념이 충돌하는 현장이라는 말씀이 기억에 남을 것 같습니다.

김신 여러분과 함께 공부하다보니 시간이 빨리 지나가는군요. 다음 모임도 기대가 큽니다.

일동 감사합니다. 다음에 뵐 때까지 건강하시길 빕니다.

대법원 2014. 8. 21. 선고 2010다92438 전원합의체 판결

대법관 김용덕, 대법관 고영한, 대법관 김창석, 대법관 김신, 대법관 김소영, 대법관 조희대의 반대의견

다수의견은 카지노사업자인 피고는 자기책임의 원칙상 카지노 이용자에 대하여 보호의무를 지지 않는 것이 원칙이고, 다만 (1) 카지노 이용자가 자신의 의지로는 카지노 이용을 제어하지 못할 정도로 도박중독 상태에 있었고 (2) 카지노사업자도 이를 인식하고 있었거나 조금만 주의를 기울였더라면 인식할 수 있었던 상황에서 (3) 카지노 이용자나 그 가족이 카지노 이용자의 재산상 손실을 방지하기 위하여 법령이나 카지노사업자에 의하여 마련된 절차에 따른 요청을 하였음에도 (4) 그에 따른 조처를 하지 아니하고 나아가 영업제한 규정을 위반하여 카지노 영업을 하는 등 카지노 이용자의 재산상실에 관한 주된 책임이 카지노사업자에게 있을 뿐만 아니라 (5) 카지노 이용자의 손실이 카지노사업자의 영업이익으로 귀속되는 것이 사회 통념상 용인될 수 없을 정도에 이르렀다고 볼 만한 사정이 있는 경우라는 다섯 가지 요건이 갖추어진 예외적인 경우에는 카지노 이용자에 대한 보호의무 내지 배려의무 위반을 이유로 한 손해배상책임이 인정될 수 있을 것이나, 이 사건은 소외 1이 원고에 대하여 출입제한 요청을 한 후 그 요청서가 피고에게 도달하기도 전에 이를 철회하여 적법한 출입제한 요청이 있다고 볼 수 없으므로, 피고에게 원고의 출입을 제한하여야 할 의무가 있다고 보기 어렵다고 한다. 그러나 이러한 다수의견에는 다음과 같은 이유로 찬성할 수 없다.

가. 카지노업의 특성과 그 폐해 방지의 필요성

도박은 재물을 걸고 우연에 의하여 재물의 득실을 결정하므로 일방의 이익이 상대방의 손실로 직결되어 인간의 이기심과 사행심이 극단적으로 발현되는 행위로 개인과 사회에 미치는 폐해가 심대하다. 우리 형법은 기본적으로 도박을 범죄로 규정하여 건전한 국민의 근로관념과 경제에 관한 건전한 도덕법칙

및 사회의 미풍양속을 보호함과 아울러, 사행심에 의한 도박행위자의 재산상실 위험을 제거하려 하고 있다(대법원 1984. 7. 10. 선고 84도1043 판결, 대법원 2008. 10. 23. 선고 2006도736 판결 참조). 그리고 대법원은 도박과 관련된 법률행위는 민법 제103조에 정한 반사회적 행위에 해당한다고 보아 왔다(대법원 1973. 5. 22. 선고 72다2249 판결 참조). 한편 정신보건법(제15조, 제16조 제1항 제4호)과 그 시행령(제4조의2 제1호)은 도박중독을 정신질환으로 보아 도박중독자를 위한 재활시설의 설치와 운영에 관한 근거 규정을 두고 있기도 하다.

다만 우리 법제는 도박을 일반적으로 금지하면서도 공익적 필요성이 인정되는 특별한 경우에 예외적으로 카지노업과 복권 및 경마 등에 관한 사업을 허용하고 있는데, 현재 법률로 합법화된 도박은 복권(복권 및 복권기금법), 경륜·경정(경륜·경정법), 경마(한국마사회법), 그리고 카지노(관광진흥법, 폐광지역지원법)가 있다.

카지노와 다른 네 종류의 도박과의 차이는 근본적으로 다른 도박들이 '놀이를 하는 사람들 사이의 게임(player to player)'인 데 비하여 카지노는 '카지노사업자 대 카지노 이용자 사이의 게임(banker to player)'이라는 점에 있다. 게임 운영 시간도 복권은 주 1회, 경마, 경륜, 경정은 1주일에 2~3일씩 정해진 요일에 한정하여 개최됨에 반하여, 카지노는 피고의 경우 1년 동안 쉬지 않고 개장되며, 일일 운영시간도 아침 10시에서 다음날 새벽 6시까지 20시간 계속된다. 게임당 소요시간도 다른 사행행위에 비하여 짧아서 주어진 시간 동안 상대적으로 많은 게임을 할 수 있다. 이러한 특성상 카지노업은 합법화된 다른 종류의 도박보다 이용자의 사행심을 조장하여 재산을 탕진하게 하고, 인간성을 피폐하게 하며, 때로는 가족을 해체시키거나 자살에까지 이르게 하고, 사회적으로 근로와 경제에 관한 관념과 풍속을 왜곡시켜 노숙자 양산, 범죄 유발 등의 사회적 폐해를 초래할 위험성이 훨씬 크다.

이러한 이유로 국가는 그동안 관광진흥법에서 관광산업으로 건전하게 육성할 목적으로 일정한 요건을 갖춘 경우에 외국인을 대상으로 한 카지노의 설치와 영업만을 제한적으로 허용했으나 석탄산업의 사양화 때문에 낙후된 폐광지역의 경제를 진흥시킬 목적으로 1995. 12. 29. 폐광지역지원법을 제정하여 폐광지역 중 경제사정이 특히 열악한 지역 1개소에 한해서 한시적으로 내국인 출입이 가능한 카지노의 설치와 영업을 허용하였고, 이에 기하여 지식경제부 산하 한국광해관리공단, 강원도개발공사 및 4개의 지방자치단체가 지분의 51%를 보유하고 있는 피고가 2000. 10. 28.부터 내국인 출입이 가능한 카지노를 운영하게 되었다.

국가가 폐광지역의 경제 진흥이라는 정책목표를 정당한 재정집행을 통하여 이루려고 하지 않고 국민을 상대로 한 카지노업을 허용한 후 거기서 마련된 기금 등으로 달성하고자 한다면 카지노업의 폐해로부터 국민을 보호할 방법 또한 마련해야 할 필요가 있다. 특히 카지노 이용자 중 심각한 병적 도박중독의 징후를 보이는 이들은 대부분 자신의 의지로는 도박 충동을 자제하지 못하고 게임에 거는 금액을 키우거나 게임 횟수와 시간을 늘려 카지노 게임에 과도하게 몰입하는 이들이어서 정상인과는 달리 카지노 이용을 조절하고 절제할 능력이 부족하여 카지노 이용으로 경제적·사회적 파탄에 내몰리게 되어 있으므로, 자기책임의 원칙만을 내세워 이러한 이들에 대한 보호를 거부할 것은 아니다. 국가가 사행산업통합감독위원회법을 제정하여 폐광지역지원법 규정에 따른 카지노업을 사행산업으로 지정하고(제2조 제1호), 위 법에 따라 설치되는 사행산업통합감독위원회로 하여금 과도한 사행심 유발 방지를 위하여 사행산업사업자를 지도·감독하도록 하고, 사행산업으로 인한 중독의 예방과 치유 등 사행산업 부작용 해소를 위한 대책을 수립·시행하도록 하며(제5조 제1항), 사행산업이나 불법사행산업으로 인한 중독 및 도박 문제의 예방·치유를 위하여 필요한 사업 또는 활동을 하기 위하여 한국도박문제관리센터를 설립하고(제14조), 피고 등 사행산업사업자들에게 중독예방치유부담금을 부과할 수 있도록 한 것(제14조의2)도 그러한 이유에서이다.

(1) 카지노사업자 일반에 대하여는 구 관광진흥법 제27조 제2항이 문화관광부령이 정하는 영업준칙을 준수할 의무를 부과하고 있으나, 내국인 카지노를 운영하는 피고에 대하여는 구 폐광지역지원법 제11조 제3항 단서, 구 폐광지역지원법 시행령 제14조 제1항에서도 장관이 카지노업의 영업에 관한 각종 제한을 할 수 있다고 규정하고 있으며, 이에 따라 '폐광지역 카지노사업자의 영업준칙'이 별도로 마련되었다. 위 영업준칙에서는 '카지노 영업소 출입자의 신분을 확인하여야 하며, 당사자의 배우자 또는 직계혈족이 문서로써 카지노사업자에게 도박중독 등을 이유로 출입금지를 요청한 경우 그 당사자의 출입을 제한하여야 한다. 다만 배우자·부모 또는 자녀 관계를 확인할 수 있는 증빙 서류를 첨부하여 요청한 경우에 한한다(제7호 라목). 회원용 영업장에 대한 운영 및 영업방법은 내규로 정하되, 미리 문화체육관광부 장관의 승인을 얻어야 한다(제12호)'고 명하고 있다.

한편 피고의 '카지노출입관리지침' 제4조와 [별표 2]에서는 카지노 영업장에 출입하고자 하는 자에 대하여 대상별로 구분하여 출입제한의 처리기준 및 내용 등을 정하면서 본인 또는 직계혈족 및 배우자의 요청 시 담당자의 별도 판단이나 결정 없이 영구적으로 출입제한을 하는 것으로 정하였고(이에 반하여 관공서 및 유관단체가 요청한 경우에는 출입금지 사유서가 접수된 후 담당자가 판단·보고 후 출입제한 여부를 결정하도록 하고 있다), 제7조 제2항과 [별표 4]에서는 카지노 고객 본인 또는 직계혈족·배우자 등이 출입제한을 요청할 경우 담당 부서에서는 출입제한 요청에 필요한 구비서류(가족의 경우 출입제한 요청서, 주민등록, 가족관계등록 등 가족확인 서류, 요청자·피요청자 신분증 사본)를 접수하고 출입제한자 명단에 등록하여 피요청자의 영업장 출입을 제한할 수 있다고 규정하고 있다. 제8조에서는 회사는 출입제한 해제 요청자에 대하여 출입제한 해제를 원칙으로 하되, 다만 절도, 사기도박 등과 같이 타 고객 보호 및 카지노 영업장 질서유지 등을 위하여 출입 해제가 곤란하다고 판단될 경우는 출입제한 기간이 만료되더라도 심의위원회 심의를 통하여 출입제한

기간을 일정 기간 연장하거나 해제하지 않을 수 있고(제1항), 가족 및 본인의 요청 등에 의해 출입이 제한된 자에 대하여 가족 및 본인의 해제요청이 있을 경우 관련 서류(가족의 경우 출입제한해제신청서, 신청자 신분증 사본, 도박중독센터 상담확인증)를 갖추었을 때에는 출입제한을 해제할 수 있으며(제2항), 그 경우에도 출입제한을 해제하기 위해서는 출입제한 요청이 처음이면 출입제한일부터 3월 이상, 출입제한 요청이 2회 이상이면 출입제한일부터 6월 이상이 경과하여야 하되, 출입제한을 요청한 자가 피고에게 출입제한 해제에 대한 서면요청서와 동의서(각서)를 첨부하여 재심을 요청할 경우 심의위원회의 심의를 통하여 출입제한을 해제할 수 있다(제3항)고 규정하고 있다.

(2) '폐광지역 카지노사업자의 영업준칙'이 카지노사업자에게 모든 영업소 출입자의 신분을 확인하고 카지노 이용자의 배우자 또는 직계혈족이 서면으로 출입제한 요청을 하면 그 당사자의 출입을 제한하여야 한다고 하여 피고에게 출입제한의무를 부과하고 있을 뿐만 아니라 카지노 이용자의 배우자 또는 직계혈족이 출입제한 요청을 할 수 있는 사유를 '도박중독 등'으로 폭넓게 인정하고 있으며, 피고 역시 '카지노출입관리지침'에서 카지노 이용자 본인이나 그의 직계혈족 또는 배우자가 피고에게 서면으로 출입제한 요청을 할 경우 그 요청사유의 내용이나 정당성 등에 관하여 별도의 심사나 판단 없이 출입제한 조치를 하도록 기준을 마련한 것은, 앞서 본 도박중독자의 특성을 감안하여 카지노 이용자와 가족이 스스로를 보호하기 위하여 자기 배제를 요청할 수 있도록 제도화한 것이고, 출입제한이 요청된 자(이하 '피요청자'라 한다)의 도박중독으로 인한 가장 일차적인 손해는 재산상실이라 할 것이므로 이는 무엇보다 피요청자의 재산상 이익을 보호하기 위한 제도에 해당한다.

즉, 도박중독을 치료하기 위해서는 도박환경으로부터 중독자를 차단시키는 것이 필요하므로 예외적으로 내국인을 상대로 한 카지노업을 허가한 국가는 심각한 도박중독자의 카지노 출입을 막을 필요가 있으나, 카지노사업자에게 일반적으로 도박중독자의 출입을 금지하라고 법령상 제한을 두는 것은 실효를 거두기 어렵다. 카지노사업자는 도박중독자에 의하여 상당한 수익을 내고 있기 때문에 적극적으로 그들의 출입을 금지할 유인이 없을 뿐만 아니라, 도박중독의 정도와 증상은 다양하고, 그로 인하여 카지노 이용자나 그 가족이 입는 피해도 카지노 이용자가 처한 상황에 따라 다르게 나타나므로 카지노사업자가 이용자의 출입 및 게임에 관해 기록을 보유하고 있더라도 카지노를 출입할 때마다 이용자가 도박중독 상태에 있는지, 그로 인하여 심각한 피해를 보는 상태에 있는지를 심사하여 출입을 허용할 것인지를 결정하는 것은 현실적으로 불가능하여 카지노사업자가 이를 이행하지 않았다 하여도 제재하기가 쉽지 않기 때문이다. 또한, 도박중독자 스스로 중독 상태임을 자각하는 것이 도박중독 치료의 시작이고 그 가족들이 도박중독의 상태를 알고 치료에 협조할 경우 그 효과가 높아지게 된다. 이런 이유들로 인하여 '폐광지역 카지노사업자의 영업준칙'은 도박중독자의 도박장 출입을 일반적으로 제한하는 방법을 택하지 아니하고 카지노 이용자의 도박중독 여부를 가장 잘 알 수 있고 중독으로 인한 피해를 직접적으로 받게 되는 카지노 이용자의 가족으로 하여금 피고에게 이를 알려 피요청자의 카지노 출입을 제한함으로써 스스로를 보호받도록 하는 방안을 채택하였고, 피고 역시 '카지노출입관리지침'에서 카지노 이용자 본인에게도 같은 방법에 의한 보호를 부여한 것이다.

따라서 피고 소속 직원들이 고의 또는 과실로 그러한 조치를 하지 아니하여 피요청자가 피고의 카지노를 이용함으로써 재산상 손해를 입은 경우에는, 그러한 손해는 출입제한 조치 위반행위와 상당인과관계 있는 손해이므로 사용자인 피고는 이를 배상할 책임이 있다고 해석함이 타당하다.

다수의견과 같이 카지노사업자의 보호의무 위반으로 인한 손해배상책임을 인정함에 있어 앞서 본 요건 외에 피요청자의 도박중독 상태의 존재, 그에 대한 피고의 인식, 피요청자의 상당한 손해발생 등의 요건을 추가하게 되면, 재산이 많지 않아 일반 영업장을 이용하는 도박중독자의 경우에는 자신의 도박중독에 대한 피고의 인식을 증명하지 못하여 결국 회원용 영업장을 이용할 수 있을 정도로 고액의 베팅이 가능한 이들만이 손해를 배상받게 될 것이다. 나아가 피고에게 카지노 이용자의 출입 및 손실금액 등에 관한 기록관리에 무심할수록 손해를 배상하지 않아도 되어 더 이익이 된다는 잘못된 신호를 주게 되고, 출입제한제도를 일반적인 도박중독자의 출입제한 금지의무로 만들어 제도의 실효성을 현저히 떨어뜨리게 될 것이다. 이는 도박중독으로 인한 재산상 손실 등을 견디다 못해 결국 출입제한요청까지 하게 된 피요청자를 그로 인하여 수익을 얻은 피고가 외면하는 것이어서 형평에 반한다.

다. 출입제한요청의 철회 또는 취소 가능 여부

(1) '폐광지역 카지노사업자의 영업준칙'에서는 가족의 서면요청에 의한 피고의 출입제한의무에 관하여 규정하고 있을 뿐 출입제한요청을 취소 또는 철회하는 절차에 관하여 따로 규정하고 있지 않다. 도박 충동을 제어하지 못하는 도박중독자의 특성상 가족이 자신에 대해 출입제한을 요청하였다는 사실을 알면 요청자에 대하여 이를 철회 또는 취소할 것을 종용할 가능성이 큰데 철회나 취소를 인정하여 출입제한이 이루어지지 아니하거나 출입제한이 해제되면 심각한 도박중독 상태의 카지노 이용자 보호라는 제도의 목적을 달성할 수 없게 된다.

피고가 정한 '카지노출입관리지침'에서 출입제한요청의 취소나 철회 절차를 두지 않고, 출입제한요청을 서면으로 하도록 하고, 일단 카지노 이용자에 대한 출입제한이 이루어지면 일정 기간이 지나야 해제요청을 할 수 있도록 하고 출입제한해제요청 역시 서면으로 하도록 하고 있는 것도 도박중독자의 이러한 특성을 반영한 것으로 볼 수 있으므로 자유롭게 출입제한요청의 철회나 취소를 인정하여서는 안 될 것이다. 다만 피고가 정한 '카지노출입관리지침'에서 해제 가능 기간이 경과하지 아니한 경우에 출입제한을 요청한 자가 출입제한 해제에 대한 서면요청서와 동의서(각서)를 첨부하여 재심을 요청하였을 경우 심의위원회의 심의를 거쳐 출입제한을 해제할 수 있게 하고 있으므로 출입제한요청을 한 자가 해제가 가능한 기간 전에 서면으로 철회나 취소를 한 경우에는 이에 준하여 처리하도록 하는 것이 타당하다.

(2) 원심판결 이유에 의하면, 원고의 아들 소외 1은 2006. 7. 19. 도박중독이 의심된다는 등의 이유로 원고의 카지노 출입의 금지를 구하는 내용의 출입제한 요청서를 피고에게 보냈고, 위 요청서는 그 다음 날인 2006. 7. 20. 11:24경에 피고에게 도착한 사실, 소외 1은 같은 날 오전에 피고 소속 직원에게 전화하여 원고에 대한 출입제한요청을 철회하고자 하니 위 요청서를 반송하여 달라고 말한 사실, 피고 소속 직원들은 소외 1의 요구대로 위 요청서를 반송하고 원고에 대하여 출입제한을 하지 아니한 사실을 알 수 있다.

(3) 이러한 사실관계를 앞서 본 법리에 비추어 보면, 피고가 운영하는 카지노에 출입하던 이용자의 직계혈족이 출입제한요청서를 발송한 이상 그 철회 역시 피고가 정한 '카지노출입관리지침'에 따라 문서로써 하여야 하므로 소외 1이 단지 전화로 출입제한요청을 철회하겠다고 한 것은 그 시기와 상관없이 효력이 없고, 출입제한요청서를 받은 피고는 여전히 원고를 출입제한자 명단에 올려 카지노 출입을 제한할 의무가 있다고 할 것이다.

다수의견은 원고의 아들 소외 1이 원고에 대한 출입제한요청을 하고도 그 요청서가 피고에게 도착하기도 전에 전화로 이를 철회한 이 사건에 있어서는 적법한 출입제한요청이 있다고 보기 어렵다고 하나, 그러한 해석은 카지노 이용자 보호를 위한 출입제한규정을 둔 '폐광지역 카지노사업자의 영업준칙'의 규정 취지를 살리지 못하게 되어 동의하기 어렵다.

그렇다면 피고 소속 직원들이 원고에 대한 출입제한의무를 위반하여 원고에게 카지노 출입을 허용한 것은 카지노 이용자인 원고에 대한 보호의무를 위반한 것이어서 피고는 그 사용자로서 원고에게 민법 제756조에 따라 그로 인한 손해를 배상할 책임이 있다.

라. 소결
원심이 같은 취지에서 피고 직원들이 원고에 대한 출입제한 조처를 하지 아니하고 출입을 허용한 것을 원고에 대한 보호의무 위반행위로 보아 그 사용자인 피고의 손해배상책임을 인정한 것은 타당하고, 거기에 상고이유 주장과 같이 의사표시의 철회 및 효력 발생시기, '카지노출입관리지침'의 법적 성격과 효력, 출입제한규정 위반과 관련된 상당인과관계에 관한 법리를 오해한 위법이 없다. 그러므로 피고의 이 부분 상고는 기각하는 것이 옳다.

이상과 같은 이유로 다수의견에 찬성할 수 없음을 밝힌다.

03

임차인의 눈물

임대보증금과 임대료의 상호전환

지희 한 달 만에 대법관님을 만나게 되었습니다. 그동안 잘 지내셨습니까?

김신 반갑습니다. 여러분과 대법원 판결을 읽으면서 공부하지만, 공부라는 게 힘들다는 생각을 떨치기 어렵습니다. 오늘은 어떤 판결을 준비해왔습니까?

재윤 오늘은 대법원 2016. 11. 18. 선고 2013다42236 전원합의체 판결 [건물인도등]을 준비했습니다.

김신　어려운 판결을 골랐군요. 판결은 학자들의 이론적 호기심을 만족시키기 위한 것이 아니라, 구체적 사실에 기반을 두고 벌어진 분쟁에 대한 해결책을 제시하는 것입니다. 판결을 제대로 이해하려면 사실관계부터 정확히 파악해야 할 테고요. 이 판결도 사실관계부터 잘 살펴봅시다.

재윤　제가 설명해 보겠습니다. 이 전원합의체 판결은 선행한 대법원 판결과 관련이 있습니다. 즉, 피고가 원고를 상대로 부당이득반환청구를 제기하였고, 그 사건이 1, 2심을 거쳐 대법원까지 가서 판결이 선고되었습니다. 그것을 '1차 판결'이라고 하겠습니다. 그런데, 피고가 1차 판결에 따른 이행을 하지 않는 바람에 다시 분쟁이 발생하였습니다. 그러자 이번에는 원고가 피고를 상대로 임대료 연체를 이유로 임대차계약을 해지하고 건물의 인도를 구하는 소를 제기하였습니다. 이 사건도 제1, 2심을 거쳐 대법원까지 가서 판결이 선고되었는데, 그것이 이 사건 전원합의체 판결입니다. 이것을 '2차 판결'이라고 하겠습니다.

김신　그러면 1차 판결의 사실관계부터 짚어 볼 필요가 있겠습니다.

재윤　원고는 공공임대주택의 임대사업자이고, 피고는 이 주택의 임차인입니다. 피고는 원고와 공공건설임대주택인 이 사건 임대주택의 임대차계약을 맺었습니다. 당시 위 임대주택의 표준임대보증금은 137,191,000원이고, 표준임대료는 월 909,000원으로 정해져 있었지만, 원고와 피고는 그대로 정하지 않고 임대보증금을 246,940,000원, 임대료를 월 593,000원으로 정하였습니다.

김신　임대주택법 시행령에는 공공건설임대주택의 최초 임대보증금과 임대료는 표준임대보증금 및 표준임대료를 초과할 수 없다고 규정하고 있지요?

지희 그렇습니다. 이 사건에서 원고와 피고는 임대보증금은 표준임대보증금보다 높이고 임대료는 표준임대료보다 낮추었습니다. 만약 임대보증금이 표준임대보증금보다 낮았다면 문제가 없었을 것입니다.

김신 그러나 위 시행령에는 임차인의 동의가 있으면 표준임대보증금과 표준임대료의 어느 한쪽을 높이고 다른 쪽은 낮추는 상호전환을 할 수 있도록 규정하고 있지 않습니까? 이 사건에서 임차인이 상호전환에 동의하였습니까?

지희 그렇지 않습니다. 이 사건에서 임대인인 원고는 법령에서 정한 절차를 거치지 않고 일방적으로 상호전환의 조건을 제시하였고, 임차인인 피고는 그러한 사정을 알지 못한 탓에 임대차계약을 체결하였습니다.

김신 판례는 상호전환에서 '임차인의 동의'를 중요하게 봅니다. 그래서 임대사업자가 상호전환 조건을 일방적으로 제시하여 체결한 임대차계약은 무효라고 하니, 이 사건 임대차계약도 무효라고 합니다.

지희 만일 이 사건 임대차계약이 무효가 되면, 임차인은 임대보증금을 돌려받고 임차주택에서 퇴거해야 합니까?

김신 이 문제를 어떻게 해결해야 할지는 계속 살펴보기로 하고, 우선 1차 판결에 이르게 된 경과를 훑어볼까요?

재윤 알겠습니다. 임대차계약을 체결하고 3년쯤 지난 후 피고는 상호전환 절차가 적법하지 않아 무효라고 주장하면서 임대보증금 246,940,000원 중 표준임대보증금 137,191,000원을 초과하는 금액을 부당이득으로 반환하라는 소송을 제기하였습니다. 그러자 원고는, 원고가 표준임대보증금을 많이 받았다면 피고 역시 표준임대료를 적게 지급하였으므로 그 차액을 지급하라는 예비적 반소를 제기하였습니다.

김신 1차 판결은 어떻게 결론이 났습니까?

지희 원고의 주장이 받아들여졌습니다. 1차 판결은, "원고는 피고에게 임대보증금 차액 상당 부당이득금을 지급하고, 피고는 원고에게 2010. 12. 25.부터 이 사건 주택을 인도할 때까지 임대료 차액 상당인 월 316,000원의 비율로 계산한 차임을 지급하라"는 항소심 판결이 타당하다고 판결하였습니다.

김신 1차 판결은 결국 표준임대보증금과 표준임대료로 임대차계약을 맺은 것과 마찬가지 결과를 가져왔군요. 원고와 피고는 판결에서 명한 대로 각자의 의무를 이행하였습니까?

재윤 원고는 판결에 따라 표준임대보증금과 약정임대보증금의 차액을

> **민사소송법 제269조(반소)**
>
> ① 피고는 소송절차를 현저히 지연시키지 아니하는 경우에만 변론을 종결할 때까지 본소가 계속된 법원에 반소를 제기할 수 있다. 다만, 소송의 목적이 된 청구가 다른 법원의 관할에 전속되지 아니하고 본소의 청구 또는 방어의 방법과 서로 관련이 있어야 한다.
> ② 본소가 단독사건인 경우에 피고가 반소로 합의사건에 속하는 청구를 한 때에는 법원은 직권 또는 당사자의 신청에 따른 결정으로 본소와 반소를 합의부에 이송하여야 한다. 다만, 반소에 관하여 제30조의 규정에 따른 관할권이 있는 경우에는 그러하지 아니하다.
>
> ● 예비적 반소는 본소 청구가 인용될 것을 조건으로 심판을 구하는 것을 말한다.

변제공탁하였지만, 피고는 판결대로 이행하지 않고 약정임대료인 월 593,000원만 납부하고 표준임대료와의 차액인 월 316,000원을 지급하지 않았습니다. 그러자 원고가 피고를 상대로 2차 소송을 제기하였습니다.

김신 원고가 제기한 2차 소송은 1차 판결에 따라 약정임대료와 표준임대료의 차액을 지급하라는 것입니까?

재윤 아닙니다. 원고는 피고가 그 차액을 지급하지 않았다는 이유로 이 사건 임대차계약을 해지하고, 피고에게 임차건물의 인도를 청구하는 소를 제기하였습니다.

김신 간단하지 않은 소송을 제기하였군요. 그러면 피고가 지급하지 않은 차액의 성격을 먼저 따져야 되겠습니다.

재윤 그렇습니다. 제1심은 피고가 지급하지 않은 돈을 차임이라고 판단하였지만, 제2심은 차임이 아니라고 판단하고, 피고가 그 돈을 지급하지 않았다 하더라도 임대차계약을 해지할 수 없다는 이유로 원고의 청구를 기각하였습니다.

김신 대상 판결에서도 대법관들 사이에서 이것이 차임인지를 두고 공방이 벌어졌습니다. 차임이라는 의견이 다수, 차임이 아니라는 의견이 소수였습니다. 다만 소수의견도 다른 이유로 원심 판결을 파기하여야 한다고 하였기

> 차임(借賃)
>
> 임대차계약에서 임차목적물 사용의 대가로 지급하는 금전 그 밖의 물건을 말한다.(민법 제618조)
> 법률 중에는 차임 대신 임차료라는 용어를 사용하기도 한다.

때문에, 반대의견이 아니라 별개의견이 되었습니다.

세준 대법관님, 잠시 곁길로 새는 것 같지만, 대법원 사건 중 어떤 사건을 전원합의체에서 판결합니까?

김신 법원조직법에는, 대법원 사건은 원칙적으로 대법관 전원의 3분의 2 이상으로 구성된 합의체에서 판단하여야 한다고 하여 전원합의체 판결을 원칙으로 규정합니다. 그러나 명령 또는 규칙이 헌법이나 법률에 위반된다고 인정하는 경우, 종전에 대법원에서 판시한 헌법, 법률, 명령 또는 규칙의 해석적용에 관한 의견을 변경할 필요가 있는 경우는 반드시 전원합의체에서 판결하지만, 그렇지 않으면 대법관 3인 이상으로 구성된 부에서 먼저 사건을 심리하여 의견이 일치되면 그 부에서 재판할 수 있다고 규정하여 대법관 4인으로 구성된 소부에서 판결할 수 있다고 합니다. 현실적으로는 소부에서 선고되는 사건이 대부분이고, 전원합의체에 회부되는 사건은 1년에 20건 정도밖에 안 됩니다. 이 사건도 소부에서 대법관들의 의견이 일치하지 않아 전원합의체에 회부되었습니다.

지희 전원합의체 판결은 다수의견과 반대의견이 법리를 가지고 공방을 하고 있고, 그 과정에서 대법관들의 사상과 성향을 엿볼 수 있어서 관심이 많습니다만, 전원합의체에서 선고되는 판결의 숫자가 너무 적어서 아쉽습니다.

김신 대법원에 상고되는 모든 사건을 전원합의체로 판결하는 것이 이상적이고, 그렇게 운영하는 국가도 많습니다. 그런데 미국 연방대법원은 연간 100건 전후의 판결을 선고하는데, 우리나라는 대법원에 상고되는 사건이 연간 4만 건이나 되어 모든 사건을 전원합의체에서 판결하는 것은 불가능합니다.

세준 대법원에 상고되는 사건이 그렇게 많습니까? 열두 분의 대법관이 그 많은 사건을 처리할 수 있습니까?

김신 대법관들이 처리하기 힘든 수준입니다. 획기적인 대책이 필요합니다만, 이 문제는 다음에 논의하고, 이 사건으로 돌아가도록 합시다.

세준 그런데 상호전환 절차가 무효이어서 임대차계약이 무효라면, 차임약정은 어떻게 됩니까??

김신 이 경우 약정한 임대료만 지급하면 되는지, 아니면 표준임대료를 지급하여야 되는지가 문제가 되었습니다.

지희 다수의견은 약정한 임대료가 아니라 표준임대료를 지급하여야 한다는 말이지요?

김신 그렇습니다. 다수의견은 이 문제를 무효행위의 전환 법리로 설명합니다. 원고, 피고가 상호전환이 무효임을 알았다면 상호전환을 하지 않은 원래 임대 조건, 즉 표준임대보증금과 표준임대료에 의한 임대 조건으로 임대차계약을 체결할 것을 의욕하였을 것이고, 따라서 그 임대차계약은 민법 제138조에 따라 표준임대보증금과 표준임대료를 임대조건으로 하는 임대차계약으로 유효하므로, 피고는 표준임대료를 지급하여야 한다고 합니다.

지희 다수의견에 따르면, 피고가 미지급한 것은 표준임대료 중 일부이므로 차임이라는 것이지요?

김신 그렇습니다. 다수의견은 피고가 약정임대료를 지급할 의무가 없어도 표준임대료를 지급할 의무는 있고, 피고가 표준임대료 중 일부를 미지급하였으므로 임대차계약을 해지할 사유가 된다고 합니다.

지희 별개의견은 피고가 미지급한 것이 차임이 아니라고 하였지요?

김신 별개의견은 이 문제를 민법 제138조의 무효행위의 전환의 법리가 아니라 민법 제137조의 일부무효의 법리로 해결하려고 합니다. 민법 제137조를 찾아보시겠습니까?

재윤 민법 제137조는 "법률행위의 일부분이 무효인 때에는 그 전부를 무효로 한다. 그러나 그 무효 부분이 없더라도 법률행위를 하였을 것이라고 인정될 때에는 나머지 부분은 무효가 되지 아니한다."고 규정되어 있습니다.

김신 별개의견은 위 규정에 따라, 임대차계약이 상호전환 절차를 위반하였다고 하여 임대차계약 전부가 무효가 되는 것이 아니라, 약정임대보증금 중 표준임대보증금을 초과하지 않은 부분은 유효하고, 초과한 부분만 무효라고 합니다. 따라서 피고는 약정한 임대료를 모두 지급하였으므로 임대차계약을 해지할 수 없다고 합니다.

> **민법 제138조(무효행위의 전환)**
>
> 무효인 법률행위가 다른 법률행위의 요건을 구비하고 당사자가 그 무효를 알았더라면 다른 법률행위를 하는 것을 의욕하였으리라고 인정될 때에는 다른 법률행위로서 효력을 가진다.

세준 피고가 지급하지 않은 것이 차임이 아니면 무엇입니까?

김신 피고는 차임이 아니라 부당이득금이라고 하면서, 피고가 판결에서 명한 돈을 지급하지 않았다면 피고의 재산에 강제집행을 해야지, 임대차계약을 해지할 수는 없다고 합니다. 별개의견은 피고 주장이 타당하다고 합니다.

세준 이론의 당부를 떠나서, 임대차계약이 상호전환 절차를 제대로 거치지 않아 무효가 되었다면 임대보증금은 표준임대보증금으로 낮추고 임대료는 표준임대료만큼 올려주는 것이 형평에 맞지 않습니까?

김신 다수의견은 관계 법령은 임대인과 임차인이 표준임대보증금과 표준임대료대로 임대차계약을 체결하라고 예정한 것으로 이해하지만, 별개의견은 표준임대보증금과 표준임대료의 한도 내에서 임대인과 임차인이 자유롭게 임대조건을 결정하라고 예정한 것이라고 합니다. 상호전환의 효력이 없는 이 사건에서, 다수의견은 임대보증금이 표준임대보증금인 137,191,000원으로 낮추어지면, 임대료도 표준임대료인 월 909,000원으로 증액되어야 한다고 하지만, 별개의견은 임대보증금은 표준임대보증금액으로 낮아져도 임대료는 표준임대료로 증액되지 않고 약정임대료만 지급하면 된다고 합니다.

재윤 별개의견은 임대사업자에게 불리한 것 같습니다.

김신 임대사업자에게 불리하지만, 이 문제는 임대사업자인 원고가 상호전환에 관한 법령을 위반하였기 때문에 발생한 것이므로 어쩔 수 없다고 생각합니다.

재윤 다수의견은, 표준임대료와 약정임대료의 차액을 차임이라고 하고, 피고가 그것을 연체하였으므로 임대차계약을 해지할 수 있다고 합니다만, 얼마나 연체해야 해지할 수 있습니까?

김신 구 임대주택법에는, 임차인이 임대료를 '3월 이상' 연속하여 연체하면 임대사업자가 임대차계약을 해지할 수 있다고 규정되어 있습니다.

재윤 그런데 대법관님, 그 법률에 '3개월 이상'이라고 하지 않고 '3월 이상'이라고 기재한 것은 잘못된 게 아닙니까?

김신 그 법률에 '3개월 이상'이라고 써야 할 것을 '3월 이상'이라고 기재하였는데, 저도 그것은 타당하지 않다고 생각합니다. 다른 법률에도 그런 예가 보입니다. 형사 판결을 할 때도 피고인에게 '징역 6개월'을 선고하지 않고 '징역 6월'을 선고하는 경우를 종종 보지 않습니까? 영어로 표현하면, '6월'은 'June'이고 '6개월'은 'six months'로 명확히 구분됩니다. 법률용어는 명확해야 하므로 오해의 소지가 없도록 표현하면 좋겠습니다.

세준 법률용어를 정확하게 사용하라는 지적, 새겨듣겠습니다. 그런데 이 사건에서 피고는 차임 전액을 지급하지 않은 것이 아니라 일부만 미지급하였는데, 이것도 계약 해지사유가 됩니까?

김신 다수의견은 그런 경우에도 차임연체가 3개월 이상 연속하고, 연체차임의 합계가 3개월분 차임 이상이 되면 해지사유가 된다고 합니다. 반면 별개의견은 앞에서 말씀드린 것처럼 피고가 연체한 것이 차임이 아닐 뿐 아니라 설사 차임이라고 하더라도 차임 전액을 3개월 이상 연속하여 연체하여야 비로소 해지사유가 된다고 합니다.

지희 다수의견은, 매월 임대료 중 일부씩을 3개월 이상 연속 연체하더라도 전체 연체액 합계가 3개월분 임대료 이상이 되면 해지사유에 해당한다고 하지만, 이러한 해석은 임차인에게 불리한 것 같습니다.

김신 다수의견은, 별개의견과 같이 해석하면 매월 임대료의 일부씩만 연체한 경우에는 그 합계 금액이 아무리 늘어나도 해지를 할 수 없기 때문에 임대사업자의 지위를 지나치게 불리하게 하는 결과가 된다고 비판합니다.

지희 별개의견은 임차인을 지나치게 편들고 있지는 않습니까?

김신 저는 별개의견이 법률을 문언대로 충실히 해석하고 있다고 생각합니다.

세준 이 판결을 공부하면서, 법률의 해석은 가치중립적인 것이 아니고 재판을 하는 대법관님들의 세계관과 가치관이 많이 반영될 수밖에 없다는 생각이 듭니다.

김신 여러분이 그런 깨달음을 얻었다면, 그것도 큰 수확입니다. 그러면 오늘 만남은 이것으로 마칠까요?

세준 감사합니다. 대법관님, 건강 유의하시기 바랍니다.

대법원 2016. 11. 18. 선고 2013다42236 전원합의체 판결

대법관 김신, 대법관 김소영, 대법관 권순일, 대법관 박상옥의 별개의견

가. 별개의견의 요지는, 공공건설임대주택의 임대차계약에서 임대인이 임대주택법령에 정한 방식에 의한 임차인의 동의 없이 일방적으로 임대보증금과 임대료를 상호전환하여 임대보증금은 표준임대보증금을 초과하는 금액으로, 월임대료는 표준임대료에 미달하는 금액으로 정함으로써 효력규정인 임대주택법령을 위반한 경우, 그 임대차계약상의 임대보증금은 표준임대보증금을 초과하는 한도 내에서 무효라고 할 것이니 임대차계약의 나머지 부분까지 무효가 되는 것은 아니므로 그 임대차계약상의 임대료 부분은 유효하게 존속한다는 것이다. 그 이유는 다음과 같다.

(1) 민법 제137조는 "법률행위의 일부분이 무효인 때에는 그 전부를 무효로 한다. 그러나 그 무효부분이 없더라도 법률행위를 하였을 것이라고 인정될 때에는 나머지 부분은 무효가 되지 아니한다."라고 규정하고 있다. 위 조항은 임의규정으로서 의사자치의 원칙이 지배하는 영역에서 적용된다고 할 것이므로, 법률행위의 일부가 강행법규에 위반되어 무효가 되는 경우 그 부분의 무효가 나머지 부분의 유효·무효에 영향을 미치는지 여부를 판단함에 있어서는 개별법령이 일부무효의 효력에 관한 규정을 두고 있는 경우에는 그에 따라야 하고, 그러한 규정이 없다면 원칙적으로 민법 제137조가 적용될 것이나 당해 강행법규 및 그 규정을 둔 법의 입법 취지를 고려하여 볼 때 나머지 부분을 무효로 한다면 당해 강행법규 및 그 법의 취지에 명백히 반하는 결과가 초래되는 경우에는 나머지 부분까지 무효가 된다고 할 수는 없는 것이다(대법원 2004. 6. 11. 선고 2003다1601 판결, 대법원 2008. 9. 11. 선고 2008다32501 판결 등 참조).

공공건설임대주택의 임대차계약에서 그 일부분이 강행법규에 위반되어 무효

인 때에 만약 그 임대차계약 전부를 무효로 한다면, 다수의견도 지적하는 바와 같이, 무주택자들 중에서 일정한 절차를 거쳐 당첨된 임차인들을 그 임대아파트에서 퇴출시키는 결과를 초래하게 되어, 무주택 서민들에게 합리적인 가격에 임대주택을 공급하려는 관련 법령의 입법 취지를 몰각하게 되고, 표준임대보증금에 관한 규정을 무용화할 것이며, 사회경제적 약자인 무주택 임차인들을 보호한다는 관련 법령의 입법 목적을 달성할 수 없게 된다(위 대법원 2010다23425 판결 참조). 그러므로 이 사건 임대차계약에서 임대인이 법령을 위반하여 일방적으로 정한 임대보증금은 표준임대보증금을 초과하는 한도 내에서 무효이고, 나머지 임대차계약 부분은 유효라고 보아야 할 것이고, 이러한 해석이 임대주택법령의 입법 취지에도 부합한다.

(2) 민법 제618조는 "임대차는 당사자 일방이 상대방에게 목적물을 사용, 수익하게 할 것을 약정하고 상대방이 이에 대하여 차임을 지급할 것을 약정함으로써 그 효력이 생긴다."라고 규정하고 있다. 임대차계약의 핵심적인 내용은 임차인의 목적물에 대한 사용·수익과 그 대가로서의 차임의 지급이다. 그런데 부동산임대차의 경우 그 중요성으로 인하여 임차인의 임차권을 보호하여야 하는 문제가 있는 반면, 그 존속기간이 장기간에 걸치는 경우가 통상적이므로 임대인의 차임채권을 확보함과 아울러 목적물의 훼손으로 인한 손해배상채권을 확보할 필요가 있게 된다. 이러한 필요에서 부동산임대차에는 일정한 보증금의 수수가 수반되는 것이 통례이지만, 이에 관하여는 민법에 아무런 규정을 두고 있지 아니하다.

대법원판례에 의하면, 건물임대차에서 보증금은 임대차기간 동안의 차임채권은 물론 임차인이 건물인도의무를 이행할 때까지 발생한 손해배상채권 등과 같이 임대차계약에 의하여 임대인이 임차인에 대하여 가지는 일체의 채권을 담보하기 위한 금전 기타 유가물이다(대법원 1987. 6. 9. 선고 87다68 판결, 대법원 1999. 12. 7. 선고 99다50729 판결, 대법원 2016. 7. 27. 선고 2015다230020 판결 등 참조). 이와 같이, 건물임대차에서 보증금계약은 임차인의 차임, 손해배상 등 채무를 담보하기 위하여 금전 기타 유가물을 교부하기로 하는 약정으로서 임대차계약의 종된 계약이기는 하나 임대차계약 자체와는 별개이므로 양자가 불가분의 관계에 있는 것은 아니다. 그러므로 보증금계약에서 정한 임대보증금이 법령에서 정한 상한을 초과하여 그 부분이 무효가 되었다고 하여 나머지 법률행위인 임대차계약 자체가 무효로 된다거나 또는 그 임대차계약에서 정한 차임이 무효가 되는 임대보증금 부분에 상응하여 그만큼 증액된다고 보아야 할 아무런 이유가 없다.

외국의 입법례를 보더라도, 독일 민법은 "주택의 임대차에서 임차인이 그 의무이행을 위하여 보증금을 지급하여야 할 때에는 일정한 경우를 제외하고는 월차임의 3배를 초과하지 못한다. 주택의 임대차에 있어 임차인이 임대인에게 보증금을 지급한 때에는 임대인은 수수한 보증금을 자기의 일반 재산과는 분리하여 별도로 이자가 발생하는 은행예금에 들어야 한다. 이자는 임차인에게 귀속한다. 이자가 발생함으로써 보증금이 증가한다."라고 규정하고 있다. 프랑스의 「임대차관계 개선을 위한 법률」은 "주거용 건물 등의 보증금에 관하여 임차인의 임대차상의 의무이행을 보증하기 위하여 보증금을 정하는 경우 그 금액은 1개월의 차임액을 초과할 수 없다. 보증금에는 임차인을 위한 이자가 발생하지 아니하며 갱신된 임대차계약의 기간 동안 어떠한 변경도 하여서는 아니 된다."라고 규정하고 있다. 이러한 법제에서, 임대인이 법률에 정한 보증금 상한을 초과하여 보증금을 수수한 경우에 그 초과 부분이 무효가 되더라도 이를 사유로 나머지 임대차계약이 무효로 된다거나 또는 그 무효로 된 초과 보증금 부분에 상응하는 만큼 임대인이 차임의 증액을 요구할 수 없음은 물론이다.

(3) 임대주택법령상 공공건설임대주택의 임대차계약에서 건설교통부장관이 고시하는 표준임대보증금과 표준임대료의 법적 성질은 그 '용어'에도 불구하고 임대인이 정할 수 있는 임대보증금과 임대료의 '상한'을 의미할 뿐 임대인과 임차인이 표준임대보증금과 표준임대료에 의한 임대 조건으로 임대차계약을 체결할 것을 예정하는 취지는 아니다.

임대주택법령상 공공건설임대주택이란 ① 국가 또는 지방자치단체의 재정으로 건설하는 임대주택, ② 주택도시기금법에 따른 주택도시기금의 자금을 지원받아 건설하는 임대주택, ③ 공공사업으로 조성된 택지에 주택법 제16조에 따라 사업계획승인을 받아 건설하는 임대주택 등을 말한다. 그런데 구 임대주택법 시행령 제12조는, ① 주택법 제16조에 따른 공공건설임대주택의 최초 임대보증금 및 임대료는 건설교통부장관이 정하여 고시하는 표준임대보증금 및 표준임대료를 초과할 수 없고, ② 건설교통부장관은 표준임대보증금과 표준임대료를 산정함에 있어서 임대주택과 그 부대시설에 대한 건설원가, 재정 및 국민주택기금 지원비율, 당해 임대주택 주변지역의 임대보증금 및 임대료 수준, 임대보증금 보증수수료(임차인 부담분에 한한다), 감가상각비, 수선유지비, 화재보험료, 국민주택기금융자금에 대한 지급이자, 대손충당금 및 제세공과금 등을 고려하여야 하며, ③ 공공건설임대주택에 대한 최초의 임대보증금은 국가·지방자치단체·대한주택공사 또는 지방공사가 건설한 임대주택은 당해 임대주택과 그 부대시설에 대한 건설원가에서 국민주택기금에 의한 융자금을 차감한 금액(이하 '임대보증금상한선'이라 한다), 그 외의 임대사업자가 건설한 임대주택은 임대보증금상한선의 일정 비율에 해당하는 금액을 초과할 수 없다고 규정하고 있다.

위 규정에 의하면, 임대주택법령은 건설교통부장관이 정하여 고시하는 표준임대보증금과 표준임대료를 상한으로 하여 그 한도 내에서 공공건설임대주택의 임대인과 임차인이 임대주택시장에서의 수요와 공급에 따라 임대 조건을 결정할 것을 예정하고 있는 것이지, 이와 달리 임대 조건이 임대주택법령에 정한 상한에 의하여 결정될 것을 예정하고 있다고 볼 것은 아니다.

(4) 민법 제138조는 "무효인 법률행위가 다른 법률행위의 요건을 구비하고 당사자가 그 무효를 알았더라면 다른 법률행위를 하는 것을 의욕하였으리라고 인정될 때에는 다른 법률행위로서 효력을 가진다."라고 규정하고 있다. 위 조항이 '무효행위의 전환'을 인정하는 근거는 '그 무효를 알았더라면 다른 법률행위를 하는 것을 의욕하였으리라는 당사자의 의사'에 있다. 이러한 당사자의 의사는 가정적 효과의사로서, 당사자가 법률행위 당시와 같은 구체적 사

정 아래 있다고 상정하는 경우에 거래관행을 고려하여 신의성실의 원칙에 비추어 판단할 수밖에 없으나, 법원으로서는 그 가정적 의사를 함부로 추단하여 당사자가 의욕하지 아니하는 법률효과를 계약의 이름으로 불합리하게 강요하는 것이 되지 아니하도록 신중을 기하여야 한다(위 대법원 2009다50308 판결 참조).

다수의견은, 공공건설임대주택의 임대차계약에서 임대인이 위법하게 표준임대보증금과 표준임대료를 상호전환하여 임대보증금이 표준임대보증금을 초과하는 경우에 그 임대차계약은 효력규정인 임대주택법령에 위반한 것으로서 무효가 되지만, 당사자의 가정적 의사에 비추어 볼 때 무효행위 전환의 법리에 의하여 상호전환을 하지 않은 원래의 임대 조건, 즉 표준임대보증금과 표준임대료에 의한 임대 조건에 따른 임대차계약으로 유효하게 존속하는 것으로 보아야 한다고 한다.

그러나 앞에서 살펴본 바와 같이, 이 사건 임대차에서 보증금계약에 일부무효 사유가 있다 하더라도 그 보증금계약은 표준임대보증금을 초과하는 한도 내에서 무효이고 이 사건 임대차계약의 나머지 부분까지 무효가 된다고 볼 것은 아니다. 나아가 공공건설임대주택의 임대차계약에서 임대인과 임차인이 임대 조건의 상한에 의한 임대차계약을 체결할 것을 의욕하였으리라고 단정하기도 어렵다.

공공건설임대주택의 임대차계약에서 임차인은 임대사업자가 제시하는 표준임대차계약서에 따라 계약을 체결할 것인지 여부만을 선택할 수 있을 뿐 계약의 내용을 결정할 자유는 없는 것이 현실이다. 이 사건에서 임차인은 임대사업자로부터 계약 체결 당시 표준임대보증금과 표준임대료 또는 상호전환 등에 관하여 설명을 듣거나 표준임대보증금과 표준임대료에 의한 조건으로 임대차계약을 체결할 것을 제시받은 적이 없는 점 등에 비추어 보아도 임차인에게 위와 같은 가정적 의사가 있다고 보기 어렵다. 임대사업자가 '자의적으로' 임대보증금과 임대료를 정하는 것을 방지함으로써 국민주거생활의 안정을 도모한다는 임대주택법령의 입법 취지에 비추어 보아도 무주택 서민인 임차인에게 불리한 방향으로 당사자의 가정적 의사를 추단하여서는 아니 된다.

(5) 별개의견과 같이, 강행법규에 위반되는 표준임대보증금 초과 부분은 무효로 하고 표준임대보증금과 이 사건 임대차계약에서 정한 임대료를 임대 조건으로 한 임대차계약이 체결된 것으로 본다고 하여, 다수의견이 우려하는 것처럼 이는 임대사업자에게 '일방적으로' 불리하여 형평에 어긋난다는 주장 역시 이를 선뜻 받아들이기 어렵다.

이 사건에서 공공건설임대주택의 임대차계약에 관한 법령에 따른 보증금 상한인 표준임대보증금과 당사자가 정한 임대료에 의한 임대차계약이 체결된 것으로 보는 것은 임대사업자가 '자의적으로' 법령을 위반하여 표준임대보증금을 초과하는 임대보증금을 정한 데 기인하는 것일 뿐이다. 별개의견과 같이 해석하더라도, 임대사업자는 구 임대주택법 제14조 제2항이나 주택임대차보호법 제7조 등에 의하여 임차인에 대하여 차임 등의 증감청구권을 행사함으로써 임대 조건을 새로이 정할 수 있는 이상, 이러한 해석이 임대사업자에게 일방적으로 불리한 것으로 형평에 반한다고 볼 수는 없다.

오히려 다수의견과 같이, 이 사건 임대차계약이 당초부터 표준임대보증금과 표준임대료를 임대 조건으로 하는 임대차계약으로서 유효하게 존속하게 되고 그 결과 임차인은 임대사업자에게 그 임대차계약에 따른 임대료를 표준임대료만큼 지급할 의무가 있다고 해석한다면, 임차인으로서는 이 사건 임대차계약에서 약정하였던 임대료를 지금까지 성실하게 납부하여 왔음에도, 위법한 상호전환이라는 임대인 측의 사정으로 인하여 이제 와서 임차인이 임대료 지급의무를 완전하게 이행하지 아니한 것으로 소급하여 보게 된다. 이것이야말로 당사자가 예상하거나 의욕하지 아니하였던 결과를 사후적으로 의제하는 것이어서 법률관계의 안정을 해칠뿐더러 임차인 보호라는 임대주택법령의 입법 취지에도 반하는 결과가 되지는 않을까 우려가 된다.

나. 원심은, 피고가 2006. 5. 23. 임대사업자인 원고와 **주택법** 제16조에 따른 공공건설임대주택인 이 사건 주택에 관하여 임대보증금은 표준임대보증금을 초과하는 246,940,000원으로 하고 임대료는 표준임대료에 미달하는 월 593,000원으로 하는 이 사건 임대차계약을 체결한 사실, 피고가 원고에게 그에 따른 임대료로 매월 593,000원을 납부하고, 표준임대료와 계약상 임대료의 차액인 월 316,000원은 납부하지 않은 사실을 인정한 다음, 표준임대료와 계약상 임대료의 차액은 임대료에 해당하지 않으므로, 피고가 이를 납부하지 않았더라도 원고는 임대료 연체를 이유로 이 사건 임대차계약을 해지할 수 없다고 판단하였다.

원심의 위와 같은 판단은 앞서 본 법리에 따른 것으로서 정당하다고 보아야 한다. 원심판결은 다수의견이 지적하는 것처럼, 직권조사사항인 확정판결의 기판력 저촉 여부에 관한 심리 및 판단을 누락하였으므로 파기될 수밖에 없으나, 사건을 환송받은 원심법원으로서는 이 사건 임대차계약의 체결 및 해지 경위는 물론 이 사건 건물인도소송을 둘러싼 제반 사정을 심리하여 이 사건에서 직권조사사항인 신의성실의 원칙이나 권리남용금지의 원칙 위반 여부가 문제 되는지 아울러 살펴볼 필요가 있음을 지적하여 둔다.

다. 원심판결이 파기되어야 한다는 결론에서는 다수의견과 의견을 같이 하지만, 위에서 본 바와 같이 그 파기의 이유를 달리하므로 별개의견으로 이를 밝힌다.

04

참 낯설구나

통상임금과 신의칙

통상임금 사건

대법원 2013. 12. 18. 선고 2012다89399 전원합의체 판결

판시사항

[1] 어떠한 임금이 통상임금에 속하는지 판단하는 기준 및 근로기준법상 통상임금에 속하는 임금을 통상임금에서 제외하기로 하는 노사합의의 효력(무효)

[2] 갑 주식회사가 상여금지급규칙에 따라 상여금을 근속기간이 2개월을 초과한 근로자에게는 전액을, 2개월을 초과하지 않는 신규입사자나 2개월 이상 장기 휴직 후 복직한 자, 휴직자에게는 상여금 지급대상기간 중 해당 구간에 따라 미리 정해 놓은 비율을 적용하여 산정한 금액을 각 지급하고, 상여금 지급 대상기간 중에 퇴직한 근로자에게는 근무일수에 따라 일할계산하여 지급한 사안에서, 위 상여금은 통상임금에 해당한다고 한 사례

[3] 노사가 정기상여금을 통상임금에서 제외하기로 합의하고 이를 전제로 임금수준을 정한 경우, 근로자가 노사합의의 무효를 주장하며 정기상여금을 통상임금에 포함하여 산정한 추가 법정수당을 청구하는 것이 신의성실의 원칙에 위배되는지 여부

지희 대법관님, 그동안 건강하게 지내셨습니까?

김신 네, 덕분에 잘 지냈습니다. 지난번 만남에 대한 소감을 말씀해 보시겠습니까?

세준 대법원 전원합의체 판결은 대법관들께서 각자의 가치관과 세계관을 가지고 서로 다투면서 다수의견과 소수의견으로 다른 결론을 내

지만, 그것도 이 시대를 살아가는 사람들의 보편적 의견이 충돌하고 집약된 것이라는 생각이 들었습니다. 그래서 대법원 판결을 읽을 때 나름의 관점을 가지고 비판적으로 임해야겠다는 생각을 했습니다.

김신 여러분이 대법원 판결을 비판적으로 읽겠다고 하니, 우리 만남이 성과가 있는 것 같습니다. 판결은 물론 교과서도 비판적으로 읽으면 내용이 새롭게 다가옵니다. 오늘은 어떤 판결을 준비해 왔습니까?

세준 오늘은 '통상임금 판결'로 널리 알려진 대법원 2013. 12. 18. 선고 2012다89399 전원합의체 판결[퇴직금]을 준비해 왔습니다.

김신 이 판결은 상여금이 통상임금에 속하는지를 다루고 있고, 신의칙의 적용에 관한 쟁점도 포함하고 있습니다.

지희 이 판결에서 소수의견이 "근로기준법의 강행규정성을 인정하면서도 신의칙으로 그 강행규정성을 배척하는 다수의견의 논리는 너무 낯선 것이어서 당혹감마저 든다."라고 판시하여 화제가 되었습니다.

김신 판결이 선고된 후 그 판시에 대해 판결문의 문장으로는 부적절하다고 비판한 분도 있고, 문제의 핵심을 정확히 찔렀다고 칭찬한 분도 있었습니다. 누가 사실관계를 정리해 주세요.

재윤 제가 말씀드리겠습니다. 원고는 피고 회사의 직원으로 근무하다가 퇴직하였습니다. 피고 회사의 단체협약에 상여금은 통상임금에서 제외되어 있었기 때문에, 피고 회사는 상여금을 빼고 계산한 통상임금을 기초로 각종 법정수당을 지급하였습니다. 원고는 피고 회사를 퇴직하면서 상여금을 포함한 통상임금을 기초로 계산한 연·월차수당과 퇴직금을 계산하여 피고가 상여금을 빼고 계산한 통상임금을 기초로 계산한 퇴직금 등과의 차액을 청구하였습니다. 피고 회사는 단체협약에 상여금을 통상임금에서 제외하기로 하였으므로 이것을 포함하면 안 되고, 상여금을 포함하여 청구하는 것은 신의칙에 반한다고 다투었습니다.

김신　이 판결의 첫 번째 쟁점은 상여금이 통상임금에 포함되는지가 되겠습니다. 그런데 근로기준법에 통상임금이 무엇이라고 규정되어 있습니까?

재윤　저희들도 근로기준법을 찾아보았는데, 근로기준법에 통상임금에 관한 정의규정이 없었습니다. 근로기준법 제2조에 임금과 평균임금 등 여러 용어들을 정의하고 있는데, 유독 통상임금에 대한 정의규정은 보이지 않았습니다. 다만, 근로기준법 시행령 제6조 제1항에 "'통상임금'이란 근로자에게 정기적이고 일률적으로 소정(所定)근로 또는 총 근로에 대하여 지급하기로 정한 시간급 금액, 일급 금액, 주급 금액, 월급 금액 또는 도급 금액을 말한다."고 되어 있었습니다.

> **단체협약**
>
> 노동조합과 사용자가 임금, 근로시간 기타의 사항에 대하여 단체교섭 과정을 거쳐 합의한 사항으로, 근로조건 등에 대하여 노사간에 합의한 사항이지만 그것에 규범적 효력이 인정되어 노사관계에 미치는 영향이 크다. 단체협약은 시민법상 개별적 고용계약을 대신하여 등장한 노사간의 집단적인 계약관계의 성질을 갖는 것으로, 시민법상 계약원리를 부정·대체하는 것이 아니라 이를 수정·보완하는 것이다.

김신　판례는 찾아보았습니까?

지희　대법원 1996. 3. 22. 선고 95다56767 판결은 통상임금을 '정기적·일률적으로 지급되는 고정적인 임금'이라고 정의하고 있습니다. 판례는 근로기준법 시행령에 규정되어 있는 정기성·일률성 이외에 '고정성'을 추가하고 있습니다.

김신　그러면 상여금은 통상임금에 포함됩니까?

세준　고용노동부의 '통상임금산정지침'은 상여금을 통상임금에 포함시키지 않았는데, 대법원 2012. 3. 29. 선고 2010다91046 판결은 통상임금에 포함시키고 있습니다.

김신　요약하면, 근로기준법에는 통상임금에 관한 정의규정이 없지만, 근로기준법 시행령에 정의규정이 있고, 상여금이 통상임금에 포함되는지 여부에 관하여 노동부와 법원의 해석을 다르다는 것이군요.

재윤　대법원이 상여금이 통상임금에 포함된다는 판결을 선고하였으면, 그 판결에 따르면 되는데, 왜 문제가 되었습니까?

김신　노동 현장에서는 오랫동안 대법원 판결보다 고용노동부 지침을 우선시하였기 때문에, 일부 근로자들이 소를 제기하여 상여금이 통상임금에 포함된다는 대법원 판결이 선고되었지만, 사용자들은 이 판결에 따르면 막대한 추가부담이 생긴다는 이유로 수용하지 않으려고 하였습니다.

세준　추가부담이 얼마나 되기에, 대법원 판결을 따르지 않으려고 합니까?

김신　사용자단체에서는 위 대법원 판결을 따르면 기업들에 약 8조 원의 추가부담이 예상되어 기업의 존립까지 위태롭다고 주장하였습니다. 그 정도인지는 몰라도 기업들의 추가부담이 만만치 않은 것은 사실일 것입니다.

세준 이 판결은 종전 판례와 같이 "통상임금은 소정 근로의 대가로 근로자에게 정기적·일률적·고정적으로 지급되는 금품이다."라고 판시하면서도, 통상임금의 정의와 요건 등에 관하여 자세히 설시하고 있습니다. 우리도 이 판결이 설시하는 세 가지 요건을 차례대로 살펴보면 좋겠습니다.

김신 위 판결은 정기성은 임금을 일정한 간격을 두고 계속적으로 지급하는 것이라고 합니다. 기업에서 급여는 매월 지급하고, 상여금은 3개월 혹은 6개월마다 지급하는 경우가 많습니다. 그렇다고 해도, 판례는 이것을 근로의 대가를 그 기간마다 분할지급하는 것이라고 합니다. 매월 지급하지 않아도 정기성을 상실하지 않으므로 상여금도 정기성의 요건을 갖추었다고 합니다.

세준 정기성은 이해가 됩니다. 이제 일률성에 대해 말씀해 주십시오.

김신 위 판결은 일률성을 '모든 근로자'에게 지급되는 것을 말하지만, '일정한 조건 또는 기준에 달한 모든 근로자'에게 지급되는 것도 포함하는 개념이라고 합니다. 한편 '일정한 조건'이란 고정적인 조건이어야 하고, '일정한 조건 또는 기준'이란 작업 내용이나 기술, 경력 등과 같이 소정 근로의 가치 평가와 관련된 조건이라야 한다고 합니다. 그런 조건을 갖춘 근로자들에게 똑같이 지급한다면 모든 근로자에게 지급되지 않아도 일률성이 있다고 합니다.

재윤 그럼 고정성이란 무엇을 말하는 것인가요?

김신 위 판결은 고정성을 '근로자가 제공한 근로에 대하여 업적, 성과 기타의 추가적인 조건과 관계없이 당연히 지급될 것이 확정되어 있는 성질'을 말하고, '고정적인 임금'이란 '임금의 명칭 여하를 불문하고 임의의 날에 소정 근로시간을 근무한 근로자가 그 다음날 퇴직한다고 하더라도 그 하루의 근로에 대한 대가로 당연하고도 확정적으로 지급받게 되는 최소한의 임금'이라고 합니다. 고정성을 갖춘 임금은 근로자가 임의의 날에 소정 근로를 제공하면 추가적인 조건의 충족 여부와 관계없이 당연히 지급될 것이 예정된 임금이므로, 지급 여부나 지급액이 사전에 확정되어 있다고 합니다. 반면 근로자가 소정 근로를 제공하더라도 추가적인 조건을 충족해야 지급되는 임금 또는 조건 충족 여부에 따라 지급액이 변동되는 임금 부분은 고정성을 갖춘 것이 아니라고 합니다.

지희 통상임금의 정기성, 일률성, 고정성을 살펴보았는데, 그러면 정기상여금은 통상임금에 포함됩니까?

김신 이 판결은 정기상여금은 정기성, 일률성, 고정성을 갖추었기 때문에 통상임금에 포함된다고 결론 내렸습니다. 이 점에 관해서는 대법관들의 의견이 일치하였습니다.

지희 이 전원합의체 판결은 정기상여금이 통상임금에 포함된다고 하였으므로 원고들의 청구를 받아들여야 할 것 같은데, 원고의 청구를 기각하였습니다. 그 이유가 무엇입니까?

김신 다수의견은, 단체협약으로 상여금이 통상임금에 포함되지 않는다고 하는 노사합의가 근로기준법을 위반하여 무효이지만, 특별한 사정이 있는 예외적인 경우에는 그것을 무효라고 주장하는 것이 신의칙에 위배되는데, 이 사건이 바로 그런 예외적인 경우라고 합니다.

세준 다수의견은, 상여금이 통상임금에 포함된다고 하는 원고의 주장이 왜 신의칙에 위반된다고 합니까?

김신 다수의견은 우리나라에서 임금협상을 할 때, 인상폭을 기본급에 정기상여금을 비롯한 모든 법정수당을 포함한 임금 총액을 기준으로 정하고 있고, 그래서 정기상여금은 통상임금에 포함하지 않는 것이 실무상 관행으로 정착되어 있다고 합니다. 그런데 근로자 측에서 정기상여금을 통상임금에 포함하고 이를 토대로 법정수당의 지급을 추가로 청구하였다고 하여 이것을 받아들이면 근로자들에게는 노사가 합의한 임금수준을 훨씬 초과하는 예상외의 이익을, 사용자에게는 예측하지 못한 재정적 부담을 지워 중대한 경영상의 어려움을 초래하거나 기업의 존폐가 위태롭게 될 수도 있으므로, 이런 청구는 신의칙에 위배된다고 합니다.

지희 사용자측은 당황스럽겠지만, 그렇다고 무효를 무효라고 주장하는 것이 신의칙에 반한다는 다수의견도 납득하기 어렵습니다.

김신 그래서 소수의견이 "근로기준법의 강행규정성을 인정하면서도 신의칙으로 그 강행규정성을 배척하는 다수의견의 논리는 너무 낯선 것이어서 당혹감마저 든다."고 하였던 것입니다.

지희 이 대목에서 그 문장이 나왔군요. 대법관님은 소수의견에 가담하셨는데, 이유는 무엇입니까?

김신 법에서 인정되는 권리·의무를 신의칙을 이유로 변경하는 것은 심각한 혼란을 초래하고, 법의 권위와 법적 안정성에 큰 위협이 되기 때문에 신의칙을 적용하여 실정법상 권리를 제한하는 것은 최후수단으로 고려할 수 있습니다. 그런데 당사자가 체결한 약정이 강행규정을 위반하면 무효라고 하면서도 무효를 무효라고 하는 주장이 신의칙에 위반된다고 하면, 강행규정에 위반되는 약정이 유효하게 되는 바람직하지 않은 결과를 가져옵니다. 저는 그런 이유로 다수의견이 타당하지 않다고 생각했습니다.

재윤 사용자 측은 만일 상여금을 통상임금에 포함하면 우리나라 기업은 존립하기 어렵다고 하소연하였습니다. 기업의 존립이 어려운데 근로자의 권리를 너무 보호하는 것은 타당하지 않다는 여론도 있지 않습니까?

김신 다수의견이 "노사합의에서 정기상여금은 통상임금에 해당하지 아니한다고 오인한 나머지 이를 통상임금 산정 기준에서 제외하기로 합의하고 이를 전제로 임금수준을 정한 경우, 근로자 측이 앞서 본 임금협상의 방법과 경위, 실질적인 목표와 결과 등은 도외시한 채 임금협상 당시 전혀 생각하지 못한 사유를 들어 정기상여금을 통상임금에 가산하고 이를 토대로 추가적인 법정수당의 지급을 구함으로써, 노사가 합의한 임금수준을 훨씬 초과하는 예상외의 이익을 추구하고 그로 말미암아 사용자에게 예측하지 못한 새로운 재정적 부담을 지워 중대한 경영상의 어려움을 초래하거나 기업의 존립을 위태롭게 한다면, 이는 종국적으로 근로자 측에까지 그 피해가 미치게 되어 노사 어느 쪽에도 도움이 되지 않는 결과를 가져오므로 정의와 형평 관념에 비추어 신의에 현저히 반하고 도저히 용인될 수 없음이 분명하다."고 하여 사용자 측의 주장을 받아들인 것은, 그런 여론을 받아들였기 때문입니다.

세준 다수의견은 현실을 더 많이 고려한 것 같습니다.

김신 대법원은 사건을 처리할 때마다 법률과 이론에 충실하게 판단하면 충분한지, 당사자 사이의 형평, 사회적 비용 등 여러 사정을 두루 살펴 구체적 타당성 있는 재판을 할 것인지를 고민합니다. 다수의견이 후자의 입장이라면, 반대의견은 전자의 입장입니다.

지희 저희들이 조사하여 보니, 위 전원합의체 판결이 선고되고 나서 2018. 7. 11. 대법원 2016다9261 사건이 선고되었습니다. 이른바 도급제 방식의 근로계약을 체결한 택시운전근로자들이 최저임금법 특례 조항에 따른 최저임금의 지급을 구한 사건이었습니다. 그 사건 원심은 신의칙을 내세워 원고들의 청구를 기각하였으나, 대법원은 원심판결을 파기하였습니다. 이 판결은 위 전원합의체 판결과 결론이 상반되지 않습니까?

김신 그 판결에도 제가 관여하였습니다. 그 판결은 "단체협약 등 노사 합의의 내용이 근로기준법 등의 강행규정을 위반하여 무효인 경우에, (근로자가) 그 무효를 주장하는 것이 신의칙에 위배되는 권리의 행사라는 이유로 이를 배척한다면 강행규정으로 정한 입법 취지를 몰각시키는 결과가 되므로, 신의칙을 적용하기 위한 일반적인 요건을 갖춤은 물론 강행규정성에도 불구하고 신의칙을 우선하여 적용하는 것을 수긍할 만한 특별한 사정이 있는 예외적인 경우에 해당하지 않는 한 그러한 주장이 신의칙에 위배된다고 볼 수 없다."고 하였습니다. 결론은 전원합의체 판결과 정반대였습니다.

지희 위 전원합의체 판결 이후 사용자 측의 신의칙 주장을 받아들여 근로자의 청구를 기각한 판결은 보기 힘들어서 위 전원합의체 판결이 힘을 잃은 느낌입니다.

김신 전원합의체 판결의 다수의견을 다시 한번 살펴볼까요? 다수의견은 "근로자의 임금청구로 말미암아 노사가 합의한 임금수준을 훨씬 초과하는 예상외의 이익을 추구하고 그로 말미암아 사용자에게 예측하지 못한 새로운 새정적 부담을 지워 중대한 경영상의 어려움을 초래하거나 기업의 존립을 위태롭게 한다면 그 청구를 받아들일 수 없다"고 판시하였습니다. 이것을 달리 표현하면, 원고의 청구를 받아들이면 피고가 망할 위험이 있어서 받아들일 수 없다는 것입니다. 이러한 주장을 실무에서는 무자력항변(無資力抗辯)이라고 부르는데, 이 판결은 무자력항변을 받아들였습니다.

세준 피고의 항변을 무자력항변이라고 말씀하시니 충격입니다.

김신 위 전원합의체 판결은 무자력항변을 받아들인 아주 이례적인 판결로 기록될 것입니다. 법관들이 위 전원합의체 판결을 따르기 어려운 이유입니다.

지희 통상임금 사건을 주제로 통상임금의 정의와 요건, 나아가 신의칙에 관한 문제로 토론하다보니 시간 가는 줄 모르겠습니다. 이 판결에서 법리적 쟁점도 중요하지만, 사건을 둘러싼 당사자들의 이해관계를 조정하면서 사건을 합리적으로 해결하기 위해 노력하는 대법관님들의 치열한 고민을 조금이나마 이해할 수 있었습니다.

김신　이 판결을 가지고 대화하다보니 치열했던 당시의 합의과정과 판결문 작성과정의 기억이 다시 새롭습니다. 당시 반대의견에 선 대법관들과 함께 논리를 세우고 초안을 작성한 다음 회람하면서 여러 번 수정하여 판결문을 작성하였는데, 저희들로서는 최선을 다하였다고 자부합니다.

지희　이 전원합의체 판결에 대한 대화를 마치면서 들려주실 말씀이 있습니까?

김신　시작하면서 제가 통상임금이 무엇이냐고 질문하였고, 여러분은 근로기준법에 정의규정이 없다고 하였지요? 통상임금이 무엇인지 분명히 정의하지 않은 채 통상임금을 기초로 퇴직금이나 법정수당을 산정하도록 한 법률적 미비함이 있었다고 봅니다. 그리고 근로기준법보다 고용노동부의 예규를 우선하여 적용하였던 노동 현장에서의 오랜 관행 등이 어려운 문제를 낳았습니다. 국회에서 시대상황에 맞는 법률을 제정하고, 노사가 그 법률을 제대로 지켰더라면, 대법원이 이런 어려운 판결을 할 필요가 없지 않을까 하는 생각이 듭니다.

일동　대법관님, 장시간 귀한 말씀을 들려주셔서 감사합니다.

김신　다음 만날 때까지 잘 지내시길 바랍니다.

대법원 2013. 12. 18. 선고 2012다89399 전원합의체 판결

대법관 이인복, 대법관 이상훈, 대법관 김신의 반대의견

가. 이 사건은 근로자가 자신이 제공한 근로에 대한 정당한 임금을 받지 못하였음을 이유로 사용자에게 근로기준법이 정한 바에 따른 임금의 지급을 구하는 사건이다. 이에 대한 다수의견의 요지는 다음과 같다. 즉 정기상여금은 통상임금에 해당하고, 이것을 통상임금에서 제외하기로 근로자와 사용자가 합의하였더라도 그러한 합의는 근로기준법에 위배되어 무효인 것은 맞으나, 근로자가 그 합의의 무효를 주장하면서 정기상여금을 통상임금에 포함하여 산정한 수당과 퇴직금을 추가로 청구하는 것은 신의칙에 위배된다는 것이다.

그러나 근로기준법의 강행규정성을 인정하면서도 신의칙으로 그 강행규정성을 배척하는 다수의견의 논리는 너무 낯선 것이어서 당혹감마저 든다. 그리고 거듭 살펴보아도 그 논리에서 합리성을 찾을 수 없다.

나. 다수의견의 논리 전개와 결론이 부당하다고 보는 이유는 다음과 같다.

1) 근로기준법상 강행규정에 위반된 노사합의를 무효라고 주장하는 것이 신의칙에 위배되어 허용되지 않는다는 점에 대하여

가) 다수의견이 설시하는 것처럼, 신의칙이란, 법률관계의 당사자는 상대방의 이익을 배려하여 형평에 어긋나거나 신뢰를 저버리는 내용 또는 방법으로 권리를 행사하거나 의무를 이행하여서는 안 된다는 추상적인 규범이다. 그런데 이러한 추상적인 신의칙에 의하여 구체적인 문제를 해결하려고 하면 법률에 의한 재판의 원칙을 침해할 수 있고 법률관계가 불안해질 수 있으므로, 대법원은 신의칙은 엄격하게 해석·적용하지 않으면 안 된다고 선언해 왔다(대법원

2008. 5. 29. 선고 2004다33469 판결 등 참조).

특히 실정법의 개별 조항에 의하여 명백히 인정되는 권리·의무의 내용을 신의칙을 이유로 변경하는 것은 법체계에 심각한 혼란을 초래하여 법의 권위와 법적 안정성에 큰 위협이 될 수 있다. 신의칙을 적용하여 그와 같은 실정법상의 권리를 제한하는 것은, 개별적인 사안의 특수성 때문에 법률을 그대로 적용하면 도저히 참을 수 없는 부당한 결과가 야기되는 경우에 최후 수단으로, 그것도 법의 정신이나 입법자의 결단과 모순되지 않는 범위 안에서만 고려해 볼 수 있는 방안에 불과하다.

나) 공익을 추구하는 강행규정은 그 입법 목적을 달성하기 위하여 그에 위배된 행위의 효력을 부정함으로써 계약자유의 원칙을 제한한다. 그리고 강행규정은 해당 규정에 대한 행위자의 인식 여부를 불문하고 적용된다.

신의칙을 이용하여 강행규정을 위반한 법률행위의 효력을 유지하는 것은 전체 법질서 내에서 작동하여야 할 신의칙이 법질서에 역행하는 결과를 초래한다. 강행규정에 위배되는 약정의 당사자가 그 약정의 무효를 주장하는 것이 신의칙에 위반되는 권리의 행사라는 이유로 그 주장을 배척한다면, 이는 강행규정에 의하여 배제하려는 결과를 실현시키는 셈이 되어 입법 취지를 완전히 몰각하게 되므로 그러한 주장은 신의칙에 반하는 것이 아니라는 것이 판례의 확립된 견해이다(대법원 2011. 3. 10. 선고 2007다17482 판결 등 참조). 이처럼 신의칙은 강행규정에 앞설 수 없다.

다) 대부분의 근로조건, 그중에서도 특히 임금은 근로자에게는 생존에 관한 문제이다. 그렇기 때문에 헌법은 국가에게 근로자의 적정임금 보장에 노력할 의무를 지우고(헌법 제32조 제1항), 근로조건의 기준은 인간의 존엄성을 보장하도록 법률로 정하게 하고 있으며(헌법 제32조 제3항), 근로기준법은 이를 이어받아 근로조건에 관한 각종 강행규정을 두고 있는 것이다. 근로기준법 제15조는 그 법에서 정하는 기준에 미치지 못하는 근로조건을 정한 근로계약은 그 부

분에 한하여 무효임을 선언하여 그 강행규정성을 분명히 하고 있다. 그럼에도 신의칙의 적용을 통하여 임금청구권과 같은 법률상 강행규정으로 보장된 근로자의 기본적 권리를 제약하려 시도하는 것은 이와 같은 헌법적 가치나 근로기준법의 강행규정성에 정면으로 반한다.

근로기준법이 강행규정으로 근로자에게 일정한 권리를 보장하고 있음에도 근로자나 사용자가 그 강행규정에 저촉되는 내용의 노사합의를 한 경우에, 신의칙을 내세워 사용자의 그릇된 신뢰를 권리자인 근로자의 정당한 권리 찾기에 우선할 수는 없다.

사용자의 경제적 어려움도 근로자의 권리를 희생시킬 수 있는 근거가 될 수 없다. 사용자의 경제적 어려움은 근로조건의 설정과정에서 근로자의 이해와 양보를 구할 수 있는 근거가 될 수 있을지언정 이미 정해진 근로조건에 따라 사용자가 이행하여야 할 법적 의무를 면하는 이유가 될 수는 없다. 사용자는 자신이 제공받는 근로에 합당한 대가를 지급하는 것이지 무슨 '손해'를 입는 것이 아니다.

이처럼 어느 모로 보나 근로기준법상 강행규정을 위반한 노사합의가 무효라고 주장하는 것이 신의칙에 위배되어 허용될 수 없다는 다수의견은 부당하다. 헌법에 기초하여 국민의 대표자가 법률을 통하여 강행법규로써 보장한 권리를 근로자가 제대로 알지 못하다가 법에 따라 되찾겠다고 주장하는 것이, 어떻게 '정의와 형평 관념에 비추어 신의에 현저히 반하는 것'이 될 수 있고, 또 그것이 왜 '도저히 용인될 수 없음이 분명한 것'인지 이해할 수 없다.

2) 정기상여금을 통상임금에서 제외하기로 하는 노사합의가 무효라는 주장이 신의칙 위반에 해당하는 경우라고 하면서 다수의견이 드는 요건에 대하여

가) 다수의견은, 근로자가 강행법규인 근로기준법에 위반된 노사합의의 무효를 주장하는 것이 신의칙에 위배되어 허용되지 아니한다고 보기 위해서는 '신

의칙을 적용하기 위한 일반적인 요건'을 갖추어야 함은 물론이고, 더 나아가 '근로기준법의 강행규정성에도 불구하고 신의칙을 우선하여 적용하는 것을 수긍할 만한 특별한 사정'이 있어야 한다고 전제한 다음, 근로자가 정기상여금을 통상임금에서 제외하기로 하는 노사합의를 무효라고 주장하는 것이 이러한 요건을 모두 갖추어서 신의칙에 위배된다고 한다.

나) 우선 근로자가 정기상여금을 통상임금에서 제외하기로 하는 노사합의를 무효라고 주장하는 것에 대하여 '신의칙을 적용하기 위한 일반적인 요건'이 갖추어졌다고 볼 수 없다.

신의칙에 위배된다는 이유로 권리행사를 부정하기 위해서는 상대방에게 신의를 공여하였거나 객관적으로 보아 상대방이 신의를 가지는 것이 정당하여야 하고, 이와 같은 상대방의 신의에 반하여 권리를 행사하는 것이 정의관념에 비추어 도저히 참을 수 없는 정도의 상태에 이르러야 한다. 여기서 신의칙의 적용을 통하여 보호되어야 할 상대방의 신뢰는 정당한 신뢰이어야 하므로, 신뢰할 만하지 아니한 것을 과실로 신뢰한 경우나 신뢰할 만하지 아니하다는 것을 알고 있었던 경우에는 그 신뢰의 보호를 주장할 수 없다. 또한 신뢰보호는 상대방이 어떠한 사태를 신뢰하고 있고 또 그러한 신뢰를 가질 만하다고 하여서 곧바로 인정되는 것이 아니고, 그 신뢰의 보호로 말미암아 불이익을 입는 자에게 그 불이익을 받을 만한 귀책근거가 있어야 한다.

이와 관련하여 다수의견은 상여금의 연원, 그 성질의 불명확성, 고용노동부의 지침 등으로 인하여 정기상여금을 통상임금에서 제외하기로 하는 노사합의가 관행으로 정착되어 왔다는 사정을 근거로 들고 있다.

그러나 이 사건에서 이러한 노사합의가 관행으로 정착되어 왔다는 사정을 인정할 근거자료를 찾아볼 수 없다. 단지 그러한 관행이 있는 것으로 보인다고 다수의견이 사용자의 관점에서 일방적으로 추정하고 있을 뿐이다.

나아가 이러한 노사합의의 관행이 있다고 하더라도 이를 근로자의 신뢰 공여로 평가할 수 없다. 근로기준법의 강행규정은 그 규정의 존재를 알지 못하거나 이를 제대로 이해하지 못한 자에게도 일률적으로 적용되고, 법률의 부지(不知)나 법적 평가에 관한 착오가 있다고 하여 그 적용을 피할 수 없다. 강행규정에 위반되어 무효인 노사합의의 관행이 있더라도 그러한 관행이 근로자에 의하여 유발되거나 그 주된 원인이 근로자에게 있지 아니한 이상, 그와 같은 무효인 노사합의의 관행이 강행규정에 반하여 무효라고 주장하지 않으리라고 사용자가 신뢰하는 것이 정당화될 수 없다. 그와 같은 사용자의 신뢰는 보호할 만한 가치가 있는 것이 아닐 뿐만 아니라, 이를 먼저 보호하게 되면 법에 위반된 관행을 강행규정에 우선시키는 결과를 초래하기 때문이다.

정기상여금을 통상임금에서 제외하기로 허는 노사합의의 관행이 있다고 볼 근거가 없음은 물론이고, 만에 하나 그런 관행이 있다고 한들 그것이 근로자에 의하여 유발되었거나 그 주된 원인이 근로자에게 있다고 볼 근거는 어디에도 없다. 다수의견은 이런 점에 관하여 아무런 설명 없이 그저 그런 관행이 있다고만 하고 있다. 근로자가 이를 무효라고 주장하지 않을 것이라고 사용자가 신뢰하였다는 전제 자체가 증명된 바 없지만, 그 '신뢰'가 존재한다고 하더라도 이를 정당한 것이라고 말할 수 없다.

결국 신의칙의 일반적 요건이 갖추어졌음을 전제로 근로기준법의 강행규정에도 불구하고 신의칙을 우선하여 적용할 수 있는 특별한 사정까지 갖추어졌다는 취지의 다수의견은 그 전제부터 타당하지 않다.

다) 다수의견이 정기상여금을 통상임금에서 제외하는 노사합의에 대한 근로자의 무효 주장이 신의칙에 위반된다고 하면서 내세우는 근거나 기준도 합리성이 없다.

(1) 다수의견은, 노사가 임금협상 당시 정기상여금을 통상임금에서 제외하는 노사합의가 근로기준법의 강행규정에 위배되어 무효라는 점을 알았더라면 기

본급의 인상률을 낮추거나 상여금·수당의 지급형태나 조건을 변경하는 조치를 취함으로써 통상임금을 기초로 산정되는 각종 법정수당을 포함하여 근로자에게 지급되는 임금 총액이 당초 노사합의에서 정한 통상임금을 기초로 산정되는 각종 법정수당을 포함한 임금 총액과 실질적인 차이가 없도록 하였을 것이라고 한다.

그러나 그러한 노사협의가 이루어졌을 것이라는 전제는 오로지 사용자의 관점에서만 바라본 주관적·가정적 의사를 밝힌 것에 불과하다. 근로자의 관점에서 보면 임금 수준은 유지하면서 연장·야간·휴일근로 등 초과근로를 축소하는 방향으로 노사협의를 진행하였을 가능성도 충분하다. 이러한 근로자의 관점이 오히려 초과근로를 되도록 제한함으로써 근로자의 인간다운 생활을 보장하려는 근로기준법의 기본정신에 더 부합한다. 다수의견과 같은 가정적 의사를 당연한 전제로 받아들여 이를 신의칙 적용의 출발점으로 삼는 것은 논리의 비약이다.

(2) 다수의견은, 정기상여금을 통상임금에서 제외하기로 한 노사합의의 무효를 주장함으로써 근로자가 얻는 것이 '예상외의 이익'이라고 하면서 이를 신의칙 위반의 중요한 근거로 들고 있다.

그러나 근로자가 초과근로를 함으로써 얻는 초과근로수당청구권은 근로기준법이 명시적으로 인정하는 근로자의 권리이다. 예상외의 이익, 즉 뜻밖의 횡재가 아니다. 근로자가 과거에 마땅히 받았어야 할 것을 이제 와서 받으려는 것일 뿐이다. 이것은 근로기준법이 당사자의 합의에 의하여서도 박탈하지 못하도록 굳이 강행규정을 두어 보장한 근로자의 정당한 권리이다.

노사합의 당시 정기상여금이 통상임금에 포함된다는 사정을 알았더라면 사용자로서는 초과근로시간을 줄이고 근로자로서도 초과근로를 적게 하였을 것이므로, 사용자가 정당한 대가를 치르지 않고 근로자의 초과근로를 제공받은 것이 오히려 다수의견의 표현마따나 '예상외의 이익'인 셈이다.

근로자가 받았어야 할 임금을 예상외의 이익으로 취급하여 이를 되찾는 것을 정의와 형평 관념에 반한다고 하는 것 자체가 정의관념에 반한다.

(3) 다수의견은 '법정수당의 추가 지급으로 사용자에게 예측하지 못한 새로운 재정적 부담을 지게 함으로써 중대한 경영상의 어려움을 초래하거나 기업의 존립을 위태롭게 한다'는 것을 신의칙 위반의 또 다른 요건으로 들고 있다.

그러나 이러한 '중대한 경영상의 어려움'이나 '기업 존립의 위태'는 모두 모호하고 불확정적인 내용으로서, 도대체 추가 부담액이 어느 정도가 되어야 그러한 요건을 충족한다는 것인지 알 수 없다.

이처럼 모호하고 불명확한 기준을 신의칙의 적용 요건으로 보게 되면 근로기준법상 보장되는 권리가 사업장이나 개개 소송마다 달라질 가능성이 커지게 되고, 이는 곧 근로기준법상 근로자들에게 고루 보장되어야 하는 권리가 형평에 맞지 않게 인정되거나 부정되는 결과를 초래할 수 있다.

어느 범위의 근로자에게 법정수당을 추가 지급하는 경우를 기준으로 이러한 요건의 충족 여부를 가릴 수 있는지도 문제이다. 다수의견은 실제로 추가 지급을 청구하는 근로자 외에 단체협약의 적용을 받는 조합원 전체, 나아가 단체협약의 직접 적용 대상이 아닌 비조합원도 '묵시적 합의'를 매개로 그 기준에 포함시키고 있는 것으로 보이지만, 이러한 태도는 결국 '중대한 경영상의 어려움' 내지 '기업 존립의 위태'가 초래되는 결론을 도출해내기 위하여 편법을 동원한 것에 불과하다.

(4) 사용자가 정기상여금을 통상임금에서 제외하는 것이 근로기준법에 위배된다는 것을 알지 못한 채 단체협약을 체결한 것이라는 취지의 다수의견의 판단 역시 그대로 받아들일 수 없다. 사용자가 이를 몰랐다면 적어도 그 모른 것에 과실은 있다.

대법원은 1995. 12. 21. 선고 94다26721 전원합의체 판결로 임금2분설을 폐기한 이래 임금의 명목이나 지급주기를 불문하고 객관적 성격에 따라 통상임금성 여부를 가려야 한다고 일관되게 판단하여 왔다. 반면 고용노동부는 이러한 판례를 무시하고 1개월 초과 임금, 상여금을 통상임금에서 제외하는 행정해석을 고수하였다. 이처럼 판례와 행정해석의 불일치로 생기는 산업현장의 혼란에 대하여는 그동안 꾸준히 문제 제기가 있어 왔고, 기업을 운영하는 사용자라면 이러한 사정을 당연히 알았거나 알았어야 할 상황이었다.

상여금의 통상임금성이 문제 된 사안에서 대법원이 통상임금이 아니라고 한 과거의 사례들은, 그 임금이 '상여금'이기 때문이 아니라 '고정성을 결여'하였기 때문에 통상임금성을 부정하였던 것이고(대법원 1996. 2. 9. 선고 94다19501 판결, 대법원 2007. 4. 12. 선고 2006다81974 판결 등 참조), 이는 상여금도 정기성·일률성·고정성을 갖추면 통상임금에 해당할 수 있음을 전제로 한 것이다. 이 사건 변론과정에서 드러난 바에 따르면 산업현장에서도 상여금 중 고정적 정기상여금은 통상임금에 해당한다는 점을 어느 정도 인식하고 있었다고 보인다. 거듭되는 판례에도 불구하고 일부 기업은 여전히 근속수당처럼 통상임금의 성격이 명백한 임금조차 통상임금에서 제외하는 처사를 계속하고 있고, 이 사건에서 문제 되는 정기상여금에 관하여도 이러한 법 무시 내지 경시 태도를 보이고 있는 기업이 드물지 않다.

사용자는 상여금도 그 성격에 따라 통상임금에 해당할 수 있음을 알았다고 보이고, 사용자가 상여금의 통상임금 해당 가능성을 알지 못하였더라도 이를 법적으로 보호할 가치가 있는 선의라고 볼 수는 없다.

3) 다수의견이 이 사건에 신의칙을 적용한 구체적인 논리나 판단에 대하여

가) 다수의견은, 이 사건에서 사용자인 피고가 단체협약에서 정한 통상임금 기준을 조합원이 아닌 관리직 직원들에게 적용하여 이 사건 상여금이 제외된 통상임금을 기초로 법정수당을 산정·지급해 왔고 이에 대하여 원고를 비롯한 관

리직 직원들이 별다른 이의를 제기하지 않았던 것으로 보인다는 이유로, 단체 협약상의 통상임금 기준을 조합원이 아닌 관리직 직원들에게도 적용하는 것에 대하여 피고와 관리직 직원들 사이에 명시적이거나 묵시적인 노사합의 또는 관행이 있었다고 하면서, 원고가 이 사건 상여금을 통상임금에 포함하여 이를 기초로 미사용 연·월차수당과 퇴직금의 지급을 구하는 것이 신의칙에 위배될 수 있다고 한다.

나) 그러나 이 사건 소송은 개별 근로자의 임금청구 소송이다. 단체교섭이나 단체협상의 주체인 노동조합이 금전지급청구를 하는 것이 아니다.

노동법의 기본원리 중 하나는 '협상은 집단적으로 하되, 권리행사는 개별적으로 한다'는 것이다. 이 때문에 장래에 적용될 근로조건의 결정에 관한 주장의 불일치가 아니라, 이미 정해진 근로조건에 따른 권리행사는 노동쟁의의 범위에서 벗어나게 된다. 노사 간 이익 조정을 위한 집단적 교섭과 그 교섭의 결과물인 근로조건에 기초한 개별 근로자의 권리행사는 뚜렷이 구별되고, 따라서 단체협약 체결 과정에서 사용자에게 어떤 신뢰를 준 행위가 있었더라도 그 주체는 노동조합이지 개별 근로자가 아니다. 다시 말하면 노동조합이 사용자와 합의하여 단체협약을 체결하였다는 사실에는 개별 근로자가 무효인 단체협약 대신 근로기준법에 따른 임금을 지급해 달라고 요구하는 데 방해가 되는 '신뢰의 제공'은 존재하지 않는 것이다. 더구나 원고는 노동조합의 조합원도 아니고 단체협약의 체결과정에 참여한 바도 없다.

다) 다수의견처럼 사용자가 단체협약상의 근로조건을 비조합원인 관리직 직원들에게 적용하고 이에 대하여 비조합원들이 이의를 하지 아니하였다는 이유만으로 그에 관한 노사합의의 존재를 인정하면서, 더 나아가 이를 신의칙 위반의 근거로 삼는 것은 일반 민사법 영역에서도 유례를 찾아볼 수 없을 정도로 부당하게 신의칙의 적용범위를 확장하는 것이다.

우선 위와 같이 비조합원인 근로자들이 별다른 이의를 제기하지 않았다는 사정만으로 명시적 노사합의의 존재를 인정할 수는 없다. 그리고 비조합원인 근로자가 이의를 제기하지 않은 데서 묵시적인 합의의 존재를 추인할 수 있다고 보더라도, 이를 근거로 신의칙을 적용하는 것은 부당하다. 사용자가 근로기준법에 위배되는 단체협약상 근로조건을 일방적으로 적용하더라도 비조합원들이 단지 이의를 하지 않았다는 이유만으로, 그 단체협약상 근로조건의 유효성에 관하여 사용자가 가지는 신뢰는 정당한 신뢰가 되고, 비조합원들은 근로기준법상 강행규정으로 보장되는 권리를 부정당하는 결과가 되기 때문이다.

사용자의 근로기준법 위반행위에 대하여 적극적으로 저항하거나 이의를 제기하지 않는 근로자는 사용자에게 정당한 신뢰를 준 것이어서 그 위법행위의 무효를 주장하는 것이 정의에 반한다는 논리는 근로기준법의 규범력을 무시하는 발상이다.

라) 더욱이 이 사건에서 원심이 확정한 사실관계에 의하면 사용자인 피고 측은 2009. 1.부터 2010. 2.까지 정기상여금을 매월 기본급에 통합하여 지급하는 것으로 정기상여금 지급방식을 변경하였을 뿐만 아니라, 이 기간 동안 퇴직한 근로자들에게 정기상여금을 통상임금에 포함하여 계산한 연·월차수당과 퇴직금을 지급하였고, 나아가 정기상여금을 통상임금에 포함하여 계산한 고용유지지원금을 관계기관에 신청하기도 하였다.

사용자인 피고는 정기상여금을 통상임금에 포함하여 고용유지지원금을 신청하여도 무방하고, 똑같은 상황에서 근로자인 원고가 그 정기상여금을 통상임금에 포함하여 산정한 초과수당을 청구하면 신의칙 위반이 될 수 있다는, 이 모순된 이중 잣대를 도무지 이해할 수 없다. 다수의견은, 적어도 이 사건에서는 정기상여금이 통상임금에 포함되어야 한다는 원고의 주장은 신의칙에 반한다고 볼 수 없고, 오히려 피고가 원고의 주장이 신의칙에 반한다고 항변하는 것이야말로 신의칙에 반한다고 말해야 옳다.

다. 다수의견처럼 노사가 임금협상 시 정기상여금을 통상임금에서 제외하기로 합의하는 실무가 장기간 계속되어 왔고 이러한 노사합의가 일반화되어 관행으로 정착되었다고 한다면, 대법원은 이를 이유로 근로자들의 정당한 권리 행사를 배척할 것이 아니라 이러한 관행은 근로기준법의 강행규정에 위반되므로 고쳐야 한다고 선언하는 것이 옳다. 그렇지 않으면 대법원이 위법한 관행을 승인하여 주는 것이고, 본연의 역할인 법의 올바른 해석·적용이 아니라 거꾸로 위법한 해석·적용을 하는 결과가 된다.

다수의견이 '강행법규보다 신의칙을 앞세울 만한 특별한 사정을 인정하는 기준'으로 내세운 것들은 단체협약의 체결을 위한 노사협의의 장(場)에서나 논의될 만한 사정에 불과함에도, 다수의견은 이를 '정의와 형평의 관념'으로 포장하여 권리실현의 장이 되어야 할 법정에 무리하게 끌어들여 권리 배제의 사유로 삼고 있다. 이러한 다수의견의 대도는 강행규정에 반하여 무효인 법률행위를 무효라고 주장할 수 있는 당연한 권리를 법관이 신의칙을 동원하여 마음대로 박탈할 수 있다는 것과 다를 바 없다. 결국 다수의견은 타당성 있는 논리적 뒷받침 없이 단순히 '원고가 피고로부터 연·월차수당과 퇴직금을 더 받아가는 것을 용인할 수 없다'고 선언하는 것에 지나지 아니한다.

대법원은 최고의 법해석 기관으로서 통상임금에 관한 법리를 법에 따라 선언해야 한다. 그에 따른 경제적 우려를 최소화하는 것은 정부와 기업의 역할이다. 대법원은 통상임금의 법원칙을 바로 세우고, 정부는 대법원판결의 결론이 연착륙할 수 있도록 다양한 노동정책을 펼치면 되는 것이다. 그렇지 않고 대법원이 앞으로 시행될 노동정책까지 고려하여 현행 법률의 해석을 거기에 맞추려 한다면, 이는 법해석의 왜곡이다.

이상과 같은 이유로 다수의견에 찬성할 수 없음을 밝힌다.

05

취득세는 몇 번 납부해야 되나요?

명의신탁과 취득세

세준 대법관님, 그동안 평안하셨습니까?

김신 여러분 염려 덕분에 건강하게 잘 지내고 있습니다. 코로나19 때
문에 경제가 얼어붙었다고 아우성인데, 여러분은 괜찮으십니까?

지희 자영업자들이 많이 힘들어 하는 것 같고, 변호사 사무실을 찾는
의뢰인도 확연히 줄었습니다. 저희들은 월급을 받고 있으니 직접적인
영향은 크지 않습니다만.

김신 빨리 코로나19가 끝났으면 좋겠습니다. 오늘은 어떤 판결을 준비

했습니까?

지희 대법원 2018. 3. 22. 선고 2014두43110 전원합의체 판결[취득세등부과처분취소]을 준비해 왔습니다. 저희들이 조세사건을 처리한 경험이 별로 없어서 어렵다는 생각이 앞섭니다.

김신 대법원 전원합의체에서 선고하는 판결은 다수의견과 소수의견이 함께 있는 경우가 대부분입니다. 대법관들이 치열하게 각자의 논리를 펼치면서 상대방의 논리를 공격하고 반박하기 때문에 쟁점과 논리가 선명합니다. 그래서 전원합의체 판결을 읽는 것만으로도 대법관들의 문제의식과 고민을 생생하게 느낄 수 있습니다. 이 전원합의체 판결을 공부하면서 그런 것들을 함께 느껴봅시다. 법리를 검토하기 전에 사실관계와 쟁점을 정확하게 이해하는 것이 필요하다고 말씀드렸지요? 어느 분이 사실관계를 설명해 주세요.

세준 제가 말씀드리겠습니다. 원고 회사는 2006. 12. 19. 이 사건 토지를 소외 회사로부터 매수하고 매매대금을 모두 지급하였습니다. 그런데 등기를 원고 회사 명의로 하지 않고 원고 회사의 직원 명의인 소외인 명의로 명의신탁을 하기로 하고 2007. 12. 27. 그 직원 명의로 소유권이전등기를 하였습니다. 당시 그 직원 명의로 이 사건 토지 취득에 따른 취득세를 납부하였습니다. 그런데 그 후 피고(용인시 처인구청장)가 그 명의신탁 사실을 알고 2011. 11. 8. 원고 회사가 이 사건 토지의 실제 취득자라는 이유로 원고 회사에게 취득세를 부과하였고, 원고 회사는 취득세를 다시 납부하였습니다. 원고 회사는 직원 명의로 등기되어 있던 이 사건 토지를 원고 회사 명의로 환원하기로 하고 2012. 5. 10. 위 각 토지에 관하여 '2012. 4. 13. 매매'를 원인으로 한 소유권이전등기를 하면서, 또다시 취득세를 신고, 납부하였습니다.

김신 원고 회사는 사실상 취득세를 세 번 납부한 셈이군요. 첫 번째는 직원 명의로 납부하고, 두 번째는 명의신탁이라는 것이 밝혀지는 바람에 원고 회사 명의로 납부하고, 세 번째는 명의신탁한 부동산을 원고 회사 명의로 환원하면서 또다시 납부하였네요?

세준 그렇습니다. 원고 회사가 처음부터 원고 회사 명의로 소유권이전등기를 하였으면 한 번만 납부하면 될 텐데, 명의신탁을 하는 바람에 취득세를 세 번이나 납부했습니다. 원고 회사가 명의신탁한 것은 잘못이지만, 취득세를 세 번 납부한 것은 억울하다고 생각할 여지가 있겠습니다.

김신 그래서 원고 회사가 납부한 취득세의 반환을 구하는 소를 제기하였습니다. 그 소송의 경과를 말씀해 보시겠습니까?

지희 원고는 피고에게 '이 사건 토지의 취득에 따른 취득세 등을 이중으로 납부하였다'는 이유로 마지막으로 납부한 취득세 등을 환급하라는 경정청구를 하였습니다. 피고가 이를 거부하여 원고가 그 취소를 구하는 소송을 제기하였습니다. 제1, 2심이 원고 승소 판결을 내리자, 피고가 상고하였습니다.

김신　이 사건은 상고된 지 수년이 지나서 그것도 전원합의체로 판결이 선고되었다는 사실 자체만으로도 어려운 사건이라는 느낌이 오지 않습니까? 이 판결에서 상고기각 의견이 다수이고, 원심을 파기하자는 의견이 소수였습니다.

세준　다수의견부터 살펴보면 좋겠습니다.

김신　다수의견은, 이 사건 토지의 사실상 취득자인 원고가 매매를 원인으로 한 소유권이전등기를 마치더라도 이것은 잔금지급일에 '사실상 취득'을 한 부동산에 관하여 소유권 취득의 형식적 요건을 추가로 갖춘 것에 불과하므로, 잔금지급일에 성립한 취득세 납세의무와 별도로 등기일에 구 지방세법 제105조 제1항에서 규정한 '취득'을 원인으로 한 새로운 취득세 납세의무가 성립하지 않으므로 납부한 취득세는 반환하여야 한다는 것이었습니다.

세준　법률적 근거가 있습니까?

김신　다수의견은 지방세법과 그 시행령에서 근거를 찾고 있습니다. 즉, 지방세법에 "취득세를 취득자에게 부과하여야 하고, 부동산의 취득은 민법 등에 의한 등기를 한 때에 취득한 것으로 보지만, 그 이전이라도 '사실상 취득'한 때에는 이를 취득한 것으로 본다."고 규정하고 있고, 그 시행령에서 "잔금지급일에 사실상 취득한 것으로 본다."고 규정하고 있는 것을 근거로 들었습니다.

세준　매수인이 부동산 매매계약을 체결하고 소유권이전등기를 하면 등기일에 취득한 것으로 보고, 등기하기 전에 매매대금을 모두 지급하였다면 잔금지급일에 사실상 취득한 것으로 본다는 뜻입니까?

김신 그렇습니다. 이 사건에 대입하면, 원고 회사가 처음 매매계약을 체결하고 매매대금을 모두 지급한 때에 이 사건 토지를 사실상 취득하였으므로 그때 취득세 납부의무가 발생하고, 그 후 원고 명의로 등기를 한 것은 새로운 취득이 아니므로 취득세 납부의무가 발생하지 않는다는 것입니다.

지희 이번에는 반대의견을 설명해 주시면 좋겠습니다.

김신 반대의견은, 명의수탁자가 이전등기를 하면 그때 구 지방세법 제105조 제1항에서 규정한 '취득'을 원인으로 한 취득세 납세의무가 성립하고, 명의신탁자는 매매대금을 모두 지급하더라도 '사실상 취득'을 한 것이 아니므로 그에 따른 취득세 납세의무는 성립하지 않는다고 합니다.

세준 그러면, 명의신탁자가 무효인 명의수탁자 명의의 등기를 말소하고 매도인으로부터 자기 앞으로 소유권등기를 이전받거나, 명의수탁자로부터 직접 자기 앞으로 소유권등기를 이전받는 경우, 그 등기 시에 명의신탁자에게 '취득'을 원인으로 한 취득세 납세의무가 성립한다는 것입니까?

김신 그렇습니다. 반대의견은 등기가 유효인지 무효인지를 따지지 않고 등기 시에 부동산을 취득한 것으로 보고 등기명의자에게 취득세 납부의무가 있다고 합니다. 이 사건에서 원고는 자기 명의로 소유권이전등기를 할 때 납부한 취득세를 반환하라고 할 수 없다고 합니다.

지희 반대의견에 따르면, 이 사건에서 원고는 직원 명의의 등기를 포함하여 세 번 등기를 하였으니 취득세도 세 번 납부해야 할 것 같습니다.

김신 꼭 그렇지는 않습니다. 반대의견에서는 마지막 등기 시에는 원고가 취득세를 납부해야 되지만, 직원 앞으로 한 등기는 원고 명의로 등기한 것이 아니기 때문에 그때는 원고에게 취득세 납부의무가 없다고 합니다.

재윤 반대의견은 취득세 납부의무에서 등기라는 형식을 중요시하는 것 같습니다.

김신 그렇습니다. 반대의견은 취득세가 부동산을 사용·수익·처분함으로써 얻는 실제적인 이익을 포착하여 거기에 부과하는 세금이 아니라 재화의 이전이라는 사실 또는 형식 자체를 포착하여 거기에 담세력을 인정하고 부과하는 유통세라고 합니다. 그래서 지방세법에 규정된 '부동산의 취득'은 실질적으로 완전한 내용의 소유권을 취득하는 것이 아니라, 등기에 의한 소유권 이전이라는 사실 또는 형식 자체를 뜻하므로, 등기할 때 취득세 납부의무가 발생한다고 합니다. 민법은 '부동산에 관한 법률행위로 인한 물권의 득실변경은 등기를 하여야 한다.'고 규정하고 있는데, 부동산은 등기를 해야 소유권을 취득한다면, 소유권을 취득하는 그때 취득세 납세의무가 발생하는 것이 자연스럽지 않습니까?

재윤 참고할 만한 대법원 판결이 있습니까?

김신 이런 판결이 있습니다. 대법원은, 채권자가 돈을 빌려주고 양도

담보로 부동산 소유권등기를 이전받은 경우와 채무자가 부동산을 양도담보로 제공하여 채권자 명의로 소유권이전등기를 마쳤다가 나중에 차용금을 갚고 이전등기를 말소하는 경우를 모두 취득세 과세대상이 되는 부동산 취득에 해당한다고 하였습니다. 다수의견에 따르면 이런 경우에는 취득세를 부과할 수 없다고 하였을 것입니다.

세준 그런데 매수인이 소유권이전등기의 형식을 갖추었더라도 그것이 당초부터 원인무효라면 유효한 취득행위라고 볼 수 없어 취득세 납세의무가 없다는 판결(대법원 2013. 6. 28. 선고 2013두2778 판결 등)도 있지 않습니까? 그렇다면 3자간 등기명의신탁은 소유권이전등기를 마쳐도 법률상 무효이므로 취득세 납세의무가 성립하지 않을 것 같습니다.

김신 그렇게 생각할 여지도 있겠습니다. 그러나 명의수탁자 명의의 등기는 일반적인 원인무효의 등기와 달리 보아야 한다고 생각합니다.

세준 그 이유는 무엇입니까?

김신 부동산실명법은 제4조 제2항 본문에서 명의신탁약정에 따라 행하여진 등기에 의한 부동산에 관한 물권변동을 무효라고 하면서도, 제3항에서 그 무효를 제3자에게 대항하지 못한다고 규정하고 있고, 이때 제3자가 선의인지 악의인지는 묻지 않습니다. 따라서 무효인 명의신탁 등기의 명의수탁자가 신탁부동산을 임의로 처분했을 때, 그 제3자가 명의신탁 사실을 아는 경우에도 소유권을 유효하게 취득합니다. 무효가 항상 무효는 아니라는 것입니다.

세준 일반적인 원인무효 등기는 어떻습니까?

김신　일반적인 원인무효 등기의 경우에는 명의자가 등기된 부동산을 처분해도 상대방은 선의, 악의에 관계없이 소유권을 취득하지 못합니다. 그러므로 명의수탁자 명의의 등기는 일반적인 원인무효 등기와 다릅니다. 명의수탁자 명의의 등기가 언제나, 그리고 완전히 무효는 아닙니다. 그런 점에서 명의수탁자의 등기를 일반 원인무효의 등기와 같이 언제나 무효라고 하는 다수의견은 타당하지 않습니다.

재윤　그런데 "취득세 과세물건인 부동산 등의 취득에 관하여 민법 기타 관계 법령에 의한 등기·등록 등을 이행하지 아니한 경우라도 사실상으로 취득한 때에는 이를 취득한 것으로 본다."고 하는 구 지방세법 제105조 세2항에 따르면, 명의신탁의 경우에도 명의신탁자는 부동산 매매대금을 전부 지급하였을 때 사실상 취득하였다고 하여야 하지 않을까요?

김신　그 규정은 명의신탁을 염두에 두고 제정된 것이 아닙니다. 종전에 초대형건물을 신축하고도 소유권보존등기를 오랫동안 하지 않고 미루면서 취득세와 등록세를 납부하지 않는 사례가 언론에 보도된 적이 있었습니다. 그런 사례를 막기 위해 신축 건물에 대한 준공검사를 마치면 소유권보존등기를 하지 않아도 '사실상 취득'한 것으로 보고 취득세를 부과할 수 있도록 한 것뿐입니다.

선의(善意), 악의(惡意)

일반적으로 선의는 착한 마음, 악의는 나쁜 마음을 의미하지만, 법률용어로 사용할 때는 자신의 행위가 법률관계의 발생, 소멸, 효력에 영향을 미치는 사실을 모르는 것을 선의, 알고 있는 것을 악의라고 한다.

지희　명의신탁은 그런 경우에 해당하지 않습니까?

김신　명의신탁자는 등기를 미루어서 취득세 성립 시기를 조절하거나 취득세를 회피하려고 한 경우가 아닙니다. 명의신탁자는 소유권이전등기를 자기 명의로 하지 않고 명의수탁자 명의로 하지만, 취득세는 실질적으로 자기가 납부합니다. 따라서 명의신탁은 구 지방세법의 규정이 예정하는 경우가 아니므로, 위 규정을 적용하는 것은 타당하지 않습니다.

재윤 반대의견은 명의신탁의 경우도 등기라는 형식을 갖추었을 때 취득세 납부의무가 발생한다고 하는군요? 반대의견에 따르면 취득세 납부의무의 유무와 그 시기를 쉽게 알 수 있겠습니다.

김신 취득세는 과세관청이 부과하는 방식이 아니라 납세자가 신고·납부하는 방식의 세금입니다. 세금 전문가가 아닌 일반 국민인 납세자에게 납부의무가 있는지, 언제 납부해야 하는지를 쉽게 알 수 있도록 해 주어야 합니다. 그런 점에서 반대의견이 취득세 제도의 취지에 부합한다고 생각합니다.

세준 종전에는 취득세와 등록세를 별도로 납부하였는데, 지방세법이 개정되어 현재는 등록세를 취득세에 포함하여 취득세 하나만 납부하는 것으로 알고 있습니다. 그러한 변화가 취득세 납부의무와 관련이 있을까요?

김신 좋은 질문을 하셨습니다. 지방세법이 개정되어 등록세라는 세목 자체가 없어졌습니다. 종전의 등록세는 재산권 기타 권리의 취득·이전·변경 또는 소멸에 관한 사항을 공부에 등기 또는 등록하는 경우에 납부하는 것으로, 등기 또는 등록이라는 '사실의 존재'를 과세대상으로 하여 그 등기 또는 등록을 받는 자에게 부과하는 세금이었습니다. 등록세 역시 유통세로서 등기 또는 등록의 유·무효나 실질적인 권리 귀속 여부와 무관하다는 것이 판례의 태도이기도 합니다.

세준 다수의견은 현재 취득세를 둘로 나누어서 종래 등록세 부분은 등기명의자에게 부과하고, 종래 취득세 부분은 실질적인 취득자에게 부과하여야 한다고 하는 것 같습니다.

김신 같은 세목의 세금을 둘로 나누어서 별도로 부과할 수 있다는 다수의견은 지방세법의 개정 취지에 어긋난다고 생각합니다.

지희 이전등기를 하기 위해서는 먼저 관할 관청에 취득세를 납부하고 그 영수증을 첨부해야 합니다. 다수의견은 이런 과세실무와도 거리가 있는 것 같습니다.

김신 명의신탁의 경우, 명의수탁자 앞으로 등기할 때 수탁자 명의로 취득세를 신고·납부하고, 그 후 명의신탁자 앞으로 환원하기 위해 이전등기를 할 때도 명의신탁자가 취득세를 신고·납부합니다. 납세자들은 등기할 때 등기명의자가 취득세를 납부해야 한다고 인식하고 있고, 취득세를 먼저 납부하지 않으면 등기를 할 수 없는 것이 현실입니다. 반대의견은 납세자들의 인식이나 과세실무와 일치합니다.

지희 명의신탁은 대개 은밀하게 행해지기 때문에, 과세관청이 그것을 밝혀내어 명의신탁자에게 취득세를 부과하는 것은 쉽지 않을 듯합니다.
김신 당연히 쉽지 않습니다. 반대의견에 따르면 법률관계가 간명하고, 과세관청도 취득세 부과·징수비용을 줄일 수 있습니다. 또한 취득세와 등록세를 통합한 지방세법의 개정 취지에도 부합합니다.

세준 제가 반대의견을 요약해 보겠습니다. 명의수탁자가 등기명의신탁 약정에 따라 매도인으로부터 부동산의 등기를 이전받은 경우, 명의수탁자에게 구 지방세법 제105조 제1항에서 규정한 '취득'을 원인으로 한 취득세 납세의무가 성립하고, 이 경우 명의신탁자가 매매대금을 모두 지급하였더라도 구 지방세법 제105조 제2항에서 규정한 '사실상 취득'에 따른 취득세 납세의무는 생기지 않는다. 그 후 명의신탁자가 무효인 명의수탁자 명의의 등기를 말소하고 당초 매매계약에 기하여 자기 앞으로 소유권등기를 이전받거나 또는 명의수탁자로부터 직접 자기 앞으로 소유권등기를 이전받는 경우에도 그 등기 시에 명의신탁자에게 구 지방세법 제105조 제1항에서 규정한 '취득'을 원인으로 한 취득세 납세의무가 성립한다.

김신 반대의견을 정확하게 요약해 주셔서 감사합니다. 이 사건과 같은 명의신탁 사안에서는 부동산을 매수한 명의신탁자가 매매대금을 지급하는 국면(제1국면), 명의수탁자 명의로 등기를 하는 국면(제2국면), 이후 명의신탁자 명의로 다시 등기를 하는 국면(제3국면)이 있습니다. 다수의견은 등기를 하지 않는 매매대금 지급 국면(제1국면)에서 명의신탁자에게 취득세 납세의무가 성립하고, 명의수탁자나 명의신탁자 명의로 등기를 하는 국면(제2, 3국면)에서는 취득세 납세의무가 성립하지 않는다는 것이고, 반대의견은 매매대금을 지급하는 국면(제1국면)에서는 취득세 납세의무가 없고, 등기를 하는 국면(제2, 3국면)에서 각 등기의 명의자에게 취득세 납세의무가 성립한다는 것입니다. 어느 쪽이 간명합니까?

재윤 반대의견이 훨씬 간명합니다.

김신　다수의견과 반대의견의 차이는 이런 것 같습니다. 다수의견은 '부동산 실권리자명의 등기에 관한 법률'에 따른 명의신탁의 사법상 효력에 관한 판례의 법리를 기초로 하여 실질과세의 원칙을 구현하려고 합니다. 반대의견은 등기를 기준으로 하여 취득세를 부과하는 조세실무를 반영하여 명의신탁의 사법상 효력과 무관하게 법률관계의 법적 안정성을 도모하려고 합니다.

지희　대법관님께서는 반대의견을 주도하고 보충의견도 밝힌 것으로 알고 있습니다.

김신　보충의견은 이렇습니다. "반대의견은 국민들의 납세의식과 납세현실에 정확히 부합하는 해석이다. 이에 따르면 취득세 법률관계가 등기를 기준으로 간명하여 납세의무의 성립 여부를 다투는 분쟁의 발생이나, 과세당국이 취득세를 부과하거나 징수하는 데 소요되는 비용을 최소화할 수 있는 장점이 있다. 다수의견에 다소 경청할 만한 면이 있다고 가정하더라도, 그 의견을 취한 결과는 반대의견을 따를 때 얻게 될 장점들을 놓치고 과세현장에 혼란을 가져오는 것이 되지 않을까 염려된다. 더욱이 입법자가 등록세와 취득세를 통합함으로써 등기 시에 취득세 납세의무가 성립한다는 취지로 지방세법을 개정하였는데도, 그 개정 취지를 받아들이지 않고 굳이 과거의 선례를 고수하겠다고 하는 다수의견의 태도에는 아쉬움을 금할 수 없다."

재윤　대법관님께서 어렵고 복잡한 판결을 잘 설명해 주셔서 많은 도움이 되었습니다.

김신　반대의견이 다수가 되지 않아 지금도 아쉽습니다. 그러나 여러분은 다수의견이라고 무조건 추종하지 말고, 또 저의 의견이라고 무조건 찬성하지도 말고, 균형된 시각을 가지고 객관적으로 바라보면 좋겠습니다.

지희 균형된 시각을 가지고 양쪽 의견을 객관적으로 바라보라는 말씀, 명심하겠습니다.

김신 오늘은 여기서 대화를 마칠까요? 다음 만날 때까지 건강하게 잘 지내세요.

재윤 대법관님도 건강하게 지내시기 바랍니다.

대법원 2018. 3. 22. 선고 2014두43110 전원합의체 판결
[취득세등부과처분취소]

대법관 고영한, 대법관 김신, 대법관 이기택, 대법관 김재형, 대법관 조재연의 반대의견

이 사건의 결론은 3자간 등기명의신탁에서 종전 소유자로부터 명의수탁자 앞
으로 부동산 소유권이전등기를 한 경우 명의수탁자 명의의 등기와 그에 따른
취득세 신고납부가 있었음에도 잔금지급일에 명의신탁자에게 '사실상 취득'
을 원인으로 한 취득세 납세의무가 성립하는지에 달려있다고 할 수 있다. 이를
긍정하는 다수의견에 대하여는 다음에서 보는 취득세의 유통세로서의 성격,
지방세법의 개정 경과, 3자간 등기명의신탁에서 명의수탁자의 지위, 구 지방세
법 제105조 제2항의 적용 범위, 일반 국민들의 납세의식과 조세 행정의 효율성
등에 비추어 찬성할 수 없다.

가. 취득세는 재화의 이전이라는 사실 자체를 포착하여 거기에 담세력을 인정
하고 부과하는 유통세의 일종으로서 부동산의 경우 취득자가 그 부동산을 사
용·수익·처분함으로써 얻는 이익을 포착하여 부과하는 것이 아니다. 따라서
구 지방세법 제105조 제1항(현행법은 제7조 제1항에서 이와 유사하게 규정하
고 있다)에 규정된 '부동산의 취득'이란 부동산의 취득자가 실질적으로 완전
한 내용의 소유권을 취득하는지와 관계없이 소유권 이전의 형식으로 부동산
을 취득하는 모든 경우를 포함한다(대법원 2002. 6. 28. 선고 2000두7896 판결
등 참조). 이러한 취지에서 대법원은 돈을 빌려주고 그 채권에 대한 양도담보
로 부동산의 소유권등기를 이전받는 것이나 부동산을 양도담보로 제공하여 채
권자 명의로 소유권이전등기를 마쳤다가 그 후 차용금을 갚고 그 소유권이전
등기를 말소하는 것은 모두 취득세 과세대상이 되는 부동산 취득에 해당한다
고 판단하였다(대법원 1980. 1. 29. 선고 79누305 판결, 대법원 1999. 10. 8. 선
고 98두11496 판결 등 참조). 위와 같이 취득세가 유통세의 성격을 가지고 있
고, 그와 더불어 민법이 부동산에 관한 법률행위로 인한 물권의 득실변경은 등

기를 하여야 효력이 생기는 성립요건주의(민법 제186조)를 채택하고 있으므로, 부동산에 관한 취득세 납세의무의 성립 여부를 가릴 때에도 소유권 이전의 성립요건인 등기를 원칙적인 기준으로 삼아야 한다.

나. 등록세는 재산권 기타 권리의 취득·이전·변경 또는 소멸에 관한 사항을 공부에 등기 또는 등록하는 경우에 등기 또는 등록이라는 단순한 사실의 존재를 과세대상으로 하여 그 등기 또는 등록을 받는 자에게 부과하는 세금이다. 이러한 등록세는 등기 또는 등록의 유·무효나 실질적인 권리귀속 여부와는 관계가 없는 것이므로, 등기 또는 등록명의자와 실질적인 권리귀속 주체가 다르다거나 일단 공부에 등재되었던 등기 또는 등록이 뒤에 원인무효로 말소되었다고 하더라도 위와 같은 사유는 그 등기 또는 등록에 따른 등록세 납세의무에 아무런 영향이 없다(대법원 2002. 6. 28. 선고 2000두7896 판결 참조). 지방세법은 당초 이와 같은 등록세와 취득세를 별개의 세목으로 규정하고 있었는데, 2010. 3. 31. 법률 제10221호로 전부 개정되면서 등록세 중 취득을 전제로 한 부분을 취득세로 통합하고 그 세율도 기존의 등록세율과 취득세율을 합한 것으로 조정하였다. 지방세법의 위와 같은 개정은 세목 체계를 간소화하여 조세 행정의 효율성을 증대시키기 위한 것인데, 이로써 취득세는 등기·등록행위를 과세대상으로 하는 종전의 등록세에 해당하는 부분까지 포함하게 되어 유통세로서의 성격이 더욱 강해졌다고 할 수 있다. 취득세 납세의무의 성립 여부를 판단할 때에는 이러한 지방세법의 개정 경과도 마땅히 참작하여야 한다.

다. 한편 매수인이 소유권이전등기의 형식을 갖추었다고 하더라도 그것이 당초부터 원인무효인 경우 유효한 취득행위가 있다고 볼 수 없어 취득세 납세의무가 성립하지 않을 수 있으나(대법원 2013. 6. 28. 선고 2013두2778 판결 등 참조), 3자간 등기명의신탁에서 명의수탁자 명의의 등기는 일반적인 원인무효의 등기와는 달리 보아야 한다.

부동산실명법은 제4조 제2항 본문에서 명의신탁약정에 따라 행하여진 등기에 의한 부동산에 관한 물권변동을 무효라고 하면서도 제3항에서 그 무효를 제3

자에게 대항하지 못한다고 규정하고 있다. 이때 제3자의 선의·악의는 묻지 아니하므로 무효인 명의신탁등기의 명의자 즉 명의수탁자가 신탁부동산을 임의로 처분한 경우 그 제3자가 명의신탁 사실을 알았더라도 유효하게 소유권을 취득하게 된다. 반면 일반적인 원인무효 등기의 경우에는 그 명의자가 등기된 부동산을 처분하더라도 상대방은 그 소유권을 취득할 수 없다. 이러한 점에서 명의수탁자 명의의 등기는 일반적인 원인무효의 등기와 확연히 다르다. 이처럼 명의수탁자에서 제3자 앞으로의 재산권 이전이 유효한 것으로 되는 범위에서는 명의수탁자가 신탁부동산을 유효하게 처분할 수 있는 지위를 취득한 것으로 볼 수 있다. 나아가 취득세가 포착하여 담세력을 인정하는 '재화의 이전'이라는 영역에서는 명의수탁자가 해당 부동산을 유효하게 취득하는 것으로 평가할 수도 있는 것이다. 이러한 경우 명의수탁자가 등기의 명의를 보유한다는 사실 자체에 기초하여 제3자가 유효하게 소유권을 취득하게 되는 만큼, 명의수탁자의 취득세 납세의무 성립 여부도 유통세로서의 취득세 고유의 관점에서 판단하여야 한다.

라. 명의수탁자가 제3자에게 신탁부동산을 임의로 처분한 경우 앞서 본 바와 같이 그 제3자는 유효하게 소유권을 취득하게 되므로 취득세 납세의무도 당연히 성립한다. 그런데 다수의견과 같이 명의수탁자 앞으로 소유권이전등기를 하더라도 명의수탁자에게 취득세 납세의무가 성립하지 않는다고 보게 되면, 명의수탁자 명의의 등기에 기초하여 부동산을 취득한 제3자에게는 취득세 납세의무가 성립함에도 그와 같은 취득의 전제가 되는 등기를 보유한 명의수탁자에게는 취득세 납세의무가 성립하지 않는 이상한 결과가 된다. 이러한 모습은 재산이 유통되는 과정에서 재산이 이전될 때마다 그 이전 자체에 담세력을 인정하고 부과하는 취득세의 유통세로서의 성격에도 반한다.

마. 구 지방세법 제105조 제2항은 취득세 과세물건인 부동산 등의 취득에 관하여 민법 기타 관계 법령에 의한 등기·등록 등을 이행하지 아니한 경우라도 사실상으로 취득한 때에는 이를 취득한 것으로 본다고 규정하고 있다. 위 조항은 매도인과 매수인 양자 간 거래에서 매수인이 대금을 다 치르고 자신의 명의로

소유권이전등기만 마치면 그 부동산을 취득할 수 있음에도 취득세 납세의무의 성립 시기를 임의로 조절하거나 그 밖에 다른 의도로 등기를 미루거나 회피할 경우 취득세 과세를 하지 못하는 불합리를 방지하기 위하여 등기와 같은 소유권 취득의 형식적 요건을 갖추지 못하였더라도 대금의 지급과 같은 소유권 취득의 실질적 요건을 갖춘 경우를 '사실상 취득'으로 보아 취득세 과세대상으로 규정한 것에 불과하다. 다시 말하면, 위 조항은 취득세 법률관계에서도 민법상의 성립요건주의를 일관할 경우 나타날 수 있는 불합리를 막기 위하여 취득세 납세의무의 성립 시기를 원칙적인 모습인 등기 등을 갖춘 때보다 앞당긴 규정이지 취득세 납세의무의 성립 여부나 납세의무자가 누구인지를 정하기 위한 규정이 아니다. 이는 구 지방세법의 위임에 따른 구 지방세법 시행령 제73조가 부동산 매매계약에서 잔금지급의무와 소유권이전등기의무가 일반적으로 동시이행관계에 있다는 점에 착안하여 사실상의 잔금지급일 등을 취득의 시기로 정하고 있는 점을 통해서도 확인할 수 있다.

3자간 등기명의신탁의 경우 명의신탁자는 취득세 납세의무의 성립 시기를 조절하기 위하여 자신 명의의 등기를 미루거나 회피하는 것이 아니고, 명의수탁자 명의로 소유권이전등기를 하면서 명의수탁자가 납부하는 취득세 역시 명의신탁자가 부담하는 경우가 일반적이다. 따라서 3자간 등기명의신탁의 명의신탁자에게는 구 지방세법 제105조 제2항이 적용될 수 없다고 보아야 한다.

바. 부동산 등기 실무상 매매 등 취득을 원인으로 등기를 하려는 경우에는 등기를 하기 전까지 취득세를 신고납부하여야 한다. 이에 따라 3자간 등기명의신탁의 경우 명의수탁자 앞으로 소유권이전등기를 하면서 그의 명의로 취득세를 신고납부하고, 이후 명의신탁자 앞으로 소유권이전등기를 할 때도 명의신탁자가 취득세를 신고납부하고 있다. 이처럼 납세자들도 명의수탁자와 명의신탁자 명의로 소유권이전등기를 할 때 각 등기의 명의자에게 취득세 납세의무가 성립하는 것으로 인식하고 있다. 따라서 위와 같이 명의수탁자와 명의신탁자 명의로 등기할 때 각 등기의 명의자에게 취득세 납세의무가 성립한다고 보는 것이 부동산 등기 실무나 취득세를 납부하고 있는 일반 국민들의 납세의식에도

부합한다. 나아가 그와 같이 보아야 취득세 법률관계가 등기를 기준으로 간명해져서 납세자의 납세 편의에 도움이 되고, 지방자치단체가 별도로 취득세를 부과하거나 징수하는 데 드는 비용도 줄일 수 있다. 그것이 취득세와 등록세를 통합한 지방세법의 개정 취지에 들어맞는 해석이기도 하다.

사. 위와 같은 여러 사정에 비추어 보면, 부동산실명법 시행 이후 명의수탁자가 3자간 등기명의신탁 약정에 따라 매도인으로부터 부동산의 등기를 이전받은 경우에도 그 등기의 효력과 관계없이 명의수탁자에게 구 지방세법 제105조 제1항에서 규정한 '취득'을 원인으로 한 취득세 납세의무가 성립한다고 보아야 한다. 그리고 이러한 경우에는 명의신탁자가 부동산에 관한 매매계약을 체결하고 매매대금을 모두 지급하였더라도 구 지방세법 제105조 제2항에서 규정한 '사실상 취득'에 따른 취득세 납세의무가 성립한다고 볼 수 없고, 그 후 명의신탁자가 무효인 명의수탁자 명의의 등기를 말소하고 당초 매매계약에 기하여 자기 앞으로 소유권등기를 이전받거나 또는 명의수탁자로부터 직접 자기 앞으로 소유권등기를 이전받는다면 그 등기 시에 명의신탁자에게 구 지방세법 제105조 제1항에서 규정한 '취득'을 원인으로 한 취득세 납세의무가 성립한다고 할 것이다.

아. 이처럼 3자간 등기명의신탁에서는 명의수탁자와 명의신탁자 앞으로 소유권이전등기를 할 때에 각 등기의 명의자에게 취득세 납세의무가 성립하고, 잔금지급일에는 명의신탁자에게 취득세 납세의무가 성립하지 않는다고 보아야 한다. 따라서 위와 같은 등기 이후 명의신탁 사실이 밝혀지더라도 '사실상 취득'을 이유로 명의신탁자에게 취득세를 다시 부과할 수는 없다. 이러한 경우 부동산실명법 위반행위에 대하여는 해당 법률에 따른 과징금이나 이행강제금을 부과하여 제재하면 충분하다. 요컨대, 명의신탁자가 명의수탁자 앞으로 등기를 하였다가 이후 자신의 명의로 등기를 하는 경우에는 모두 두 번의 취득세 납세의무가 성립하게 되는데, 등기 실무대로 각 등기를 마칠 때 해당 등기의 명의자가 이를 신고납부하면 되는 것이다. 반면 다수의견에 의하면, 명의신탁자가 명의수탁자를 거쳐 자신의 명의로 등기를 하더라도 취득세 납세의무는 잔

금지급일에 명의신탁자에게 한 번만 성립한다. 위의 경우 등기가 명의수탁자와 명의신탁자 명의로 두 번 이루어지고 취득세 또한 두 번 신고납부됨에도, 취득세가 한 번만, 그것도 취득세가 실제로 신고납부된 때와는 다른 때에 성립한다고 보는 것은 타당하다고 할 수 없다.

자. 결국 원고가 그 명의로 이 사건 각 토지에 관한 소유권이전등기를 할 때에 원고에게 그 등기에 따른 취득세 납세의무가 성립한다고 보아야 한다. 따라서 원고의 경정청구를 거부한 이 사건 처분은 적법함에도 이와 다른 전제에서 이를 위법하다고 본 원심판결은 부동산 취득세 납세의무에 관한 법리를 오해하여 판결에 영향을 미친 잘못이 있으므로 파기되어야 한다.

이상과 같은 이유로 다수의견에 찬성할 수 없음을 밝힌다.

이 사건과 같은 3자간 등기명의신탁 사안에서는 부동산을 매수한 명의신탁자가 매매대금을 지급하는 국면(제1국면), 명의수탁자 명의로 등기를 하는 국면(제2국면), 이후 명의신탁자 명의로 다시 등기를 하는 국면(제3국면)이 문제된다. 다수의견은 등기를 하지 않는 매매대금 지급 국면(제1국면)에서 명의신탁자에게 취득세 납세의무가 성립하고, 명의수탁자나 명의신탁자 명의로 등기를 하는 국면(제2, 3국면)에서는 취득세 납세의무가 성립하지 않는다는 것이다. 이에 빈하여 반대의견은 매매대금을 지급하는 국면(제1국면)에서는 취득세 납세의무가 없고, 등기를 하는 각 국면(제2, 3국면)에서 각 등기의 명의자에게 취득세 납세의무가 성립한다는 것이다.

반대의견은 등기를 하는 사람은 당연히 취득세를 납부할 의무가 있다고 인식하고 이를 전제로 취득세를 신고납부하는 국민들의 납세의식과 납세현실에 정확히 부합하는 해석이다. 이에 따르면 취득세 법률관계가 등기를 기준으로 간명하여 납세의무의 성립 여부를 다투는 분쟁의 발생이나, 과세당국이 취득세를 부과하거나 징수하는 데 소요되는 비용을 최소화할 수 있는 장점이 있다. 과세실무에서의 장점뿐만 아니라 이론적으로도 타당하다는 점은 반대의견에서 취득세의 유통세로서의 성격, 3자간 등기명의신탁에서 명의수탁자의 지위, 구 지방세법 제105조 제2항의 적용 범위 등을 중심으로 이미 밝힌 바와 같다.

설사 다수의견에 다소 경청할 만한 면이 있다고 가정하더라도, 그 의견을 취한 결과는 반대의견을 따를 때 얻게 될 장점들을 놓치고 과세현장에 혼란을 가져오는 것이 되지 않을까 염려된다. 더욱이 입법자가 등록세와 취득세를 통합함으로써 등기 시에 취득세 납세의무가 성립한다는 취지로 지방세법을 개정하였는데도, 그 개정 취지를 받아들이지 않고 굳이 과거의 선례를 고수하겠다고 하는 다수의견의 태도에는 아쉬움을 금할 수 없다.

이상과 같이 반대의견에 대한 보충의견을 밝힌다.

06

채권은 죽지 않는다?

시효중단을 위한 재소

재윤 대법관님, 날씨가 많이 따뜻해진 것을 보니 봄이 온 것 같습니다.

김신 봄이 와도 봄 같지 않다는 춘래불사춘(春來不似春)이라는 말이 있지요? 올해는 코로나 19 때문에 봄이 왔는지 어떤지 모르겠습니다. 여러분은 업무를 하면서 별도로 판례공부하는 것이 힘들지 않으세요?

지희 업무도 힘들고 공부도 힘들지만, 힘든 중에 행복이 숨어 있지 않을까요? 그런 행복을 찾도록 노력하고 있습니다.

김신 긍정적 사고방식으로 충만하군요. 오늘은 어떤 판례를 준비하였나요?

세준 대법관님께서 주심을 맡았던 대법원 2018. 7. 19. 선고 2018다22008 전원합의체 판결[구상금]을 준비하였습니다. 소멸시효 중단을 위한 재소가 허용되는지를 다루고 있는 판결입니다.

김신 그 판결은 제가 종전 판례를 변경하려고 애썼던 사건입니다. 비록 소수의견으로 그쳤지만, 여러분과 나누고 싶은 내용이 많습니다. 어느 분이 사실관계를 설명해 주시겠어요?

지희 제가 말씀드리겠습니다. 보증보험회사인 원고는 1995년 소외인이 자동차를 할부로 구입할 때 할부금 납입채무에 대하여 지급보증을 하였고, 피고는 소외인이 부담하는 채무를 연대보증하였습니다. 자동차회사는 소외인이 할부금을 납입하지 않자 원고에게 보험금을 청구하였습니다. 원고는 자동차회사에 보험금을 지급하고, 피고에게 구상금을 청구하였습니다. 원고는 1996년 피고를 상대로 구상금 청구소송(제1차 소송)을 제기하여 승소판결을 받았으나 돈을 받지 못하였습니다. 이 판결채권의 소멸시효연장을 위해 2007년 다시 구상금 청구소송(제2차 소송)을 제기하여 이행권고결정을 받았으나 이번에도 돈을 받지 못하였습니다. 원고가 2007년 시효연장을 위하여 다시 구상금 청구소송(제3차 소송)을 제기한 것이 이 사건입니다. 제1, 2심은 원고 청구를 받아들였고, 피고가 상고하였습니다.

김신 제가 평소 이 문제에 대한 판례가 잘못되었다고 생각하고 있었습니다. 마침 이 사건이 상고되어 제게 배당이 되어 좋은 기회로 생각하고 연구하였습니다. 소부합의와 전원합의를 거쳤지만 종전 판례를 유지하자는 분이 다수이고, 종전 판례를 변경하자는 의견에 동조하는 분은 소수였습니다. 어느 분이 다수의견을 요약해서 설명해 주세요.

세준 확정된 승소판결에는 기판력(旣判力)이 있으므로 승소 확정판결을 받은 당사자가 그 상대방을 상대로 다시 승소 확정판결의 전소(前訴)와 동일한 청구의 후소(後訴)를 제기하는 경우, 뒤에 제기된 소는 '권리

보호의 이익'이 없어 부적법합니다. 그런데 종전 판례는 확정판결에 의한 채권의 소멸시효기간인 10년의 경과가 임박한 경우에는 그 시효중단을 위한 소가 예외적으로 소의 이익이 있다고 합니다. 다수의견은 이러한 종전 판례가 타당하다고 재확인하면서, 시효중단을 위한 재소인 이 사건 소는 원고가 제기한 이행권고결정이 확정된 때부터 10년이 경과하기 직전에 제기되었으므로 소의 이익이 있다고 하였습니다.

김신 다수의견은 판결로 확정된 채권이 변제 등으로 실제로 만족되지 않는 한 소멸시효 완성과 같은 사유로는 소멸되지 않는다고 생각합니다. 그러나

> **기판력**
>
> 소송사건에 관한 재판이 확정되면, 그 재판을 한 법원은 물론 다른 법원도 다시 그것과 어긋나는 판단을 할 수 없으며, 당사자도 그것과 반대되는 주장을 할 수 없게 하는 효력을 말한다. 민사소송법상으로는 판결의 효력 중 소송물에 관하여 행해진 판단의 효력으로서 판결이 확정되면 당사자는 후에 동일 사항에 대하여 별도의 소(訴)로서 반대사실을 주장하여 이미 확정된 판결의 판단을 다툴 수 없고, 법원도 전 판결과 모순 저촉되는 판단을 할 수 없는 것을 말한다.
>
> 또한, 형사소송법상으로는 넓은 의미에서 실체적 확정력과 같은 의미로 사용되나 고유의 의미에 있어서는 일사부재리의 효력만을 가리킨다. 일사부재리의 효력이란 유죄·무죄의 실체판결이 확정되면 동일 사건에 대하여 다시 심리·판결이 허용되지 아니하는 효력을 말한다.

이것은 소멸시효제도를 둔 민법이나, 확정판결의 기판력에 관한 민사소송의 기본원칙에 반한다고 생각합니다. 그래서 저는 종전 판례를 변경하여야 한다고 주장했지만, 다수의견으로 채택되지 않았습니다.

지희 저희들은 소멸시효 중단을 위한 재소는 당연히 허용된다고 배웠고, 그렇게 알고 있는데, 대법관님은 어떻게 그런 생각을 하게 되었습니까?

김신 대법관은 판례를 충실하게 추종하는 것보다 법률에 따라 재판하는 것이 더 중요하고, 또한 시대가 바뀌면 그에 맞는 새로운 판례를 만

들어갈 책임이 있다고 생각합니다. 종전 판결을 읽다가 논리나 결론에 의문이 생기면, 그 근거 법률의 유래와 취지, 입법과정, 판례의 형성과 정 등을 연구하면서 판례의 타당성을 재검토하곤 하였는데, 이 판결도 그 결과물 중 하나입니다.

재윤 대법관님들이 복잡하고 어려운 사건이 많아 항상 시간에 쫓긴다고 들었는데, 그런 와중에도 판례에 의문을 품고 연구할 여유가 있습니까?

김신 판례에 대한 의문을 그냥 덮고 넘어가지 않고 타당한 답을 찾으려고 노력하면 새로운 시각이 생기는데, 그 결과로 얻는 기쁨 때문에 그런 일을 한 것 같습니다. 이 사건에 관한 판례도 의문이 많았지만, 거기에 답해주는 자료를 찾을 수 없어서, 민법총칙 교과서부터 다시 읽으면서, 민법의 기본원리, 채권의 성질, 소멸시효 제도의 존재 이유와 필요성 등을 생각하면서 판례의 타당성을 재검토하였습니다.

지희 법률공부를 어떻게 해야 하는지를 대법관님께서 제대로 가르쳐주시는 것 같습니다. 반대의견을 좀더 상세히 설명해주시면 좋겠습니다.

김신 소멸시효를 논의하기에 앞서 채권의 한시성(限時性)을 주목할 필요가 있습니다. 이것은 채권은 수명이 있고 언젠가 소멸한다는 의미입니다. 채권은 변제, 공탁, 상계 등의 사유로 그 내용이 실체적으로 만족되면 소멸합니다만, 채권이 실체적으로 만족되지 않아도 소멸되는 경우가 있습니다. 대표적인 경우가 바로 소멸시효의 완성입니다. 그런데 채권이 실체적으로 만족되지 않았는데도 소멸한다는 말에 반감을 가진 사람이 있습니다. 그들은 채권이 실체적으로 만족될 때까지 계속 소송을 제기하여 시효기간을 연장할 수 있다고 합니다. 그러나 이것은 채권의 본질에 어긋난다고 생각합니다.

세준 보통 채권은 변제되지 않으면 소멸하지 않는다고 생각하지 않습니까?

김신 그런 생각이 일반인의 정의관념에 부합한다는 점은 인정합니다. 그런데 소멸시효제도는 우리나라에만 있는 것이 아니라 전 세계 모든 나라가 인정하고 있는 제도입니다. 그렇다면 시효기간이 경과하면 채권이 소멸하는 것이 보편적인 정의관념에 더 부합한다고 봐야 합니다.

세준 소멸시효제도를 인정하고 있는 이유는 무엇입니까?

김신 소멸시효제도를 인정하는 이유로 법적 안정성의 확보, 증명 곤란의 구제, 권리 행사의 태만에 대한 제재 등을 들고 있습니다.

재윤 반대의견은 또 어떤 이유를 들고 있습니까?

김신 민법에 있는 단기소멸시효제도를 생각해봅시다. 이자, 부양료, 급료, 사용료 기타 1년 이내의 기간으로 정한 금전 또는 물건의 지급을 목적으로 하는 채권이나, 의사, 조산사, 간호사 및 약사의 치료, 근로 및 조제에 관한 채권 등에 대하여는 3년, 여관, 음식점의 숙박료, 음식료 등의 채권 등은 1년을 시효기간으로 정하고 있습니다. 단기소멸시효제도를 인정하는 이유는 그러한 거래로 발생한 채권은 단기간에 결제되는 것이 관행인 점, 일상적으로 빈번하게 발생하는 소액 채권에 대한 영수증이나 증거서류는 장기간 보관하기 어려운 점, 이러한 법률관계를 조기에 안정시켜 채무자를 보호할 필요가 있는 점 등을 들 수 있습니다. 그런데 단기소멸시효에 해당하는 채권도 판결을 받으면 시효기간이 10년 연장될까요?

지희 민법에 "판결에 의하여 확정된 채권은 단기의 소멸시효에 해당한 것이라도 그 소멸시효는 10년으로 한다."고 규정되어 있으므로, 10년간 연장되는 것은 당연하지 않을까요?

김신 그러면 단기소멸시효에 해당하는 채권도 판결을 받으면 시효가 10년간 연장된다는 규정을 시효연장을 위해 판결을 계속 받을 수 있고, 그때마다 시효가 계속 연장될 수 있을까요?

지희 그럴 것 같습니다.

김신 법률관계를 조기에 안정시켜 채무자를 보호하기 위해 도입한 단기소멸시효채권을 시효로 소멸하지 않도록 소송을 계속할 수 있다는 것은 서로 모순되는 것 아닐까요? 이것은 일반 채권도 마찬가지라고 생각합니다.

지희 그런 생각은 미처 하지 못했습니다. 그런데 민법은 재판상 청구를 하여 소멸시효를 중단시킬 수 있다고 하지 않습니까?

김신 맞습니다. 그런데 시효중단을 할 수 있다고 하여 재판상 청구를 반복하여 시효를 무한정 갱신할 수 있다고 한다면, 채권은 영구히 소멸하지 않습니다. 채권의 한시성에 비추어 보면 타당하지 않습니다.

세준 채권자가 승소판결을 받아 그 판결이 확정되면 기판력 때문에 동일한 소송을 다시 제기할 수 없지 않습니까?

김신 그것이 원칙인데, 다수의견은 채권의 소멸시효 완성이 임박한 경우에는 예외적으로 권리보호의 이익이 있어 동일한 소송을 다시 제기할 수 있다고 합니다. 그런데 소멸시효 완성이 임박한 경우에는 왜 예외를 인정해야 하는지에 대해서는 답하지 못합니다.

재윤 '소멸시효 완성이 임박한 경우'는 언제를 말합니까?

김신 그 점도 분명하지 않습니다. 실무상으로 소멸시효 1년 전을 기준으로 하고 있지만, 근거가 없습니다.

재윤 다수의견은, 소멸시효 완성이 임박하지 않은 시점에는 채권자가 시효중단 목적으로 소를 제기하여도 권리보호 이익이 없는데, 시간이 경과하여 소멸시효 완성이 임박하면 권리보호의 이익이 생긴다는 것 아닙니까? 그렇다면 당초에는 존재하지 않던 권리보호의 이익이 시간이 지나면 저절로 생긴다는 것입니까?

김신 여러분이 다수의견의 모순점을 잘 파악했군요. 다수의견은 그 질문에 대해 전혀 대답을 못 합니다.

세준 대법관님, 갑자기 이런 생각이 듭니다. 시효연장을 위한 재소를 하여 판결을 받으면 종전에 받은 판결은 어떻게 됩니까?

김신 좋은 질문을 해 주셨습니다. 다수의견에 따르면 종전에 확정판결을 받아도 10년마다 소송을 제기하여 새로운 판결을 받을 수 있습니다. 그러면 채권자는 확정판결을 여러 개 받을 수도 있습니다. 확정판결을 받아 시효기간이 10년 연장된 상태에서 9년이 경과했을 때 재소를 하여 새로운 확정판결을 받았을 경우, 다수의견에 따르면, 종전 확정판결도 강제집행 가능 기간이 1년 남아 있고, 새로운 확정판결로도 10년간 집행할 수 있습니다. 중복되는 1년 동안은 동일한 채권에 대하여 두 개의 확정판결이 병존하게 됩니다. 그러면 복잡한 문제가 생깁니다. 새로운 확정판결을 받는 즉시 종전 확정판결은 효력이 없어집니까? 아니면 10년이 경과할 때 소멸합니까? 그렇지 않으면 영원히 소멸하지 않습니까? 새로운 확정판결은 언제부터 강제집행이 가능합니까? 종전 확정판결이 살아 있으면 새로운 확정판결은 집행력이 없습니까? 아니면 두 개의 확정판결 모두 강제집행이 가능합니까?

지희 대법관님의 말씀을 들으니 매우 복잡하고 어려운 문제가 생길 수 있겠습니다. 그렇지만 채권자가 설마 두 개의 확정판결로 동시에 집행하는 일이야 생기겠습니까?

김신 현실적으로 그런 일이 발생하겠습니까만, 다수의견에 따르면 동시에 두 개의 확정판결이 존재하여 해결하기 어려운 문제가 생길 수 있습니다.

재윤 이론적으로는 반대의견이 타당해 보이지만, 그 의견이 선량한 채권자보다 악질적인 채무자를 보호한다는 느낌이 듭니다.

김신 반대의견에 대해 그런 비판을 하는 분이 있습니다. 그런데 채권자가 돈을 대여하고 나면 채무자를 상대로 직접 추심을 하기 위해 노력

합니다. 시효기간이 임박하도록 추심을 못 하면 소멸시효기간 내에 소를 제기하여 판결을 받을 것입니다. 그러면 10년의 소멸시효기간이 새로 진행됩니다. 그러면 채권자는 당초의 시효기간 10년과 판결로 연장된 10년을 더하면 최대 20년 동안 채권을 추심할 수 있지 않습니까? 20년으로는 부족하고, 10년마다 반복적으로 소를 제기하여 끝까지 추심할 수 있다고 해야 될까요?

지희 그렇지만 다수의견은, 반대의견에 대하여 확정판결로 권리를 인정받고도 실현하지 못한 선량한 채권자의 권리 행사를 거절하고 도리어 확정판결로 의무를 부담하고도 재산을 은닉하고 채무이행을 거부하는 채무자에게 면죄부를 주는 것으로서, 국민의 법 감정에 맞지 않고, 국민의 경제생활에 나쁜 영향을 미칠 수 있다고 비판하지 않습니까?

김신 현실을 보면 악질적인 채권자와 선량한 채무자도 있는데, 굳이 선량한 채권자와 악질적인 채무자라는 구도를 가지고 접근하면 문제를 제대로 보지 못하는 것입니다. 다수의견에 따르면 채무자가 채무변제를 못 하면 끊임없이 채권자의 소송에 시달리고, 죽으면 채무를 상속한 자녀들까지 고통받게 됩니다. 이렇게까지 해야 정의에 부합한다고 말할 수 있을까요?

재윤 이 사건에서 피고는 자동차를 구입한 당사자는 아니고 그 사람을 위한 보증인이므로, 악질적인 채무자라고 보기 어려운 점은 있습니다.

김신 이 사건을 다시 살펴보면, 원고의 채권은 1995년에 발생하였고, 1996년에 원고가 소송을 제기하여 판결을 받아 확정되고, 2007년에도 2차로 소송을 제기하여 이행권고결정이 확정되었습니다. 이 사건 소송은 그때부터 10년이 경과될 무렵인 2016년에 제기되었는데, 채권 발생 시부터 20년이 지난 후 세 번째 제기된 소송입니다. 이런 상황에서 세 번째 소송을 할 수 있을 뿐 아니라 앞으로 10년마다 계속 소송을 제기할 수 있다는 다수의견이 타당할까요? 자동차를 구입한 채무자도 아니고 보증인에 불과한 피고가, 다수의견이 상정하는 악질적인 채무자라고 볼 수 있을까요?

지희 얼마 전 금융위원회가 연체채권관리체계개선 TF를 가동하고 개인부실채권처리관행 개선방안을 마련하였다는 보도를 보았습니다. 그에 따르면 소멸시효는 '원칙적 연장, 예외적 완성'에서 '원칙적 완성, 예외적 연장'으로 전환시키는 것을 목표로 하고, 소멸시효가 임박한 대출채권에 대하여 법원의 지급명령을 받아 10년씩 시효를 연장하는 관행을 폐지하겠다고 합니다. 그런 정책이 확정되면 이 대법원 판결과의 관계가 어떻게 됩니까?

김신 저도 그 보도를 보았습니다. 그에 따르면 금융권은 자율규정을 통해 채무자가 70세 이상 고령자, 중증장애인, 기초수급자 등일 경우 소멸시효를 완성시키도록 하고 있는데, 이것을 지금과는 반대로 소멸시효 '연장'조건을 제시하고 나머지는 원칙적으로 '완성'시키도록 하겠다고 합니다. 금융당국의 설명도, 이러한 방안이 '5년만 버티면 안 갚아도 된다'는 도덕적 해이를 조장할 우려도 있지만, 현재 전산망으로 채무자의 소득이나 재산을 충분히 파악하면 충분히 해결할 수 있다고 합니다. 그리고 이 방안 중에는 과도한 추심을 제한하는 공정채권추심법, 채권추심 가이드라인을 강화하는 계획도 포함되어 있다고 합니다. 어떻습니까? 금융당국이 파악하고 있는 문제의식이나 해결방안이 반대의견과 흡사하지 않습니까? 금융당국은 문제를 해결하는 쪽으로 정책을 펴고 있는데, 대법원은 문제를 외면하는 판결을 한 것은 아닐까요?

세준 이 전원합의체 판결이 선고된 후 약 3개월이 지난 2018. 10. 18.에 이 판결과 마찬가지로 소멸시효 연장을 위한 재소를 다룬 대법원 2015다232316 전원합의체 판결이 선고되었는데, 알고 계십니까?

김신 제가 대법관 퇴임 후에 선고된 판결로 알고 있습니다. 그 판결에 대해서 설명할 수 있을까요?

세준 그 판결은, 먼저 "시효중단을 위한 후소로 전소와 동일한 이행소송을 제기하는 것은 많은 법리적 문제점을 내포하고 있을 뿐만 아니라 현실적으로도 여러 문제를 야기한다. 시효중단을 위한 이행소송은 다양한 문제를 야기한다. 시효중단을 위한 후소로 전소와 동일한 이행소송을 제기하는 것은 원칙적으로 기판력에 저촉되므로, 예외적으로 소멸시효기간인 10년의 경과가 '임박'한 경우에만 소의 이익이 인정되지만, 10년의 경과가 '임박'하였는지 여부가 명확하지 않다는 점에 문제가 있다. 법관에 따라서는 예를 들어 전소 판결 확정 후 8년만 지나도 시효완성이 임박하였다고 인정할 경우가 있는 반면 적어도 9년은 지나야 된다고 판단할 경우도 있을 것이다. 소송의 적법 요건인 소의 이익의 존부에 대한 판단이 이처럼 불분명한 기준에 의해 결정되고 법관의 재량에 따라 좌우되는 것은 절차의 예측가능성 측면에서 큰 문제가 아니라고 할 수 없다. 한편 현재의 대다수 실무와 같이 전소 판결 확정 후 '9년 전후의 장기간'이 지나야 시효완성이 임박한 것으로 인정한다면, 이는 9년이라는 '시효중단 조치 금지기간'을 설정한 것이나 마찬가지이다. 후소의 적법성이 10년의 경과가 임박하였는지 여부라는 불명확한 기준에 의해 채권자의 지위가 좌우되는 불안정한 지위에 놓이게 된다."고 판시하고 있습니다.

김신 이 부분은 반대의견이 종전 판례와 다수의견에 대하여 문제점으로 지적했던 부분을 그대로 옮겨온 것 같습니다.

세준 그런데, 위 전원합의체 판결은 문제의식은 동일하지만 해결방법을 다르게 제시합니다. 즉 "위와 같은 종래 실무의 문제점을 해결하기 위해서, 시효중단을 위한 후소로서 이행소송 외에 전소 판결로 확정된 채권의 시효를 중단시키기 위한 조치, 즉 '재판상의 청구'가 있다는 점에 대하여만 확인을 구하는 형태의 '새로운 방식의 확인소송'이 허용되고, 채권자는 두 가지 형태의 소송 중 자신의 상황과 필요에 보다 적합한 것을 선택하여 제기할 수 있다고 보아야 한다."라고 하였습니다.

김신 위 전원합의체 판결은, 해결방법으로 이행의 소가 아니라 확인의 소를 제기할 수 있다고 하는군요?

지희 그렇습니다. 위 전원합의체 판결이 인정하는 확인소송은 '재판상의 청구'가 있다는 점에 대한 확인을 구하는 형태의 '새로운 방식의 확인소송'이라고 합니다.

김신 그 판결에서 말하는 새로운 방식의 확인소송은, '이미 판결을 받았다는 사실을 확인'해 달라는 소송인 것 같습니다. 그렇다면 그것은 사실의 확인을 구하는 것이어서 민사소송법상 허용되는지 의문입니다.

재윤 소멸시효 중단을 위한 재소를 주제로 유익한 대화를 나누었습니다. 너무나 당연하다고 생각한 판결도 그 기저에는 특정한 제도를 둘러싼 사상, 이념과 관점을 둘러싼 논쟁이 있다는 사실을 깨달을 수 있었습니다.

김신 저도 오늘 깨달은 것이 많습니다. 다음 만날 때까지 건강하게 지내세요.

지희 대법관님도 건강 잘 챙기시기 바랍니다.

대법원 2018. 7. 19. 선고 2018다22008 전원합의체 판결

대법관 김창석, 대법관 김신, 대법관 권순일, 대법관 박상옥의 반대의견

가. 다수의견은 승소판결이 확정된 후 10년이 다 되어가도록 채권을 변제받지 못하고 있다면, 시효를 중단시키기 위해 채권자는 전소 판결과 동일한 후소를 제기할 권리보호의 이익이 있다고 하여, 시효중단을 위한 재소를 허용한다.

이와 같은 다수의견은 판결로 확정된 채권이 변제 등으로 만족되지 않는 한 시효로 소멸되는 것은 막아야 한다는 것을 당연한 전제로 하고 있는데, 이는 채권의 소멸과 소멸시효제도를 두고 있는 민법의 기본 원칙과 확정판결의 기판력을 인정하는 민사소송의 원칙에 반하므로 동의할 수 없고, 다수의견이 따르고 있는 종전 대법원판례는 변경되어야 한다.

나. 민법은 채권편 제1장 제6절에서 '채권의 소멸'을 규정하고 있으나, 물권편에는 물권의 소멸에 관한 별도 항목이 없다. 또한 민법은 총칙편 제7장에서 '소멸시효'를 규정하고 있는데, 모든 채권에 소멸시효가 적용됨에 반하여, 물권은 지상권, 지역권을 제외한 대부분의 권리 즉 소유권, 점유권, 담보물권 등에 대하여 소멸시효가 적용되지 않는다. 채권은 절대적 권리인 물권과 달리 상대방에게 의무 이행을 주장하여 권리 실현에 협력을 구하는 상대적 권리이다. 따라서 상대방의 협력이 실행되어 만족을 얻게 된 경우는 물론 더 이상 협력을 기대할 수 없게 된 경우에도 마찬가지로 권리를 소멸시켜 상대방을 의무에서 벗어나게 해 줄 필요가 있다. 이러한 이유로 민법은 채권의 만족으로 목적을 달성하여 채권이 소멸하는 변제, 공탁, 상계 등에 관한 규정과 채권의 목적 달성과 관계없이 기간 경과로 채권이 소멸하는 소멸시효에 관한 규정을 두고 있는 것이다.

민법은 제162조 제1항에서 "채권은 10년간 행사하지 아니하면 소멸시효가 완성한다."라고 규정하고, 제163조와 제164조에서는 3년이나 1년의 단기로 소멸하는 채권을 특별히 규정하고 있다. 또한 민법 제766조는 불법행위로 인한 손해배상청구권에 관하여 제1항에서 "피해자나 그 법정대리인이 그 손해 및 가해자를 안 날로부터 3년간 이를 행사하지 아니하면 시효로 인하여 소멸한다."라고 규정하고, 제2항에서 "불법행위를 한 날로부터 10년을 경과한 때에도 전항과 같다."라고 규정하고 있다.

소멸시효가 완성하면 채권은 소멸한다. 앞에서 살펴본 바와 같이 채권은 '소멸'을 전제로 하는 한시성을 기본적 성질로 하고 있고, 민법은 만족되지 않은 채권의 소멸도 인정하고 있으므로, 소멸시효제도를 해석하고 적용함에 있어 만족되지 않은 채권이 소멸되는 것은 막아야 하고 이를 위해 채권이 만족될 때까지 존속기간을 연장해야 한다는 당위성이 인정되는 것은 아니다. 오히려 채권이 만족될 때까지 시효소멸을 방지해야 한다는 다수의견은 채권의 본질과 민법 규정에 어긋난다.

다. 민법은 채권의 소멸시효기간을 기본적으로 10년으로 정하고, 일부 채권에 대하여는 1년과 3년의 단기소멸시효도 정하고 있는데, 이는 단기간에 결제되는 것이 관행으로 굳어진 상거래 실정과 일상적으로 빈번하게 발생하는 소액채권의 영수증 등 증거서류를 장기간 보관하기 어려운 사정을 반영함과 동시에 법률관계를 조기에 안정시켜 채무자를 보호할 필요가 있다는 요청에 의한 것이다. 그런데 이러한 채권에 대하여도 10년마다 판결만 받으면 무한히 시효가 연장될 수 있다고 해석한다면, 단기소멸시효제도를 둔 취지가 몰각된다. 그뿐 아니라 민법 제184조 제2항은 "소멸시효는 법률행위에 의하여 이를 배제, 연장 또는 가중할 수 없으나 이를 단축 또는 경감할 수 있다."라고 정하고 있는데, 시효중단을 위한 재소를 허용하여 사실상 영구적인 채권을 인정하게 된다면 이와 같은 민법 규정의 취지에도 반한다.

민법은 소멸시효제도를 두면서 한편으로 시효중단도 함께 정하고 있다. 이는 법률관계의 조기 안정화를 추구하면서도 채권자의 권리 보호를 위한 장치를 마련함으로써 채권자와 채무자 사이에서 이익 균형을 맞추고자 하는 것이다. 민법 제168조가 규정하는 청구, 압류 또는 가압류, 가처분, 승인의 시효중단사유는 시효의 진행을 영원히 중단시키는 것이 아니라, 민법 제178조에 따라 그 중단사유가 종료한 때로부터 새로 시효가 진행하되, 재판상 청구의 경우에는 민법 제165조 제1항에 따라 판결이 확정되면 단기소멸시효에 속하는 채권이라도 전부 동일하게 10년의 시효기간이 다시 인정된다. 민법은 청구를 시효중단사유로 정하면서 그중 재판상 청구에 대하여 중단 후 새로 시작되는 시효기간을 10년으로 정하고 있을 뿐 재판상 청구를 반복하면 10년이 아니라 영구적으로 시효가 갱신된다고 정하고 있는 것은 아니다. 그럼에도 불구하고 시효중단을 위한 재소를 허용하는 것은 채권자와 채무자 사이의 이익 균형을 위해 보완책으로 기능하는 시효중단사유가 시효소멸 자체를 막아버려 본말이 전도되는 결과를 가져온다.

민법은 제162조 이하에서 채권의 '시효소멸'을 예외적이거나 비상적인 것이 아니라 한시성이라는 채권의 본질에 따른 당연하고 통상적인 내용으로 규정하고 있다. 민법이 소멸시효와 시효중단 제도를 두고 있는 취지에 비추어 보면, 판결이 확정된 채권의 시효기간을 10년으로 정하고 있는 제165조 제1항과 '청구'를 시효중단사유로 규정하고 있는 제168조 제1호의 두 규정을 무한히 반복, 순환하면서 영원히 소멸하지 않는 채권을 상정하고 있다고 볼 수 없다. 그러나 다수의견에 따르면 1년의 단기소멸시효에 해당하는 채권도 10년마다 주기적으로 소송을 제기하여 판결을 받으면 영구적으로 존속하는 채권이 될 수 있다. 이러한 결론은 소멸시효제도를 두고 있는 우리 민법이 의도한 결과라고 할 수 없다.

라. 시효중단을 위한 재소를 허용하는 다수의견은 기판력과 관련해서도 해결할 수 없는 문제를 내포하고 있다.

대법원은 기판력이라고 함은 기판력 있는 전소 판결의 소송물과 동일한 후소를 허용하지 않는 것이라고 하고(대법원 2001. 1. 16. 선고 2000다41349 판결 등 참조), 확정된 승소판결에는 기판력이 있으므로 승소 확정판결을 받은 당사자가 전소의 상대방을 상대로 다시 승소 확정판결의 전소와 동일한 청구의 소를 제기하는 경우 특별한 사정이 없는 한 후소는 권리보호의 이익이 없어 부적법하다고(대법원 2017. 11. 14. 선고 2017다23066 판결 등 참조) 하여, 승소 확정판결을 받은 당사자의 동일한 소송제기는 전소 판결의 기판력에 의해 권리보호의 이익이 없다는 원칙을 선언하고 있다.

민법 역시 채권에 대하여 '재판상 청구'라는 시효중단사유가 발생한 경우 그 재판이 확정된 때로부터 시효가 새로 진행한다고 규정하고 있을 뿐, 그렇게 새로 시효가 진행된 채권에 대하여 기판력에도 불구하고 또 다시 '재판상 청구'를 하여 시효를 중단시킬 수 있다는 취지의 규정은 없다. 오히려 민법 제170조 제1항은 재판상의 청구가 부적법하여 각하된 경우에는 시효중단의 효력이 없다고 규정하고 있다. 따라서 소멸시효 중단을 위한 재소는 이미 승소한 확정판결이 있는 경우이므로 권리보호의 이익이 없어 부적법하고, 더 이상의 시효중단은 불가능하다고 보아야 한다.

그럼에도 다수의견은 만족되지 않은 채권이 시효로 소멸되어서는 안 된다는 필요성을 유일한 근거로 하여, 승소 확정판결이 있더라도 소멸시효 완성이 임박한 경우에는 예외적으로 권리보호의 이익이 있다고 한다. 그러나 앞에서 살펴본 바와 같이 만족되지 않은 채권이 시효로 소멸되어서는 안 된다고 해석하는 것은 소멸시효제도의 취지에 반한다. 이와 다른 전제에서 권리보호의 이익을 인정하려는 다수의견은 채권이 시효로 소멸되어서는 안 된다는 주장을 반복하는 것에 불과하다. 뿐만 아니라 다수의견이 말하는 '소멸시효 완성이 임박한 경우'가 언제를 말하는 것인지도 불분명하다. 시효완성까지 2년이 남은 시점인가, 1년이 남은 시점인가? 현재 재판실무에서 보듯이 판사마다 임박한 시점에 대한 판단을 달리한다면 법적 불안정성과 사법절차 비용만 증가하게 될 것이다. 또 다수의견에 따르면 시효완성이 임박하지 않은 경우에는 채권자가 시효중단이라는 동일한 목적으로 소송을 제기하더라도 확정판결의 기판력으로 인해 권리보호의 이익이 없고, 시효완성이 임박해지면 그 때 권리보호의 이익이 생긴다는 것이다. 그러나 기판력은 시간이 경과한다고 해서 그 효력이 약해지거나 소멸하는 가변적인 것이 아니라 항구적으로 인정되는 판결의 효력이다. 이러한 기판력으로 인해 원래 인정되지 않던 재소의 권리보호 이익이 시간의 경과에 따라 어느 날 갑자기 인정되는 이유를 논리적으로는 도저히 설명할 수 없다.

민사소송법상 이미 이행판결을 선고받아 유효한 집행권원을 가지고 있는 원고에게 다시 동일한 소송을 제기할 법적 이익은 인정되지 않는다. 민법이 제170조를 둠으로써 이러한 민사소송법의 원칙을 전제로 하여 적법한 재판상 청구만 시효중단사유로 삼은 이상, 승소의 확정판결이 이미 존재한다면 그 기판력 때문에 재판상 청구는 다시 주장할 수 없는 시효중단사유라고 보는 것이 논리적으로도 일관성이 있다.

마. 민법 제168조에서 정한 시효중단사유는 언제나 동일하게 적용되어야 한다는 이유로, 최고, 압류, 가압류나 승인을 여러 번 할 수 있다면 재판상 청구도 여러 번 할 수 있어야 한다는 주장도 있다. 그러나 시효중단사유 중 승인은 채무자가 자신의 채무를 이행하겠다는 의사이므로 이를 제한할 이유는 없다. 이와 달리 채무자의 의사에 기하지 않은 시효중단사유로서 재판상 청구, 압류, 가압류, 가처분은 소송행위이므로 적법한 소송행위인 경우에만 그 효력이 인정되어야 하고, 민법 역시 이를 제170조 이하에서 규정하고 있다. 유효한 승소판결이 있다면 다시 동일한 소송을 제기할 수 없는 것과 마찬가지로 이미 유효한 압류, 가압류, 가처분이 있다면 이와 동일한 신청을 중복하여 제기하는 것은 부적법하므로 허용되지 않는다. 채무자의 재산을 압류하였으나 일부 회수에 그쳐 다른 재산에 대한 압류가 허용되는 것은, 일부임을 명시한 청구에 대해 판결이 확정된 이후 나머지 청구를 하는 것이 허용되는 것과 마찬가지로 소송법상 적법하게 인정되기 때문이다. 또한 최고는 소송법상의 행위가 아니므로 채권자가 반복하여 최고하는 것을 부적법하다는 이유로 막을 수 없음은 당연하나, 민법은 제174조에서 6월 내에 재판상 청구 등을 한 경우에만 최고에 시효중단

의 효력을 인정하고 있다. 즉 민법은 제174조에서 최고를 아무리 여러 번 하더라도 시효중단의 효력을 반복적으로 인정하지 않겠다고 단호히 선언하고 있는 것이다. 이러한 점에서 시효중단을 위한 재소를 허용하지 않는 것이 민법 제168조에서 정한 다른 시효중단사유와 재판상 청구를 달리 취급하는 것이 아님을 지적해 둔다.

바. 시효중단을 위한 재소를 허용하여 영구적으로 소멸하지 않는 채권의 존재를 인정하게 되면, 각종 채권추심기관의 난립과 횡행을 부추겨 충분한 변제능력이 없는 경제적 약자가 견뎌야 할 채무의 무게가 더욱 무거워지는 사회적 문제도 따른다.

다수의견을 따르게 되면, 채권자로 하여금 10년을 주기로 소송만 제기한다면 채권양도와 채무 상속 등으로 채무자와 그 가족들에 대한 채권추심을 끊임없이 할 수 있도록 허용해 주는 결과를 낳는다. 장기 연체된 채무의 변제가능성이 미미한 점은 여러 통계가 보여주고 있다. 변제받은 개인에게는 적다고 할 수 없는 금액일지라도 이러한 이익과 10년을 주기로 소송을 반복하는 데 따른 사회적 비용, 채권추심으로 채무자들이 받게 될 고통까지도 합리적으로 비교형량할 필요성이 있음을 외면해서는 안 된다.

어차피 강제집행이 가능하지 않을 채권이라면 이를 소멸시켜 채권자로 하여금 재소의 부담에서 벗어나게 하고, 채무자에 대하여는 채권의 시효소멸에 대한 신뢰를 보호하여 법적 불안을 제거하며, 부실채권의 전전양도 및 그에 따른 부당한 채권추심이라는 악순환의 고리를 단절시킴으로써 경제적 약자를 보호할 필요도 있다.

또한 시효중단을 위한 재소가 허용되지 않더라도, 채권자는 기본적인 소멸시효기간에 재판상 청구로 인한 시효중단으로 새로 추가된 10년의 소멸시효기간을 합하면 최대 20년 또는 15년 가까운 기간 동안 채권을 추심할 수 있다. 현재 대부분의 재산거래가 전자적으로 이루어지고 있어 그 추적이 용이하고, 재산

명시, 재산조회 등 강제집행의 대상이 되는 재산을 알아볼 수 있는 법적 절차가 마련되어 있으며, 채권자취소소송도 널리 이용되고 있으므로, 이러한 사정에 비추어 보면 위 기간은 채권자가 그 권리를 행사하는 데 결코 짧은 기간이 아니다. 만약 위 기간이 너무 짧아 채권자 보호가 소홀할 우려가 있다면, 이는 민법이 판결로 확정된 채권의 소멸시효기간을 10년으로 정한 데에 원인이 있는 것이므로 입법적 해결을 검토해야 할 문제이다. 시효중단을 위한 재소를 허용하지 않겠다는 것은 원래 민법이 예정하고 있는 제도를 그 취지에 맞게 원칙대로 해석·적용하자는 것일 뿐 전에 없던 새로운 제도를 도입하여 악의적 채무자의 채무를 면제해 주자는 것이 아니다.

이 사건에서 원고의 피고에 대한 채권은 1996. 7.경 발생하였다. 원고는 1996년 소송을 제기하여 그 승소판결이 확정되었고, 2007년 두 번째 소송을 세기하여 이행권고결정이 확정되었다. 이 사건 소송은 이행권고결정이 확정된 때로부터 다시 10년이 경과될 무렵인 2016년 제기된 세 번째 소송이다. 최초 채권발생 시로부터 20년이 더 지났다. 다시 판결을 받아 시효를 10년 더 연장시킨다고 해서 피고로부터 과거 20년간 받지 못했던 원금 5,263,018원과 그 지연손해금을 받을 수 있는 가능성은 얼마나 되는가? 앞으로 또 10년이 지나면 네 번째 소송이 제기되고, 어쩌면 피고의 상속인을 상대로 하여 그 이후 10년마다 계속 소송이 제기될 수 있다. 10년마다 소송만 제기하면 시효가 완성되지 않는다고 하니, 원고로서는 사실상 변제받기 어렵다는 것을 알지만 규정 위반이나 감사 등의 문제로 비용이 들더라도 10년마다 소송을 제기할 수밖에 없는 실정에 처하여 있을지도 모른다. 이와 같은 상황이 어느 모로 보나 바람직하지 않음은 분명하다.

사. 이 사건의 원고는 이미 소송을 제기하여 판결과 동일한 효력이 있는 이행권고결정을 확정받았고, 그로부터 10년이 경과할 무렵 시효를 중단하기 위해 다시 이 사건 소송을 제기하였는데, 이 사건 소송은 이행권고결정이 확정된 전소와 동일한 소송이므로 권리보호의 이익이 없어 부적법하다. 그럼에도 본안 판단에 나아가 원고 청구를 인용한 원심판단에는 소멸시효와 시효중단, 확정판

결의 기판력과 권리보호의 이익에 관한 법리를 오해하여 판결 결과에 영향을 미친 잘못이 있으므로, 파기되어야 한다.

이상과 같이 다수의견에 반대하는 취지를 밝힌다.

07

노동조합법은 간데없고

산별노조 지회의 조직변경

판시사항

산업별 노동조합의 지회 등이 독자적인 노동조합 또는 노동조합 유사의 독립한 근로자단체로서 법인 아닌 사단에 해당하는 경우, 노동조합 및 노동관계조정법 제16조 제1항 제8호 및 제2항에서 정한 조직형태 변경 결의를 통하여 기업별 노동조합으로 전환할 수 있는지 여부(적극)

재윤 대법관님, 그동안 어떻게 지내셨습니까?

김신 사회적 거리두기 때문에 외출도 자제하고 혼자 지내는 시간이 많습니다. 지난달에 국회의원 선거가 있었는데, 투표는 했습니까?

세준 저는 사전투표를 했습니다. 그런데 국회의원은 국민들이 선출하고 대통령도 국민이 선출하지만, 법관은 국민이 선출하지 않기 때문에 민주적 정당성이 떨어진다는 말이 있습니다. 대법관님께서는 이런 말에 대해 어떻게 생각하십니까?

김신 어려운 질문입니다. 법관을 선거로 선출하는 국가가 많지는 않습니다. 우리나라는 법관을 선거로 뽑지는 않지만, 헌법에는 대법원장과 대법관은 국회의 동의를 거쳐 대통령이 임명한다고 규정되어 있으므로 민주적 정당성이 아예 없는 것은 아닙니다. 그런데 선거로 선출된 법관이 국민여론을 의식하며 하는 재판과 여론의 눈치를 보지 않고 법률과

양심에 따라 하는 재판 중 어느 것이 바람직한지는 판단하기 어렵습니다. 많은 고민과 연구가 필요한 문제입니다. 오늘은 어떤 판결을 준비해 왔습니까?

지희 노동조합의 조직변경을 다룬 대법원 2016. 2. 19. 선고 2012다 96120 전원합의체 판결[총회결의무효등]을 준비했습니다. 그 판결에서 "노동조합법이 규정한 조직형태 변경의 문제를 다루는 자리에 정작 노동조합법은 간 데 없고, 헌법과 민법의 이론만 난무하는 모습이 되고 말았다."라는 보충의견이 화제가 되기도 하였습니다.

김신 사실관계를 먼저 살펴볼까요?

재윤 자동차부품을 제조하는 발레오만도 주식회사에 기업별 노동조합인 '발레오만도노동조합'이 있었습니다. 그 노동조합이 '전국금속노동조합 경주지부 발레오만도지회'로 조직형태를 변경하는 결의를 거쳐 산업별 노동조합인 '전국금속노동조합'에 편입되었습니다. 그런데 '발레오만도지회'의 조합원 중 '전국금속노동조합'의 투쟁방침에 불만을 품은 일부 조합원들이 중심이 되어 '발레오만도지회'의 총회를 열어 "기업별 노조인 '발레오전장노동조합'으로 '발레오만도지회'의 조직형태를 재변경하고 규약을 제정하며 임원을 선출"하는 내용의 결의를 하였습니다. 그러자 '발레오만도지회'의 구성원 중 '전국금속노동조합'을 지지하는 조합원들이 그 조직형태 변경이 무효라고 주장하면서 이 사건 소를 제기하였습니다.

김신 법원은 어떻게 판단하였습니까?

재윤 원심은 산업별 노동조합의 지회 등은 독자적인 단체교섭 및 단체협약체결 능력이 있어 독립된 노동조합이라고 할 수 있는 경우에만 조직형태의 변경 주체가 될 수 있다는 전제에서, 발레오만도지회가 독자적인 단체교섭 및 단체협약체결 능력이 있는 독립한 노동조합이라고 할 수 없어 조직변경의 주체가 될 수 없으므로 위 결의가 무효라고 판단하였습니다. 그러나 대법원은 원심판결을 파기하였습니다.

김신 대법원에서는 기업별노조가 산업별노조의 지회로 편입되었다가 다시 기업별 노조로 되돌아갈 수 있느냐, 되돌아갈 수 있다면 산업별노조 총회결의를 거쳐야 하는지, 산업별노조 지회의 총회결의를 거치면 충분한지가 문제되었습니다.

지희 우선 기업별 노동조합인 '발레오만도노동조합'이 산업별 노동조합인 '전국금속노동조합 경주지부 발레오만도지회'로 변경한 것이 적법하다는 점은 어떻습니까?

김신 그 점에는 대법관들의 견해가 일치하였습니다. 견해가 나뉜 것은 산업별 노동조합인 '전국금속노동조합 경주지부 발레오만도지회'가 기업별 노동조합인 '발레오만도노동조합'으로 되돌아가는 조직형태가 가능한가 하는 점입니다.

재윤 기업별 노조가 산업별 노조의 지회로 전환할 수 있다면, 산업별 노조의 지회도 기업별 노조로 되돌아갈 수 있지 않습니까?

김신 그것은 간단한 문제가 아닙니다.

지희 그런데 조직변경이 무엇입니까?

김신 조직변경은 '어떤 조직이 대내외적 변경 과정을 거쳐 성격이 다른 조직으로 변화하지만 그런데도 조직의 실질적 동일성을 인정할 수 있도록 하는 법적 절차'를 말합니다. 이런 조직변경은 법령에 근거가 있는 경우에만 할 수 있습니다. 예를 들어 상법은 '유한회사에서 주식회사'로, 협동조합기본법은 '주식회사에서 협동조합'으로, 사립학교법은 '재단법인에서 학교법인'으로, 농업협동조합법은 '지역농협에서 품목조합'으로, 변호사법은 '단순 법무법인에서 법무법인(유한) 또는 법무조합'으로 조직변경하는 것을 허용합니다. 그 이외에는 조직변경을 허용하는 법률을 찾기 어렵습니다.

지희 조직변경은 상당히 엄격하게 운영되고 있군요. 노동조합에는 근거 규정이 있습니까?

김신 노동조합법 제16조에 "조직형태의 변경에 관한 사항은 재적조합원 과반수의 출석과 출석조합원 3분의 2 이상의 찬성이 있어야 한다."고 하여, 그 근거를 마련해 두고 있습니다.

지희 조직형태 변경에 어떤 장점이 있습니까?

김신 조직형태의 변경을 하게 되면, 기존 노동조합은 해산하고 새로운 노동조합을 설립하는 절차를 거치지 않고도 다른 형태의 노동조합으로 변경할 수 있습니다. 이 경우 변경 전 노동조합이 체결한 단체협약의 효력이나 재산상 권리의무가 그대로 유지되고, 변경 전 노동조합의 조합원은 자동적으로 변경 후 노동조합의 조합원으로 인정되는 등 여러

노동조합법 제16조(총회의 의결사항)

① 다음 각호의 사항은 총회의 의결을 거쳐야 한다.

  1. 규약의 제정과 변경에 관한 사항

  2. 임원의 선거와 해임에 관한 사항

  3. 단체협약에 관한 사항

  4. 예산·결산에 관한 사항

  5. 기금의 설치·관리 또는 처분에 관한 사항

  6. 연합단체의 설립·가입 또는 탈퇴에 관한 사항

  7. 합병·분할 또는 해산에 관한 사항

  8. 조직형태의 변경에 관한 사항

  9. 기타 중요한 사항

② 총회는 재적조합원 과반수의 출석과 출석조합원 과반수의 찬성으로 의결한다. 다만, 규약의 제정·변경, 임원의 해임, 합병·분할·해산 및 조직형태의 변경에 관한 사항은 재적조합원 과반수의 출석과 출석조합원 3분의 2 이상의 찬성이 있어야 한다.

③ 임원의 선거에 있어서 출석조합원 과반수의 찬성을 얻은 자가 없는 경우에는 제2항 본문의 규정에 불구하고 규약이 정하는 바에 따라 결선투표를 실시하여 다수의 찬성을 얻은 자를 임원으로 선출할 수 있다.

④ 규약의 제정·변경과 임원의 선거·해임에 관한 사항은 조합원의 직접·비밀·무기명투표에 의하여야 한다.

가지 장점이 있습니다.

세준 다수의견은, 산별노조의 지회가 기업별 노조로 되돌아가는 조직형태 변경이 가능하다고 하는 것이지요?

김신 그렇습니다. 다수의견은 그 근거를 헌법에서 찾고 있습니다. 즉 헌법에 결사의 자유와 근로자의 자주적 단결권·단체교섭권 및 단체행동권을 규정하고 있으므로, 근로자는 자유롭게 단체를 조직하거나 단체를 선택하여 가입할 수 있고, 이미 가입한 단체에서 탈퇴하여 새로운 단체를 조직하거나 다른 단체에 다시 가입할 수도 있을 뿐 아니라, 근로자로 구성된 단체 역시 단체의 존속과 유지를 보호받으며, 자율적으로 단체의 조직형태와 의사를 결정할 수 있다고 합니다. 따라서 조직형태의 변경도 쉽게 할 수 있다고 합니다.

세준 그렇다면 노동조합법에도 근거가 있을 것 같습니다.

김신 다수의견은, 노동조합법에 '근로자가 주체가 되어 자주적으로 단결하여 근로조건의 유지·개선 기타 근로자의 경제적·사회적 지위의 향상을 도모함을 목적으로 조직하는 단체 또는 그 연합단체'를 노동조합으로 인정하고 있고, 근로자가 자유로이 노동조합을 조직할 수 있도록 함으로써 노동조합 설립의 자유를 보장하고 있는 점도 근거가 된다고 합니다.

지희 그런데 노동조합도 조직이나 운영 실태가 다양하지 않습니까?

김신 그렇습니다. 노동조합은 크게는 단위노동조합과 연합단체로 구분되는데, 연합단체는 산업별 연합단체와, 산업별 연합단체 또는 전국규모의 산업별 단위노동조합을 구성원으로 하는 총연합단체를 말합니다. 그리고 단위노동조합에는 기업별 노동조합과 산업별·직종별·지역별 등 초기업적으로 구성된 노동조합이 있습니다. 이 사건에서 기업별 노동조합인 '발레오만도노동조합'이 산업별노조의 지부인 '전국금속노동조합 경주지부 발레오만도지회'로 조직형태를 변경하였습니다. 그후 그 지회가 기업별 노동조합으로 되돌아가는 결의를 하였는데, 그것이 유효한지가 문제된 것입니다.

세준 노동조합법 제16조는 노동조합이 재적조합원 과반수의 출석과 출석조합원 3분의 2 이상의 찬성에 의한 총회 의결을 거쳐야 한다고 규정하고 있으므로, 조직형태 변경의 주체는 '노동조합'으로 한정되는데, '전국금속노동조합 경주지부 발레오만도지회'도 노동조합 그 자체는 아니지 않습니까?

김신 그렇습니다. 다수의견은 노동조합 그 자체가 아니라 노동조합의 지회에 불과한 '전국금속노동조합 경주지부 발레오만도지회'가 조직형태 변경의 주체가 될 수 있다고 합니다.

지희 다수의견의 해석은 노동조합법 제16조의 문언과 배치되는 것 같습니다.

김신 다수의견은, 산업별 노동조합의 지회가 실질적으로 하나의 기업소속 근로자로 구성되고, 독자적인 규약과 집행기관을 가지고 독립한 단체로 활동하면서, 해당 조직이나 그 조합원에 고유한 사항에 관하여 독자적인 단체교섭 및 단체협약체결 능력이 있어 기업별 노동조합에 준하는 실질을 가지고 있다면 조직형태 변경의 주체가 될 수 있다고 합니다.

지희 노동조합의 실질을 따져서 판단하자는 것이군요?

김신 그렇습니다. 이에 반해 반대의견은, 노동조합법 제16조에 노동조합이 아니면 조직형태 변경의 주체가 될 수 없다고 명백히 규정하고 있기 때문에, 산업별 노동조합의 하부조직인 지회는 독자적으로 조직형태의 변경을 결의할 수 없다고 합니다.

세준 다수의견은, 산업별 노동조합의 지회가 노동조합이 아니라면, 근로자단체로서 법인 아닌 사단의 실질과 독립성은 갖추고 있으므로 조직형태 변경의 주체가 될 수 있다고 하지 않습니까?

김신 그런데 근로자단체는 노동조합이 아닙니다. 예컨대 '사우회(社友會)'라는 이름의 근로자단체가 명칭 변경, 정관 변경, 소속이나 상급단체 변경, 내부조직 정비 등을 하거나, 또는 그 목적에 노동조합 활동을 추가하는 정관 개정의 결의를 하고, 조직을 노동조합으로 변경하는 결의를 하더라도, 그것이 노동조합법이 예정하고 있는 조직형태의 변경이라고 할 수 없습니다.

지회 조직형태의 변경 결의를 한 지회가 '법인 아닌 사단'이라도 그렇습니까?

김신 '법인 아닌 사단'이 한 행위는 '민법'이 정한 효력이 발생하는 것이지, 노동조합법상 조직형태 변경의 효력이 발생하지 않습니다. 법인 아닌 사단이 상법상의 회사와 그 실질이 유사하다고 하여 상법상 조직변경의 규정을 유추 적용하여 유효한 조직변경을 할 수 없는 것과 마찬가지로, 산별노조 지회가 법인 아닌 사단이라고 해도 기업별 노동조합으로 조직형태 변경을 할 수 없습니다.

> **노동조합법 제2조(정의)**
>
> 이 법에서 사용하는 용어의 정의는 다음과 같다.
>
> 4. "노동조합"이라 함은 근로자가 주체가 되어 자주적으로 단결하여 근로조건의 유지·개선 기타 근로자의 경제적·사회적 지위의 향상을 도모함을 목적으로 조직하는 단체 또는 그 연합단체를 말한다. 다만, 다음 각목의 1에 해당하는 경우에는 노동조합으로 보지 아니한다.
>
> 가. 사용자 또는 항상 그의 이익을 대표하여 행동하는 자의 참가를 허용하는 경우
>
> 나. 경비의 주된 부분을 사용자로부터 원조받는 경우
>
> 다. 공제·수양 기타 복리사업만을 목적으로 하는 경우
>
> 라. 근로자가 아닌 자의 가입을 허용하는 경우. 다만, 해고된 자가 노동위원회에 부당노동행위의 구제신청을 한 경우에는 중앙노동위원회의 재심판정이 있을 때까지는 근로자가 아닌 자로 해석하여서는 아니된다.
>
> 마. 주로 정치운동을 목적으로 하는 경우

지희 다수의견은 '법인 아닌 사단'도 '노동조합'과 마찬가지로 '노동조합법'의 적용대상이 된다고 하지 않습니까?

김신 그에 대하여 제가 보충의견으로 "노동조합법이 규정한 조직형태변경의 문제를 다루는 자리에 정작 노동조합법은 간데없고, 헌법과 민법의 이론만 난무하는 모습이 되고 말았다."고 비판한 바 있습니다.

세준 다수의견은 기업별 노동조합이 산업별 노동조합의 지회로, 역으로 산업별 노조의 지회가 기업별 노동조합으로 자유롭게 전환하는 것이 사회 정책적으로 바람직하다고 하는데, 여기에 대하여는 어떻게 생

각하십니까?

김신 노동조합법 제16조는 기업별 노동조합 체제에서 산업별 노동조합 체제로 전환하는 것을 용이하게 하기 위하여 정책적으로 도입된 것입니다. 그런데 산업별 노동조합의 지회가 기업별 노동조합으로 돌아가는 것을 쉽게 허용한다면 그런 정책목표와 상충됩니다. 그리고 만약 조직형태의 변경을 광범위하게 허용하면 사용자가 산업별 노동조합의 지회를 축출하고 우호적인 기업별 노동조합의 설립을 유도하기 위하여 조직형태의 변경을 은밀하게 지원할 가능성도 있기 때문에, 다수의견은 정책적으로도 바람직하지 않습니다.

지회 그렇지만 기업별 노조가 산별노조의 지회로 조직변경하는 것을 합병의 특수한 형태로 보고, 그 반대 경우를 분할의 특수한 형태로 보아 양자를 대칭적으로 이해할 수 있지 않을까요?

김신 산별노조 자체의 총회가 아니라 산별노조 지회 총회의 의결만으로 조직형태 변경을 할 수 있다고 하면 산별노조가 쉽게 해체될 우려가 있는 것은 마찬가지입니다.

재윤 산별노조 지회가 기업별노조로 조직형태 변경을 할 수 없다면 다른 방법으로 새로운 기업별노조를 설립하거나, 지회 소속 조합원이 개별적으로 지회를 탈퇴하여 별개의 기업별노조를 설립하는 것은 어떻게 생각하십니까?

김신 조합원 개인이 개별적으로 기업별노조를 설립하는 것은 노동조합법이 금지하지 않습니다. 다만 그렇게 하여도 노동조합법에서 규정한 조직형태 변경의 효력은 발생하지 않습니다.

재윤 대법관님께서는 산별노조 지회가 기업별노조로 변경하는 조직형태의 변경에는 반드시 '산별노조 전체의 총회 의결'이 필요하다고 생각하시는 것이지요?

김신 그렇습니다. 노동조합법 제16조에 "재적조합원 과반수의 출석과 출석조합원 3분의 2 이상의 찬성에 의한 총회 의결을 거쳐 노동조합의 조직형태의 변경에 관한 사항을 의결할 수 있다."고 규정되어 있고, 여기에 규정된 총회는 '산별노조 전체의 총회'이지 '산별노조 지회의 총회'가 아닙니다. 만약 산별노조 지회의 총회 결의만으로 조직형태를 변경할 수 있다면 '지회 등의 자체 총회'를 거쳐야 한다고 명시하였을 것입니다.

재윤 이 문제를 일반적인 단체의 조직원리에 비추어 보면 어떻습니까?

김신 산별노조 지회는 어디까지나 산별노조의 사업과 목적을 위하여 설치되고 그 통제 아래 활동하여야 합니다. 지회가 산별노조로부터 완전히 독립된 조직적 실체를 인정할 수 있다거나, 독립적으로 의사 결정을 할 수 있고, 아무런 통제도 받지 않고 마음대로 조직을 탈퇴할 수 있다는 것은 노동조합이 아닌 일반적인 단체의 조직원리에도 맞지 않습니다.

지희 저는 대법관님의 의견이 타당하게 생각되는데, 그 의견이 왜 다수의견이 되지 않았는지 궁금합니다.

김신 제가 대법관들을 설득하지 못하였는데, 여러분을 설득하는 데는 성공한 것 같습니다. 여러분도 저의 의견에 무조건 찬성하지 말고, 법률의 제정이유, 현실 상황, 사회적 파장 등을 두루 살피면서 여러분 나름의 시각과 논리를 가지면 좋겠습니다. 오늘 만남은 이렇게 마칠까요?

일동 오늘도 유익한 만남이었습니다. 다음 만남이 기대됩니다. 안녕히 계십시오.

대법원 2016. 2. 19. 선고 2012다96120 전원합의체 판결

대법관 이인복, 대법관 이상훈, 대법관 김신, 대법관 김소영, 대법관 박상옥의 반대의견

다수의견은 산업별 노동조합의 지회 등도 기업별 노동조합과 유사한 근로자 단체로서 법인 아닌 사단의 실질과 독립성을 갖춘 경우에는 별다른 제한 없이 '이 사건 규정에서 정한 조직형태의 변경 결의를 통하여' 독립된 기업별 노동 조합으로 전환할 수 있다고 한다.

그러나 아래와 같은 이유로 이러한 다수의견의 논리에는 찬성할 수 없다.

가. 노동조합의 조직형태의 변경은 소속 근로자가 가입한 노동조합 자체의 변경을 초래하는 것이므로, 그 조직형태의 변경이 유효한지 여부에 따라 근로자의 단결권 및 노동조합 조직형태 선택의 자유, 노동조합의 단결력과 단체교섭력, 노동조합을 둘러싼 단체협약의 효력이나 재산관계 등에 미치는 파급효과가 적지 아니하다. 특히 이 사건에서 문제 되는 산업별 노동조합의 지회 등이 조직형태의 변경이라는 방식을 통하여 기업별 노동조합으로 활동하는 것이 가능한지, 가능하다면 그 요건은 무엇인지에 관하여 내리는 결론은 우리나라의 산업별 노동조합 체제의 형성과 발전에 끼칠 영향력이 자못 크다고 할 수 있다.

근로자들이 주체가 되어 근로조건의 향상을 위하여 자주적으로 결성한 단체인 노동조합도 사단의 일종이라는 점에는 의문이 없다. 다만 노동조합법은 헌법 상 보장된 근로자의 단결권을 구체화하기 위하여 노동조합을 특별히 보호하고 있다는 점에 주목하여야 한다. 노동조합은 사용자와 단체교섭을 진행하고 단체협약을 체결할 수 있으며, 쟁의행위를 주도하고 노동위원회에 대한 노동쟁의의 조정신청이나 부당노동행위에 관한 구제신청 등을 할 수 있다. 일정한 요건하에 노동조합이 체결한 단체협약의 효력이 조합원 아닌 근로자에게도 미치

는 일반적 구속력 및 지역적 구속력이 인정되기도 한다.

그러므로 노동조합의 조직형태의 변경의 허용 여부나 그 요건을 판단함에 있어서는 위와 같은 노동조합의 단체성과 특수성을 염두에 두어야 하며, 노동조합과 다른 단체를 단순히 동일한 선상에 놓고 비교하거나 단체법상의 일반 원리를 심각하게 훼손하는 잘못을 범하여서는 아니 된다.

또한 입법 과정에서 논의를 주도한 노사관계개혁위원회의 관련 자료 등에 의하면, 1997. 3. 13. 법률 제5310호로 제정된 노동조합법이 이 사건 규정을 마련하여 노동조합의 조직형태의 변경 제도를 정식으로 도입한 근본 목적이 기업별 노동조합이 조직형태의 변경을 통하여 산업별 노동조합의 하부조직에 편입될 수 있도록 하는 등 산업별 노동조합 체제로의 전환을 용이하게 하는 데 있었음이 확인되므로, 이러한 입법 취지를 살릴 수 있는 방향으로 해석할 필요가 있다.

결국 산업별 노동조합의 지회 등의 조직형태의 변경 가부나 그 요건은 위와 같은 여러 사정을 조화롭게 고려하여 신중히 판단하여야 할 것이다.

나. 법인이나 법인 아닌 사단의 조직변경은 이를 허용하는 법률의 규정이 있는 경우에만 가능하다. 물론, 법인이나 법인 아닌 사단의 경우도 정관 변경, 기존단체의 해산과 새로운 단체의 설립 등의 우회적 형식을 통하여 조직변경과 유사한 결과를 얻을 수는 있으나, 그 경우에는 그 형식에 따른 법률효과만이 발생할 뿐이고, 조직변경의 법률상 효과는 발생하지 아니한다.

이 사건 규정은 노동조합의 관리에 속하는 사항을 정한 것으로서 그 문언 해석상 '노동조합'이 주체가 된 조직형태의 변경을 허용하는 규정임이 분명하다. 따라서 근로자가 자주적으로 조직하여 근로조건의 유지·개선을 위하여 단체교섭 등의 활동을 하는 단체인 노동조합에 해당하지 않는다면 이 사건 규정에 따른 조직형태의 변경 결의를 할 수 없다고 보아야 한다. 그 경우에는 새로이 노동조합을 설립하거나 다른 기존 노동조합에 가입하는 절차를 거쳐야 한다.

이와 같이 조직형태의 변경 주체가 노동조합, 더 정확하게는 노동조합법 제2조 제4호가 규정하고 있는 노동조합으로서의 실질이 있는 단체이어야 한다는 점은 이 사건에 관한 논의의 핵심이자 그 출발점이 된다.

그런데 다수의견도 부인하지 않듯이 산업별 노동조합은 그 자체가 독립된 1개의 단위노동조합이다. 그럼에도 산업별 노동조합의 지회 등을 마치 산업별 노동조합 내부에 존재하는 별개의 노동조합과 같이 취급하는 것은 기본적으로 단위노동조합의 성질에는 부합하지 않는다. 게다가 노동조합으로서의 실질을 인정하려면 단지 근로자로 구성된 조직이라는 단체성이 있는 것만으로는 부족하고 대외적인 독립성 내지 자주성까지 갖추고 있어야 할 것인데, 산업별 노동조합의 지회 등이 산업별 노동조합에 대한 관계에서 그러한 독립성을 유지하고 있는 경우는 거의 없을 것이다. 외관상 산업별 노동조합의 지회 등이 어느 정도 독립적으로 활동하는 것처럼 보이더라도 이는 대체로 노동조합으로서의 실질보다는 단체성과 관련 있는 재산관계 혹은 고유의 내부적인 사항에 국한된 것일 뿐, 통상적인 경우 산업별 노동조합의 지회 등이 산업별 노동조합의 통제에서 벗어나 독립적인 노동조합처럼 활동할 수 없다는 점은 단위노동조합인 산업별 노동조합의 법적 성질상 별다른 의문이 들지 않는다.

이는 기업별 노동조합이 조직형태의 변경 절차를 거쳐 산업별 노동조합의 지회 등으로 편입된 경우에도 다르지 않다. 기업별 노동조합이 산업별 노동조합의 하부조직으로 편입되는 길을 택한다는 것은, 스스로 독립된 노동조합의 지위를 포기하고 산업별 노동조합의 조직 통제를 전적으로 수용하면서 단체교섭권 등 원래 보유하고 있던 권한을 산업별 노동조합에 이양한다는 의사를 대내외적으로 표시하는 것이기 때문이다. 그러므로 기업별 노동조합이 조직형태의 변경을 통하여 산업별 노동조합의 지회 등으로 편입된 것인지 여부는 그 지회 등이 조직형태의 변경 주체가 될 수 있는지를 판단할 때 특별히 고려할 만한 사정이 되지 못한다.

한편 노동조합의 조직형태의 변경은 조합원관계의 변동을 수반한다. 예를 들어, 기업별 노동조합이 조직형태의 변경을 통하여 산업별 노동조합의 지회 등으로 편입되는 경우 기업별 노동조합의 조합원인 근로자는 산업별 노동조합과 조합원관계를 형성하게 된다. 즉 기존의 조합원은 산업별 노동조합의 구성원 신분을 취득하고 그 대신 기업별 노동조합의 구성원 신분을 상실하게 되는 것이 원칙적인 모습이다. 기업별 노동조합이 이와 같이 조합원관계의 변동을 초래하는 조직형태의 변경을 결의할 수 있는 근거는 노동조합이라는 점 외에도 구성원인 근로자와 원래 조합원관계가 있었다는 데에서도 찾을 수 있다. 노동조합이 아무런 관계도 없는 근로자의 조합원으로서의 소속·신분을 결정할 권한은 없기 때문이다.

반면 산업별 노동조합에서 그 구성원인 근로자는 어디까지나 산업별 노동조합과 조합원관계를 맺고 있을 뿐, 산업별 노동조합의 지회 등에 소속된 조합원의 지위를 겸유하지는 않는 것이 보통이다. 이러한 경우 산업별 노동조합의 지회 등이 조합원관계도 없는 근로자의 조합원으로서의 소속·신분을 변동시키는 조직형태의 변경을 결의할 수 없음은 당연하다.

나아가 조직형태의 변경 주체가 되는 노동조합과 단순한 근로자단체를 구분짓는 본질적인 요소 중의 하나는 독자적인 단체교섭 및 단체협약체결 능력이라고 할 수 있다. 어느 근로자단체가 노동조합으로서의 실질을 갖추고 있다고 평가하려면 독자적으로 단체교섭을 진행하고 단체협약을 체결할 수 있는 경우이어야 하며, 이는 산업별 노동조합의 지회 등에 있어서도 마찬가지이다. 복수노조에 관한 사안이기는 하나, 다수의견도 인용하고 있는 대법원 2002. 7. 26. 선고 2001두5361 판결 등은 산업별 노동조합의 하부조직 중 위와 같은 능력이 있는 지회 등인 경우에 한하여 기업별 노동조합과 준하여 볼 수 있음을 밝히고 있는데, 적용 국면이 다를 수는 있어도 '노동조합'으로 평가할 수 있는지가 동일하게 문제 된다는 차원에서 그 취지를 조직형태의 변경에도 참고할 수 있을 것이다.

그와 달리 독자적인 단체교섭 및 단체협약체결 능력이 전혀 없거나 이러한 능력 있는 상급단체 등의 위임을 받아 비로소 단체교섭을 진행하고 단체협약을 체결할 수 있는 정도에 그친다면 근로자단체가 될 수는 있을지언정 노동조합으로서의 실질이 있다고 하기는 어렵다. 일반적으로 산업별 노동조합의 지회 등이 그 전형적인 경우에 해당할 것이다.

위와 같이 산업별 노동조합 내에서 산업별 노동조합의 지회 등이 차지하는 위치 내지 산업별 노동조합과의 관계, 근로자와의 조합원관계, 독자적인 단체교섭 및 단체협약체결 능력 등 노동조합으로서의 실질에 관한 여러 사정에 비추어 보면, 산업별 노동조합에서 조직형태의 변경을 결의할 수 있는 주체는 단위 노동조합인 산업별 노동조합일 뿐이고, 그 하부조직에 불과한 산업별 노동조합의 지회 등이 산업별 노동조합의 통제를 무시한 채 독자적으로 조직형태의 변경을 결의하는 것은 원칙적으로 불가능하다고 보아야 한다. 그러한 결의는 개별 조합원들의 산업별 노동조합 탈퇴의 의사표시에 불과하거나 새로운 노동조합의 설립 결의일 뿐이어서, 여기에 노동조합의 조직형태의 변경이나 그에 준하는 법적 효과를 부여할 수는 없다.

다만 산업별 노동조합의 지회 등이 산업별 노동조합과는 별도로 근로자와 조합원관계를 형성하고 산업별 노동조합이나 다른 하부조직과 구별되는 독자적인 규약 및 의사결정기관과 집행기관을 갖춘 독립된 조직체로 활동하면서 해당 지회 등이나 조합원의 고유한 사항에 관하여 독자적으로 단체교섭을 진행하고 단체협약을 체결할 능력을 보유하여 노동조합으로서의 실질이 있는 경우에는, 그러한 산업별 노동조합은 외형과 달리 개별 노동조합과 다름없는 지회 등의 연합단체로서의 성격이 혼합되어 있다고 할 수 있는 만큼, 이러한 산업별 노동조합의 지회 등은 자체 결의를 통하여 연합단체에서 탈퇴할 수 있고, 그것이 조직형태의 변경 결의 형식으로 이루어졌다고 하더라도 탈퇴의 효과가 발생한다고 해석할 여지는 있다.

그리고 산업별 노동조합의 지회 등이 예외적으로 노동조합으로서의 실질이 있느지를 판단함에 있어서는, 산업별 노동조합의 조직 구성, 산업별 노동조합과 지회 등의 규약 내용, 규약의 형식 및 운영 현실 사이의 괴리 유무, 단체교섭과 단체협약체결의 실태, 산업별 노동조합의 지회 등에 대한 통제의 정도 등의 제반 요소를 종합적으로 살펴보아야 한다. 물론, 그러한 예외적인 사정이 존재한다는 점은 이를 주장하는 측에서 증명하여야 할 것이다.

요컨대 근로자와 조합원관계를 형성하고 해당 지회 등이나 조합원의 고유한 사항에 관하여 독자적으로 단체교섭을 진행하여 단체협약을 체결할 능력이 있다는 점이 증명되지 아니하는 산업별 노동조합의 지회 등은 조직형태의 변경 주체가 될 수 없다.

이와 다른 다수의견에는 동의할 수 없다.

다. 다수의견은 일반적인 근로자단체도 정관 개정 등을 통하여 그 목적에 노동조합 활동을 추가함으로써 노동조합의 실질을 갖출 수 있는 점 등을 들어 근로자단체로서 법인 아닌 사단의 실질과 독립성이 있는 산업별 노동조합의 지회 등은 조직형태의 변경 주체가 될 수 있다고 한다.

그러나 어떠한 근로자단체, 예컨대 사우회가 명칭 변경, 정관 변경, 소속·상급 단체 변경, 내부 조직 정비 등의 방식으로 대내외적인 변동을 거치는 모든 유형의 변화가 노동조합의 조직형태의 변경에 해당하는 것은 아니므로, 양자는 엄밀히 구분하지 않으면 안 된다. 노동조합의 조직형태의 변경이란 노동조합이 기존에 존재하던 조합원관계를 변동시키는 것을 의미한다. 따라서 일반적인 근로자단체가 그 목적에 노동조합 활동을 추가하는 정관 개정의 결의를 하거나 조직을 노동조합으로 변경하는 결의를 하는 것은 노동조합법이 예정한 조직형태의 변경이 아니라 새로운 노동조합의 설립 결의가 될 수 있을 뿐이다. 이는 산업별 노동조합의 지회 등의 경우에도 마찬가지이다.

특히 어떠한 조직을 법인 아닌 사단의 실질이 있는 근로자단체로 인정하기 위한 핵심적인 징표 중의 하나는 독립성 내지 독자성이라고 할 수 있으므로, 산업별 노동조합을 구성하는 하부조직에 불과한 그 지회 등을 산업별 노동조합과 구분되는 법인 아닌 사단으로 취급함에는 극히 신중하여야 한다. 산업별 노동조합의 지회 등의 독자적인 활동은 산업별 노동조합의 규약이 정한 바나 산업별 노동조합의 결정에 따라 예외적으로 허용될 수 있을 뿐이고 자체 규약 및 총회 등의 기구와 지회장 등의 임원도 어디까지나 산업별 노동조합의 조직 관리의 필요성 차원에서 마련되어 있는 것이지 지회 등만의 독립된 규율 및 의사결정과 집행을 위해서가 아니므로, 그 지회 등을 독립성이 있는 법인 아닌 사단이라고 평가할 수 없다.

라. 더 나아가 현실적·정책적인 측면에서도 산업별 노동조합의 지회 등이 조직형태의 변경 절차를 거쳐 기업별 노동조합으로 전환하는 것을 허용할 필요성은 크지 않다. 오히려 상당한 부작용을 유발할 우려가 있다.

조직형태의 변경을 긍정하는 것만이 근로자의 단결권을 보장하는 유일한 방안은 아니다. 산업별 노동조합의 정책·방침이나 노선, 지회 등과의 관계를 둘러싸고 내부적인 분쟁이 발생할 수는 있으나, 이러한 분쟁은 산업별 노동조합이라는 틀 아래에서 자율적으로 해결하는 것이 바람직하며, 그것이 여의치 않을 경우에도 근로자가 산업별 노동조합을 탈퇴한 뒤 그 테두리 밖에서 새로운 노동조합 설립이나 다른 노동조합 가입 등 다양한 방법으로 단결권의 실현을 도모할 길은 여전히 열려 있다. 다수의견의 지적과 같이 복수노조가 금지되던 당시에도 하나의 사업장 내에 산업별 노동조합과 기업별 노동조합의 양립이 불가능하였던 것은 아니기도 하거니와 복수노조가 금지되지 아니하는 현재의 상황에서는 더욱 그러하다. 때문에 그동안 산업별 노동조합의 지원을 받아 기업 내 근로조건 향상과 단체 활동 여건의 강화 등 이익을 누린 조합원들이 산업별 노동조합의 탈퇴에 반대하는 조합원들이 있음에도 재산 귀속 문제 등의 일부 이해관계에 치중하여 산업별 노동조합의 지회를 소멸시키면서까지 산업별 노동조합에서 집단 이탈하려는 태도를 무리한 해석을 통하여 허용할 이유는 없는 것이다.

아울러 산업별 노동조합 체제는 초기업적 운영에 따라 노동조합 간부들과 사용자의 유착을 방지하는 한편 재정적 부담을 완화하는 등 노동조합의 자주성을 제고하고 단체교섭에 소요되는 비용을 절감하며 기업 간, 정규직과 비정규직 간 임금격차의 해소 등 산업별 근로조건의 균등화를 달성하는 데 적합한 장점이 있다. 다수의견처럼 산업별 노동조합의 지회 등이 조직형태의 변경 절차를 거쳐 기업별 노동조합으로 전환하는 것을 폭넓게 허용하면 산업별 노동조합 체제의 의미 있는 장점을 살릴 수 없는 결과를 야기하고 앞서 언급한 산업별 노동조합 체제의 정립이라는 입법 목적과도 조화를 이루기 어렵게 될 수 있다.

무엇보다도 산업별 노동조합의 지회 등의 조직형태의 변경을 인정하는 것은 노동조합에 대한 사용자의 지배·개입 수단으로 악용될 소지가 있다는 우려를 떨칠 수 없다. 달리 말하면 사용자가 대립관계에 있는 산업별 노동조합을 축출하고 우호적인 기업별 노동조합의 설립을 유도하고자 산업별 노동조합의 지회 등이 조직형태의 변경을 통하여 기업별 노동조합으로 전환하는 것을 은밀하게 지원할 가능성이 적지 않다는 점이다. 이것이 노동조합법 제81조 제4호가 금지하는 부당노동행위에 해당함은 더 말할 나위도 없다.

이상과 같은 이유에서라도 산업별 노동조합의 지회 등의 조직형태의 변경을 허용하지 않는 것이 타당하다.

마. 이제 이 사건으로 돌아와 본다.

원심판결 이유 및 기록에 의하면, (1) 발레오만도지회로 조직형태를 변경하여 전국금속노동조합에 편입된 발레오만도노동조합은 원래 만도기계노동조합 경주지부였는데, 만도기계노동조합 경주지부는 장차 설립될 전국금속노동조합에 편입하기 위한 잠정적·과도기적 조치로서 매우 짧은 기간 동안만 발레오만도노동조합이라는 기업별 노동조합의 형태를 취하였던 것에 불과하여, 실제로는 독립된 노동조합이 아닌 만도기계노동조합 경주지부가 전국금속노동조합에 편입된 셈이나 마찬가지인 점, (2) 발레오만도지회의 규칙은 발레오만도 노동조합의 규약과는 차이가 있는 데 반하여, 전국금속노동조합의 모범 지회 규칙을 거의 그대로 받아들인 것이어서 그와 대부분의 내용이 동일하며, 심지어 발레오만도지회의 규칙 부칙 제4조에서는 "조합(전국금속노동조합) 중앙위원회 의결사항이 있을 시 의결사항에 준하여 시행하며 지회(발레오만도지회)는 지회 총회 또는 대의원회의(대의원대회)에 보고하고 지회 규칙을 자동 개정한다."라고 규정하고 있는 등 발레오만도지회가 전국금속노동조합 및 그 산하 다른 지회 등과 구분되는 독자적인 규약을 갖추었다고 하기는 어려운 데다가, 총회 등의 기구와 지회장 등의 임원 역시 모두 전국금속노동조합의 모범 지회 규칙에서 정하고 있는 내용인 점, (3) 단체교섭이나 단체협약의 체결은 전국금속노동조합의 주관 아래 이루어졌을 뿐, 발레오만도지회가 독자적으로 단체교섭을 진행하고 단체협약을 체결하는 등 독립된 활동을 하였다고 보이지도 아니하는 점 등의 여러 사정을 알 수 있다.

이를 앞서 본 법리에 비추어 살펴보면, 발레오만도지회는 노동조합으로서의 실질이 있는 단체라고 할 수 없고, 따라서 이 사건 각 결의는 모두 무효라고 할 것이다. 설령 다수의견을 따르더라도 발레오만도지회가 '독자적인 규약과 집행기관을 갖추고 독립한 단체로서 활동한 경우'라고 할 수 없는 이상, 이러한 결론이 달라질 수는 없다고 보아야 한다. 특히 이 사건에서는 발레오만도지회가 피고 노동조합으로 조직형태를 변경함에 있어 사용자 측이 자신에게 우호적인 조직형태의 변경 추진 세력을 부당하게 지원하였다는 의혹이 제기되고 있는 사정도 고려되어야 할 것이다.

그렇다면 같은 취지의 원심판단은 정당하고, 거기에 상고이유 주장과 같이 심리를 다하지 아니한 채 산업별 노동조합의 지회 등의 조직형태의 변경 등에 관한 법리를 오해하거나 논리와 경험의 법칙을 위반하여 자유심증주의의 한계를 벗어나는 등의 위법이 있다고 할 수 없다. 그리고 이 사건 각 결의가 조직형태의 변경 결의로서의 효력은 없어도 새로운 기업별 노동조합의 설립 결의로서의 효력이 있다는 등의 상고이유 주장은 모두 상고이유서 제출기간이 지난 후에 제기된 것으로서 적법한 상고이유가 되지 못한다.

그러므로 피고 노동조합의 상고를 기각하는 것이 옳다.

이상과 같이 다수의견에 반대하는 취지를 밝힌다.

발레오만도지회가 조직형태의 변경 주체가 될 수 없다는 반대의견에 찬동하면서, 다른 측면에서 다수의견의 부당성을 지적하여 반대의견을 보충하고자 한다.

다수의견을 요약하면, '노동조합'이 아니라 '법인 아닌 사단'에 불과한 산업별 노동조합의 지회 등이 '산업별 노동조합의 총회'가 아니라 '지회 등의 총회'의 의결만 거치고도, 노동조합법이 특별히 규정한 조직형태 변경의 효력을 온전히 얻을 수 있다는 것이다. 그리고 그렇게 해석함으로써 산업별 노동조합의 지회 등이 자유롭게 기업별 노동조합으로 전환할 수 있도록 하겠다는 것이다. 그러나 이러한 다수의견은 아래에서 보는 바와 같이 노동조합법의 입법 취지와 상반되고 정당한 법률해석의 원칙에 부합하지 않는다.

가. 산업별 노동조합의 지회 등은 조직형태 변경을 통해 기업별 노동조합으로 전환하는 것이 법률의 근거가 없기 때문에 원칙적으로 불가능하다.

우리 민법은 법인의 합병, 분할, 조직형태의 변경을 인정하지 아니한다. 따라서 민법이 유추 적용되는 법인 아닌 사단 역시 법률에 아무런 근거규정이 없기 때문에 합병, 분할, 조직형태 변경을 마음대로 할 수 없다. 노동조합이 합병, 분할, 조직형태 변경을 할 수 있는 것은 노동조합법에 그에 관한 근거규정이 있기 때문이다.

그중 노동조합의 조직형태 변경은 1997. 3. 13. 법률 제5310호로 노동조합법이 제정되면서 신설되었는데, 그 제도를 도입한 목적은 기업별 노동조합이 기존 단결력의 훼손 없이 해산과 설립이라는 번거로운 절차를 생략하여 산업별 노동조합의 하부조직에 원활하게 편입될 수 있도록 함으로써 산업별 노동조합 체제로의 전환을 쉽게 하려는 데 있음은 반대의견에서 밝힌 바와 같다.

기업별 노동조합이 독립된 노동조합의 지위를 상실하고 산업별 노동조합의 조직 통제를 수용하기로 하여 산업별 노동조합의 지회 등에 편입되는 것이 조직형태 변경으로서 허용됨은 물론이지만, 나아가 그렇게 편입된 지회 등이 다시 기업별 노동조합으로 전환하는 것 역시 노동조합법이 규정하고 있는 조직형태 변경의 한 유형으로서 전자와 마찬가지로 해결하여야 한다는 다수의견에는 쉽게 동의할 수 없다.

후자와 같은 유형의 조직형태 변경이 가능하다고 해석하는 다수의견에 따르면, 산업별 노동소합 체제로의 전환을 용이하게 하려는 입법 취지와는 달리 산업별 노동조합 체제의 해체를 용이하게 하는 엉뚱한 결과를 가져올 수 있다. 나아가 산업별 노동조합 전체의 총회가 아닌 지회 등의 총회 의결만으로도 조직형태의 변경이 가능하다고 해석한다면, 이는 산업별 노동조합의 해체를 용이하게 하는 정도가 아니라 아예 촉진하는 결과를 가져올 우려가 매우 크다.

그런데도 전자를 합병의 특수한 형태로, 후자를 분할의 특수한 형태로 보아 양자를 대칭적으로 이해하거나, 단순히 절차적 번거로움을 피하기 위한 기술적이고 중립적인 것으로 파악하는 것은 조직형태 변경 제도의 도입 목적과는 거리가 먼 해석이다.

물론, 근로자의 노동조합 조직형태 선택의 자유를 보장하고, 기업별 노동조합이 산업별 노동조합의 하부조직으로 편입될 수 있는 것과 비교하면 형평상 산업별 노동조합의 지회 등이 기업별 노동조합으로 전환하는 방식의 조직형태의 변경도 허용되어야 한다는 주장이 제기될 여지는 있고, 다수의견도 이러한 입장에 서 있는 것으로 보인다.

그러나 복수노조 설립이 전면 허용된 현행 노동조합법 아래에서는 산업별 노동조합의 지회 등이 이 사건 규정에 의한 조직형태 변경이 아닌 다른 방법으로 새로운 기업별 노동조합을 설립하거나, 산업별 노동조합의 지회 등에 소속된 조합원이 개별적으로 산업별 노동조합을 탈퇴하고 별개의 기업별 노동조합을 설립하는 것이 얼마든지 가능하므로, 산업별 노동조합의 지회 등은 노동조합법이 규정하고 있는 조직형태 변경 제도를 이용하여 기업별 노동조합으로 전환할 수 없다고 해석하여도 형평에 반한다고 할 수 없다.

나. 설령 산업별 노동조합의 지회 등이 기업별 노동조합으로 변경하는 유형의 조직형태의 변경이 가능하다고 가정하더라도, '산업별 노동조합의 지회 등의 총회 의결'만으로 조직형태의 변경이 가능하다고 해석할 수는 없다.

이 사건 규정은 재적조합원 과반수의 출석과 출석조합원 2/3 이상의 찬성에 의한 총회 의결을 거쳐 노동조합의 조직형태의 변경에 관한 사항을 의결할 수 있다고 정하고 있는데, 그때의 총회는 이 사건 규정의 전후 문맥이나 그 관계조항과의 문리해석상 당연히 '산업별 노동조합의 전체 총회 의결'을 뜻하는 것으로 해석될 뿐, '산업별 노동조합의 지회 등의 총회 의결'로 가능하다고 해석되지 않는다. 따라서 산업별 노동조합이 그 소속 지회 등의 탈퇴를 결의할 수는 있어도, 지회 등이 스스로 탈퇴 결의를 하여 기업별 노동조합으로 전환할 수는 없다. 만약 산업별 노동조합의 지회 등이 자체 총회 의결만으로 조직형태를 변경할 수 있도록 의도하였다면, 입법자는 '지회 등의 자체 총회 의결'을 거쳐야 한다고 명시하였을 것이고, 그것이 입법기술상 그렇게 어려운 일도 아니었다.

산업별 노동조합은 동종 산업에서 일하는 근로자들을 조직대상으로 하는 초기업적 노동조합으로서 그 역시 개별 근로자를 구성원이자 조합원으로 하는 하나의 단위노동조합이지, 단위노동조합의 연합체가 아니다. 그러니 산업별 노동조합에서 조직형태의 변경을 결의할 수 있는 주체는 단위노동조합인 산업별 노동조합일 뿐, 산업별 노동조합의 하부조직에 불과한 지회 등이 아니다.

다시 말하지만, 산업별 노동조합의 지회 등이 아무리 조직적 실체를 갖추었다고 하더라도 산업별 노동조합의 하부조직이라는 본질적 속성에는 변함이 없다. 산업별 노동조합의 지회 등은 원칙적으로 산업별 노동조합의 사업과 목적을 위하여 설치되고 그 통제 아래 활동하는 것이므로, 그 지회 등에 대하여 산업별 노동조합으로부터 완전히 독립된 조직적 실체를 인정하여 독립적으로 의사 결정을 할 수 있다거나, 아무런 통제를 받지 않고 마음대로 조직을 탈퇴할 수 있다고 하는 것은, 비단 산업별 노동조합뿐 아니라 어떤 단체의 경우에도 그 조직 원리상 도저히 성립할 수 없는 해석이다.

다. 나아가 산업별 노동조합의 지회 등이 조직형태 변경 결의를 통해 기업별 노동조합으로 전환할 수 있다고 가정하더라도, 노동조합법상 조직형태 변경에 관한 이 사건 규정은 '노동조합'을 규율대상으로 하고 있기 때문에 '노동조합'의 실질을 갖추지 못한 지회 등은 조직형태 변경의 주체가 될 수 없다.

다수의견은, 산업별 노동조합의 지회 등이 조직적 실체를 갖춘 경우, 즉 독자적인 규약과 집행기관을 가지고 독립된 조직체로서 활동을 하는 경우에는 그 지회 등을 노동조합으로 인정할 수 없다고 하더라도 법인 아닌 사단으로서의 법적 지위는 인정할 수 있고, 그 지위에서 이 사건 규정에서 정한 조직형태의 변경 결의를 함으로써 독립된 기업별 노동조합으로 전환할 수 있다는 논리를 펴고 있다.

그러나 노동조합법의 이 사건 규정은 '노동조합'임을 당연한 전제로 하여 조직형태의 변경에 관한 사항이 총회의 의결사항이라는 점과 그 절차적 요건을 정하고 있을 뿐, '노동조합'이 아닌 다른 유사의 단체를 염두에 두고 있지 않다(이 사건 규정이 노동조합법 제2장 '노동조합' 편에 위치하고 있는 점에서도 이는 분명하다). 노동조합법이 조직형태 변경은 노동조합의 총회 의결을 거쳐야 한다고 규정하고 있는데도, 그 규정을 무시하고 노동조합이 아닌 유사단체도 총회 의결을 거치기만 하면 노동조합의 조직형태 변경의 효력이 인정된다고 해석할 수는 없다.

헌법상 특별한 보호를 받는 '노동조합'과 그와 유사한 '근로자단체'는 엄연히 다른 것이어서 법률상 같이 취급할 수 없다. 노동조합과 유사한 근로자단체가 노동조합 못지않게 중요한 역할을 수행하고 있고 장차 노동조합의 실체를 갖출 가능성이 있다고 하더라도, 노동조합법상의 조직형태 변경 결의를 할 수 있는 주체인 '노동조합'은 결코 아니다. 소위 조직형태의 변경 결의를 한 주체가 '법인 아닌 사단'이라면 그에 대하여 민법에서 정한 일정한 효력을 인정할 수 있을지언정, 노동조합법에서 정한 조직형태 변경 결의로서의 효력을 인정할 수는 없다.

그럼에도 다수의견이 법인 아닌 사단에 해당하는 산업별 노동조합의 지회 등이 한 기업별 노동조합으로의 전환 결의가 노동조합법상의 조직형태 변경으로서 유효하다고 해석하는 것은, 마치 법인 아닌 사단이 상법상의 회사와 그 실질이 유사하면 상법상 조직변경의 규정을 유추 적용하여 유효한 조직변경을 할 수 있다고 해석하는 것과 마찬가지로 법률 전체의 체계나 규정을 무시한 부당한 해석이다.

결국 다수의견은 노동조합의 조직형태 변경에 관한 노동조합법의 규정을 해석하면서 입법자가 전혀 예정하지도 않았고, 이 사건 당사자들을 포함한 그 수범자들도 미처 예측하지 못한 '법인 아닌 사단'의 개념을 들고 나온 후, '법인 아닌 사단'도 '노동조합'과 마찬가지로 '노동조합법'의 적용대상이 된다고 주장하고 있는 셈이다. 그러다보니 노동조합법이 규정한 조직형태 변경의 문제를 다루는 자리에 정작 노동조합법은 간데없고, 헌법과 민법의 이론만 난무하는 모습이 되고 말았다.

이상의 이유로 다수의견은 부당하므로, 반대의견을 보충하여 그 이유를 밝혀둔다.

08

국가는 예외인가?

국공유지에 관한 조합설립 동의

판시사항

[1] 구 도시 및 주거환경정비법상 정비구역 안에 여러 필지의 국가 또는 지방자치단체 소유의 국·공유지가 있는 경우, 토지 또는 건축물 소유자 수를 산정하는 방법

[2] 국가 또는 지방자치단체가 정비구역 안에 토지 또는 건축물을 소유한 경우, 정비사업조합설립과 정비사업추진에 관한 동의의 의사는 서면 등에 의하여 명시적으로 표시하여야 하는지 여부(소극)

지희 대법관님, 그동안 잘 지내셨습니까?

김신 여러분의 염려 덕분에 잘 지냈습니다.

재윤 저희들이 대법관님과 함께 읽는 판결은 대법원 전원합의체 판결인데, 이유가 지나치게 자세합니다. 반면 심리불속행 판결은 이유가 너무 간단하고 형식적이어서 불만이 많습니다. 오늘은 심리불속행 판결에 대해 말씀을 나누어 보면 어떨까요?

김신 대법원의 심리불속행에 대하여 불만이 있다는 말을 많이 들었습니다.

세준 패소한 당사자나 변호사들은 상고하면서 대법원이 원심 판결의 잘못을 바로잡아 줄 것을 기대하며 심혈을 기울여 상고이유서를 작성

합니다. 그런데 대법원에서 형식적 이유만 간단히 기재하여 심리불속행 기각을 하면 아주 당황스럽습니다. 그중에는 소가가 수십억 원에 이르고 쟁점이 많아서 결론을 내기 어려운 사건인데도 심리불속행 기각이 된 사례도 있었다고 들었습니다. 그런데 심리불속행으로 처리하는 사건이 전체 사건 중 80% 이상 된다고 하니, 대법원에 대한 불신이 이만저만이 아닙니다.

김신 심리불속행기각 제도는 상고사건이 지나치게 많아 부득이 생긴 제도입니다. 제가 대법관으로 임명된 2012년에 상고사건이 35,000건 정도였는데, 퇴임하던 2018년에는 40,000건에 이르렀습니다. 대법원장과 법원행정처장을 제외한 대법관 12명이 1인당 연간 3,000건 내지 4,000건씩 처리해야 현상유지를 할 수 있을 정도로 사건이 폭주하고 있습니다. 저도 많은 사건을 처리하기 위하여 매일 야근하고 주말에도 쉬지 않고 일해야 했습니다. 심리불속행이 없으면 대법원의 업무가 마비될 지경입니다. 대법원에서도 별다른 해결방안이 없는 것 같습니다.

지희 심리불속행은 법률에 근거가 있습니까?

김신 '상고심절차에 관한 특례법'에 심리불속행 기각사유가 규정되어 있습니다. 그 법률 제4조에는 일정한 사유가 포함되어 있지 아니한 상고이유에 대하여는 심리를 하지 아니하고 판결로 상고를 기각한다고 규정되어 있습니다.

지희 심리불속행 기각사유로는 어떤 것이 있습니까?

김신 심리불속행 기각을 할 수 없는 사유로, 원심판결이 헌법에 위반되거나 헌법을 부당하게 해석한 경우, 원심판결이 명령·규칙 또는 처분의 법률위반 여부에 대하여 부당하게 판단한 경우, 원심판결이 법률·명령·규칙 또는 처분에 대하여 대법원 판례와 상반되게 해석한 경우, 법률·명령·규칙 또는 처분에 대한 해석에 관하여 대법원 판례가 없거나 대법원 판례를 변경할 필요가 있는 경우, 그 이외에 중대한 법령 위반에 관한 사항이 있는 경우와 민사소송법 제424조 제1항 제1호부터 제5호까지에 규정된 사유가 있는 경우 등이 규정되어 있습니다. 그 이외 사건은 전부 심리불속행 기각을 할 수 있습니다.

지희 심리불속행 제외 사유가 엄격하여 웬만한 사건은 심리불속행 기각을 할 수 있을 것 같습니다. 예컨대 판례 위반이라고 하지만, 판례의 의미를 좁게 해석하느냐 넓게 해석하느냐에 따라 결론이 달라질 것 같습니다.

김신 최근 대한변호사협회가 중심이 되어 상고심절차에 관한 특례법에 대하여 헌법재판소에 위헌심판제청을 하였다는 말을 들었는데, 그만큼 국민들의 불만이 많다는 의미로 받아들일 수 있겠습니다. 여러분이라면 이 문제를 어떻게 해결하면 좋겠습니까?

세준 저희들이 어떻게 해결방법을 제시할 수 있겠습니까? 그러나 상고사건이 너무 많고 대법관 숫자가 적은 것이 이유라면 상고사건을 줄이거나 대법관 숫자를 늘리는 방안을 생각할 수 있겠습니다. 상고사건을 줄이기 위해서는 제1, 2심에서 당사자가 승복할 수 있도록 친절하게 재판진행을 하고 법리와 경험칙에 맞는 판결을 하여야 한다고 생각합니다.

김신 좋은 생각입니다. 대법관 증원 문제는 어떻게 생각합니까?

재윤 유럽 각국은 대법관 숫자가 수십 명이라고 하니, 우리나라도 대법관을 증원해도 괜찮지 않을까요? 그리고 부산지방변호사회에서 해사법원 설치를 제안하였는데, 그런 전문법원이 설치되어도 판결에 승복하는 비율이 높아지지 않을까요?

김신 제도적 정비와 함께 법원의 신뢰회복을 위한 노력도 필요하다는 뜻으로 이해하겠습니다. 이제 본론으로 들어갑시다. 오늘은 어떤 판결을 준비해 왔습니까?

재윤 구 도시 및 주거환경정비법(2012. 2. 1. 법률 제11293호로 개정되기 전의 것)에서, 정비구역 안에 국가 또는 지방자치단체가 토지 또는 건축물을 소유한 경우, 정비사업조합설립과 정비사업추진에 관한 동의의 의사는 서면 등에 의하여 명시적으로 표시하여야 하는지에 관한 대법원 2014. 4. 14. 선고 2012두1419 판결[주택재건축정비사업조합설립인가처분취소]를 준비해 왔습니다.

김신 크게 어렵지 않은 판결입니다. 어느 분이 사실관계를 말씀해 주시기 바랍니다.

세준 이 사건 정비구역에서 주택재건축사업시행을 목적으로 구성된 추진위원회가 토지등소유자의 동의서를 첨부하여 피고 마포구청장에게 조합설립인가신청을 하였습니다. 피고 마포구청장은 토지등소유자 414명 중 314명이 동의(동의율 75.8%)하였다는 이유로 조합설립을 인가하였으나, 토지등소유자들인 원고들이 그 동의율 산정이 잘못되었다는 이유로 조합설립인가처분이 무효라고 주장하였습니다. 이 사건에서 조합이 피고의 보조참가인으로 참가하였습니다.

김신 구 도시정비법 제16조 제3항, 제2항에는, 주택단지가 아닌 지역이 정비구역에 포함된 경우에 주택재건축사업의 추진위원회가 조합을 설립하고자 할 때는 주택단지가 아닌 지역 안의 토지 또는 건축물 소유자의 4분의 3 이상 및 토지면적의 3분의 2 이상의 토지소유자의 동의를 얻어 정관과 기타 서류를 첨부하여 시장·군수의 인가를 받아야 한다고 규정되어 있습니다. 그러니까 이 사건에서 피고보조참가인인 조합이 위 규정에서 정한 동의요건을 충족하였는지가 쟁점이 되었다는 말이지요?

제16조(조합의 설립인가 등)

① 주택재개발사업 및 도시환경정비사업의 추진위원회가 조합을 설립하고자 하는 때에는 토지등소유자의 4분의 3 이상 및 토지면적의 2분의 1 이상의 토지소유자의 동의를 얻어 다음 각 호의 사항을 첨부하여 시장·군수의 인가를 받아야 한다. 인가받은 사항을 변경하고자 하는 때에도 또한 같다. 다만, 대통령령이 정하는 경미한 사항을 변경하고자 하는 때에는 조합원의 동의없이 시장·군수에게 신고하고 변경할 수 있다.

　1. 정관

　2. 국토해양부령으로 정하는 서류

　3. 그 밖에 특별시·광역시·도 또는 특별자치도 조례로 정하는 서류

② 주택재건축사업의 추진위원회가 조합을 설립하고자 하는 때에는 집합건물의소유및관리에관한법률 제47조 제1항 및 제2항의 규정에 불구하고 주택단지안의 공동주택의 각 동(복리시설의 경우에는 주택단지안의 복리시설 전체를 하나의 동으로 본다)별 구분소유자의 3분의 2 이

상 및 토지면적의 2분의 1 이상의 토지소유자의 동의(공동주택의 각 동별 구분소유자가 5 이하인 경우는 제외한다)와 <u>주택단지안의 전체 구분소유자의 4분의 3 이상 및 토지면적의 4분의 3 이상의 토지소유자의 동의를 얻어 정관 및 국토해양부령이 정하는 서류를 첨부하여 시장·군수의 인가를 받아야 한다.</u> 인가받은 사항을 변경하고자 하는 때에도 또한 같다. 다만, 제1항 단서의 규정에 의한 경미한 사항을 변경하고자 하는 때에는 조합원의 동의없이 시장·군수에게 신고하고 변경할 수 있다.

③ 제2항의 규정에 불구하고 주택단지가 아닌 지역이 정비구역에 포함된 때에는 주택단지가 아닌 지역안의 토지 또는 건축물 소유자의 4분의 3 이상 및 토지면적의 3분의 2 이상의 토지소유자의 동의를 얻어야 한다.

④ 조합이 이 법에 의한 정비사업을 시행하는 경우 주택법 제38조의 규정을 적용함에 있어서는 조합을 동법 제2조 제5호의 규정에 의한 사업주체로 보며, 조합설립인가일부터 동법 제9조의 규정에 의한 주택건설사업 등의 등록을 한 것으로 본다.

⑤ 제1항부터 제3항까지에 따른 토지등소유자에 대한 동의의 대상 및 절차, 조합 설립신청 및 인가절차 등에 관하여 필요한 사항은 대통령령으로 정한다.

지희 그렇습니다만, 동의요건은 계산 문제여서 별로 어렵지 않을 것 같습니다.

김신 위 정비구역 안에는 일반 개인의 소유인 사유지 이외에 대한민국 소유의 국유지, 서울특별시 소유의 시유지, 마포구 소유의 구유지가 섞여 있었습니다. 그런데 국유지, 시유지, 구유지를 사유지와 똑같이 보아 위 법률이 정한 동의요건을 요구할 것인지가 문제 됩니다. 그리고 국유지 중에는 재산관리청이 기획재정부인 것과 국토교통부(변경전 명칭 국토해양부)인 것이 있었습니다. 이럴 때 토지 또는 건축물 소유자 수를 소유자별로 산정할지, 재산관리청별로 산정할지가 문제 됩니다.

지희 그 문제는 법률에 규정되어 있지 않을까요?

김신 구 도시 및 주거환경정비법 시행령 제28조는 "주택재건축사업의 경우에 1명이 둘 이상의 소유권 또는 구분소유권을 가지고 있는 경우에는 소유권 또는 구분소유권의 수에 관계없이 토지등소유자를 1명으로 산정한다."고 규정하고 있지만, 국유지에 대하여 재산관리청이 다른 경우에 관한 규정이 당시에는 없었습니다.

재윤 국유지도 재산관리청이 기획재정부와 국토관리부로 다르면 이해관계가 달라서 동의 여부를 확정하기 어려울 것 같습니다. 재산관리청별로 각각 동의 여부를 확인하는 것이 좋을 것 같습니다.

김신 원심이 그렇게 생각하여 국유지를 재산관리청별로 소유자를 달리 산정하였습니다. 반면 대법원은 재산관리청이 달라도 소유자는 대한민국 1인이라고 보았습니다. 그래서 이 사건 정비구역 안에 있는 국·공유지에 관한 소유자를 원심은 4인(기획재정부와 국토관리부, 서울특별시, 마포구)으로, 대법원은 국가, 서울특별시, 마포구 3인으로 판단하였습니다.

세준 이해관계가 다르면 의견조율이 힘들 수도 있을 텐데요?

김신 그런 문제점을 뒤늦게 알게 된 정부에서는 대법원 판결 선고 후 도시정비법 시행령을 개정하여 '국·공유지에 대해서는 그 재산관리청 각각을 토지등소유자로 산정할 것'이라는 조항을 추가하였습니다. 이로써 실무적 어려움은 해결되었지만, 대법원은 다소 머쓱해졌습니다.

지희 다음 문제로 넘어가겠습니다. 도시정비법에는 정비사업조합 설립에 관한 동의의 의사는 서면에 의하여 명시적으로 표시하도록 규정하고 있지 않습니까? 그런데 국가와 지방자치단체도 그런 방식으로 동의의 의사를 표시해야 합니까?

김신 ┮ 도시정비법 제17조 제1항에, "토지 또는 건축물 소유자의 동의는 인감도장을 사용한 서면 동의의 방법에 의하며, 이 경우 인감증명서를 첨부하여야 한다"고 규정되어 있습니다. 그렇기 때문에 일반적으로

제17조(토지등소유자의 동의방법 등)

① 제7조 제1항, 제8조 제1항부터 제4항까지, 제13조 제2항, 제14조 제4항, 제16조 제1항부터 제3항까지, 제26조 제3항, 제28조 제7항, 제33조 제2항에 따른 동의(동의한 사항의 철회 또는 제8조 제4항 제7호·제13조 제3항 및 제26조 제3항에 따른 반대의 의사표시를 포함한다)는 인감도장을 사용한 서면동의의 방법에 의하며, 인감증명서를 첨부하여야 한다. 이 경우 인감증명서를 종전에 제출한 경우에는 이를 첨부하지 아니할 수 있으나, 인감도장의 변경 등으로 인하여 인감증명서의 첨부가 필요하다고 인정하는 경우에는 그러하지 아니하다.
② 제1항 및 제12조에 따른 토지등소유자의 동의자 수 산정방법 및 절차 등에 관하여 필요한 사항은 대통령령으로 정한다.

는 서면 동의가 아닌 구두 동의를 하거나, 서면 동의를 하더라도 동의서에 인감증명서를 첨부하지 않으면 동의의 효력이 없다고 해석합니다.

지희 개인은 인감증명서가 첨부된 서면동의서를 제출하면 되지만, 국가나 지방자치단체는 동의서를 제출하여도 인감증명서를 첨부할 수 없는데 어떻게 해야 합니까?

김신 실무에서는 국가나 지방자치단체에 대하여는 서면동의서를 징구하지도 않고 당연히 동의한 것으로 간주해 왔기 때문에, 인감증명서가 있느냐 여부는 아예 문제도 되지 않았습니다. 이 사건에서도 피고는 국·공유지에 대한 국가 또는 지방자치단체의 서면동의서가 제출되지 않았는데도, 국가와 서울특별시, 마포구가 동의한 것으로 간주하여 동의자 수를 산정하고 이를 전제로 하여 조합설립을 인가하였습니다. 다수의견은 그러한 피고의 처분이 타당하다고 판단하였고, 저는 반대하였습니다.

세준 다수의견이 법률의 규정과는 어긋나는 것 같습니다.

김신 다수의견은, 헌법과 구 도시정비법 등의 전반적인 규정 내용 및 입법 취지 등을 고려하여 국가와 지방자치단체는 사업추진을 명시적으로 반대하지 않으면 정비사업조합의 설립에 동의한 것으로 볼 수 있다고 합니다.

세준 동의서를 제출하지 않았으면 동의하지 않았다고 보는 것이 원칙에 맞지 않을까요?

김신 다수의견은 국가와 지방자치단체는 예외라고 합니다. 왜냐하면 국가와 지방자치단체는 정비사업 시행과 관련하여 여러 공적 권한과 역할을 부여받고 있고, 공공복리 실현을 위하여 정비사업을 지원하고 사업의 추진에 협조할 의무가 있기 때문에, 정비구역 내에 토지를 소유하는 지방자치단체는 조합설립인가처분을 통하여 정비사업조합의 설립에 동의한 것으로 볼 수 있다고 합니다.

지희 국가와 지방자치단체는 무조건 정비사업조합의 설립에도 동의해야 한다는 것 같습니다.

김신 국가와 지방자치단체가 사업추진을 지원하고 협조할 의무가 있으므로 조합설립에 동의하는 것이 바람직하다고 할 수 있지만, 그렇다고 물어보지도 않고 동의한 것으로 보는 것은 논리의 비약입니다.

지희 그러면 국가와 지방자치단체도 서면동의서를 제출하여야 합니까?

김신 구 도시정비법 제16조 제2항, 제3항에 조합을 설립하고자 하는 때에는 일정 비율 이상의 토지등소유자의 동의를 얻어야 한다고 규정되어 있고, 제17조에는 토지등소유자의 동의방법에 관하여 명확하게 규정하고 있습니다. 따라서 동의서를 아예 제출하지 않았다면 국가와 지방자치단체도 부동의한 것으로 보아야 한다고 생각합니다.

지희 실무상으로는 서면동의서를 아예 받지 않고 동의한 것으로 처리한다고 말씀하셨는데, 서면동의서를 제출하였지만 인감증명서가 없는 경우는 어떻게 됩니까?

김신 대법원 2013. 11. 14. 선고 2011두5759 판결은 "구 도시정비법상의 재건축조합 설립에 토지등소유자의 서면에 의한 동의를 요구하면서, 그 동의서를 조합설립인가신청 시에 행정청에 제출하도록 하는 취지는 서면에 의하여 토지등소유자의 동의 여부를 명확하게 함으로써 동의 여부에 관한 분쟁을 방지하고, 행정청으로 하여금 조합설립인가신청 시에 제출된 동의서에 의하여서만 동의요건의 충족 여부를 심사하도록 함으로써 동의 여부의 확인에 불필요하게 행정력이 소모되는 것을 막기 위한 것이다. 따라서 동의서에 법정사항이 포함되어 있지 않거나 동의서에 날인된 인영과 인감증명서의 인영이 동일하지 않으면 그 동의서는 무효로 처리된다."고 하였습니다. 이 판결을 국가와 지방자치단체에 적용하면 그런 동의서는 무효라고 보아야 하지 않을까요?

지희 대법관님, 국가나 지방자치단체는 인감증명서라는 것이 아예 없기 때문에 인감증명서를 첨부한 서면동의서를 제출할 수 없으니 국가나 지방자치단체에 예외를 인정하는 다수의견도 일리가 있지 않습니까?

김신 인감증명서의 문제로만 접근하면 그럴 수 있겠습니다. 그런데 동의서도 제출하지 않았는데 국가와 지방자치단체에 동의의 의사가 있다는 것은 어떻게 확인할 수 있을까요? 인감증명서를 갖출 수 없기 때문에 동의서를 제출하지 않아도 동의한 것으로 간주하겠다는 것은 본말이 전도된 것입니다.

재윤 국가나 지방자치단체가 조합설립에 동의를 하고 싶어도 인감증명을 갖출 수 없는 때는 어떻게 합니까?

김신 대법원 2001. 6. 15. 선고 99두5566 판결을 참고할 수 있겠습니다. 그 판결은, 교회가 조합의 설립 및 사업시행에 대하여 동의를 하는 경우 정관 기타 규약이 없으면 교인들 총회의 과반수 결의에 의하여야 한다고 하면서, 별도로 교회의 인감증명이 없어도 된다고 하였습니다. 그렇다면 국가나 지방자치단체도 인감증명 대신 이에 갈음할 수 있는 공적 증명을 갖추면 되지 않을까요?

세준 다수의견은, 동의요건을 갖추지 못하였다고 조합설립을 무산시키는 것보다는 국가나 지방자치단체를 동의자에 포함시켜 사업을 계속하도록 하자는 정책적 판단이 담겨 있는 것 같습니다.

김신 그러나 정책적 판단을 앞세워 법률해석의 본질과 원칙을 뛰어넘으려는 다수의견에는 찬성하기 어렵습니다.

지희 대법관님께서는 구체적 타당성보다는 법률 규정에 대한 엄격한 해석을 중시하는 것 같습니다.

김신 맞습니다. 저는 반대의견에서 "법률의 문언 자체가 명확한 개념으로 되어 있고 그 문리해석을 통하여 명확하고 타당한 결론이 도출된다면 원칙적으로 더 이상 다른 해석방법은 활용할 필요가 없다. 이와 같은 법해석의 한계를 벗어나 예외적이고 자의적인 해석을 허용한다면, 법원의 재판에 대한 국민의 신뢰를 크게 해칠 뿐만 아니라 법적 안정성을 크게 훼손하게 된다."고 하였습니다. 만약 국가나 지방자치단체의 특수한 공적 지위를 고려하여 조합설립에 동의한 것으로 볼 생각이 있었다면, 아예 법률로 규정하는 것이 좋았을 것 같습니다.

지희 이 판결은 구체적 타당성을 고려하자는 다수의견과 법률의 문언을 엄격히 해석하는 반대의견이 대립하고 있는 것 같습니다. 저는 대법관님의 의견에 찬성하고 싶습니다.

김신 이 판결의 합의 결과가 저의 예상과 달라서 당황했었습니다.

세준 대법관님께서 저희가 미처 생각하지 못한 것을 짚어 주셔서 생각의 폭이 넓어지는 것 같습니다.

김신 이것으로 오늘의 대화를 마칠까요? 다음 만날 때까지 건강하게 지내세요.

일동 대법관님도 건강하게 지내십시오.

대법원 2014. 4. 14. 선고 2012두1419 전원합의체 판결

대법관 이인복, 대법관 김신의 반대의견

가. 법은 원칙적으로 불특정 다수인에 대하여 동일한 구속력을 갖는 사회의 보편타당한 규범이고, 법의 해석은 그러한 법률의 표준적 의미를 밝히는 것이다. 법을 해석함에 있어서는 가능한 한 법률에 사용된 문언의 통상적인 의미에 충실하게 해석하는 것을 원칙으로 하고, 나아가 법의 입법 취지와 목적, 그 제·개정 연혁, 법질서 전체와의 조화, 다른 법령과의 관계 등을 고려하는 체계적·논리적 해석방법을 동원할 수도 있다. 그러니 법률의 문언 자체가 명확한 개념으로 구성되어 있고 그 문리해석을 통하여 명확하고 타당한 결론이 도출된다면, 원칙적으로 더 이상 다른 해석방법은 활용할 필요가 없다.

구 도시정비법 제16조 제2항, 제3항은 주택재건축사업의 추진위원회가 조합을 설립하고자 하는 때에는 일정 비율 이상 토지등소유자의 동의를 얻어야 한다고 규정하고 있고, 제17조는 토지등소유자의 동의방법에 관하여 규정하고 있다.

다수의견은 위 법률의 전반적인 규정 내용과 입법 취지 등을 고려하여, 정비사업 시행을 위한 정비구역 안에 국·공유지가 있는 경우에 국가나 지방자치단체가 정비사업 자체나 정비사업조합에 의한 사업추진에 대하여 명시적으로 반대의 의사를 표시하거나 반대하였다고 볼 수 있는 행위를 하지 않았다면, 국가 또는 정비구역 지정권자, 조합설립인가 처분권자 등이 대표자로 있는 지방자치단체는 정비사업을 시행하기 위한 정비사업조합의 설립에 동의하였다고 보아 토지등소유자의 동의자 수에 산입하는 것으로 해석함이 타당하다고 한다.

그러나 조합설립 동의방법에 관한 구 도시정비법 제17조의 규정은 다른 해석방법을 활용할 필요가 없을 정도로 명확하여 달리 해석할 여지가 없다. 다수의견이 제시하고 있는 구 도시정비법의 규정 내용과 입법 취지 등을 고려하더라도, 국가나 지방자치단체가 동의서를 제출하지 않았는데도 불구하고 조합설립에 동의한 것으로 보아야 한다는 다수의견의 결론은 법해석의 한계를 벗어난 예외적이고 자의적인 해석이라는 비판을 면할 수 없다.

나. 구 도시정비법 제16조 제2항, 제3항은 주택재건축사업의 추진위원회가 조합설립인가신청을 할 때 정비구역에 포함된 주택단지가 아닌 지역의 경우 토지등소유자의 4분의 3 이상 및 토지면적의 3분의 2 이상의 동의를 얻어야 한다고 규정하고 있고, 제17조 제1항은 그 동의방법에 관하여 인감도장을 사용한 서면에 의하고 인감증명서를 첨부하여야 한다고 규정하고 있으며(2009. 2. 6. 법률 제9444호로 도시정비법을 개정하면서 시행령에서 규정하고 있던 인감도장을 사용한 서면 동의의 방법을 법 제17조 제1항에서 새로이 규정한 것이다), 그 위임에 따라 구 도시 및 주거환경정비법 시행령(2012. 7. 31. 대통령령 제24007호로 개정되기 전의 것) 제26조 제2항은 그 동의서에 '1. 건설되는 건축물의 설계의 개요 2. 건축물의 철거 및 신축에 소요되는 비용의 개략적인 금액 3. 제2호에 따른 비용의 분담기준 4. 사업 완료 후 소유권의 귀속에 관한 사항 5. 조합정관'이 포함되어야 한다고 규정하고 있다.

이와 같이 구 도시정비법상의 재건축조합 설립에 토지등소유자의 서면에 의한 동의를 요구하고 그 동의서를 조합설립인가신청 시에 행정청에 제출하도록 하는 취지는 서면에 의하여 토지등소유자의 동의 여부를 명확하게 함으로써 동의 여부에 관하여 발생할 수 있는 관련자들 사이의 분쟁을 사전에 방지하고, 나아가 행정청으로 하여금 조합설립인가신청 시에 제출된 동의서에 의하여서만 동의요건의 충족 여부를 심사하도록 함으로써 동의 여부의 확인에 불필요하게 행정력이 소모되는 것을 막기 위한 것이다. 따라서 동의서에 앞서 든 각 호의 법정사항이 포함되어 있지 아니하거나 그 동의서에 날인된 인영과 인감증명서의 인영이 동일하지 않으면 그 동의서는 무효로 처리된다(대법원 2013. 11. 14. 선고 2011두5759 판결 등 참조).

이러한 법의 규정과 판례의 태도에 비추어 볼 때, 재건축조합의 설립 동의는 법정 양식의 동의서에 의한 명시적 동의를 의미하며, '인감도장을 사용한 서면 동의서의 제출'은 동의자의 동의의사를 확인하는 유일한 증거방법이자 요식의 행위로서 이를 결여한 것은 동의로서의 효력이 없다. 이러한 동의서를 제출하지 아니한 이상 동의의사를 추단할 수 있는 행위나 외관이 있다고 하여 동의한 것으로 보는 해석은 허용되지 않는다. 따라서 구두로만 동의하고 동의서를 제출하지 아니한 사람, 법정사항이 기재되어 있지 않은 동의서를 제출한 사람, 동의서를 제출하더라도 그 동의서에 인감증명을 첨부하지 않은 사람은 아무리 조합설립에 동의하는 의사를 가지고 있다고 하더라도 위 법률 규정에 의한 유효한 동의자로 볼 수 없다. 여기에 묵시적 동의로 가능하다거나, 동의한 것으로 볼 수 있는 경우가 있다는 다수의견과 같은 해석은 비집고 들어올 틈이 없다.

다. 다수의견은 조합설립 동의 시 요구되는 위와 같은 서면 동의서 제출 방식이 국가나 지방자치단체의 경우에는 적용되지 않는다고 하나, 이는 다음의 이유로 받아들일 수 없다.

1) 다수의견은, 구 도시정비법에 의하면 국가나 지방자치단체가 도시·주거환경정비 기본계획의 수립, 정비구역 지정 및 정비사업 시행과 관련하여 각종 권한과 역할을 부여받고 있고, 공공복리 실현을 위하여 정비사업을 지원하고 사업의 추진에 협조할 의무를 지고 있는 점 등에 비추어 볼 때, 정비기본계획의 수립 및 정비구역의 지정으로부터 관할관청의 구체적인 조합설립인가처분에 이르기까지의 과정에서 협의 절차 등을 통하여 정비사업 자체나 해당 정비사업조합에 의한 사업추진에 대하여 명시적으로 반대의 의사를 표시하거나 반대하였다고 볼 수 있는 행위를 하지 아니하였다면 정비사업조합의 설립에 동의한 것으로 볼 수 있다고 한다.

그러나 정비계획의 수립 및 정비구역의 지정은 조합설립과는 그 성질을 전혀 달리하는 별개의 절차로서, 정비계획의 수립 및 정비구역의 지정 단계에서 국가나 지방자치단체가 정비사업 추진에 대하여 반대의 의사표시를 하지 아니하였다고 하여 그로부터 상당한 기간이 경과한 후에 이루어지는 조합설립에 동의한 것으로 보는 것은 논리의 비약이다. 조합설립은 법인 설립에 관한 사단법적 행위이고 조합설립에 대한 동의는 그 법인의 구성원 즉 조합원이 되려는 의사가 있는지에 관한 문제로서, 정비계획 등에 대한 협의과정에서의 의사표시와는 그 목적, 내용, 효과 등을 서로 달리하는 것이다. 그리고 정비사업은 반드시 조합에 의하여 시행되는 것이 아니라 시장·군수 등이 직접 시행하거나 별도의 사업시행자를 정할 수도 있는 것이어서 조합설립 이전 단계에서 정비사업의 추진에 반대하지 아니한다는 의사를 가지고 어느 특정한 조합의 설립에 대한 동의 의사를 추단하기에는 그 거리가 너무 멀다.

2) 다수의견이 들고 있는 구 도시정비법의 각 규정들은 도시·주거환경정비계획의 수립 및 정비구역 지정(제3조, 제4조), 정비기반시설 및 정비구역 안의 국·공유재산의 처분(제64조 내지 제68조), 자료의 제출 및 감독에 관한 규정(제75조, 제77조)들로서, 정비사업의 시행을 위한 단계적 절차 및 정비사업에 제공되는 국·공유지의 처분 등에 관한 것이거나 정비사업의 원활하고 적정한 시행을 위한 내용들이다. 이러한 규정들은 동의방법에 관한 규정인 제17조와는 규범목적을 달리하므로 위 각 규정들로부터 제17조를 다수의견과 같이 해석해야 할 논리적 합리성과 정당성을 인정하기 어렵다.

또한 다수의견은 정비사업조합에 의한 정비사업의 시행이 공익에 부합하고, 국가나 지방자치단체가 국민과 주민의 공공복리를 실현할 의무가 있다는 점도 근거로 들고 있으나, 이는 국가나 지방자치단체가 주택재건축사업과 같은 정비사업의 추진 및 시행을 특별히 반대할 이유가 없고 가급적 조합설립에 동의를 해주는 것이 바람직하다는 점에 대한 하나의 근거가 될 수는 있을지언정, 이를 넘어서서 법이 정하고 있는 조합설립에 대한 동의방법, 즉 법정사항을 기재한 서면동의서의 제출에 의하도록 하는 방식에 대한 예외를 인정할 사유는 되지 못한다.

국가나 지방자치단체가 소유하는 토지에 대하여 가지는 고유의 공익목적과 정비사업을 통하여 달성하려는 공익목적이 서로 일치하지 않는 경우에는 더더욱 다수의견과 같은 해석은 들어설 여지가 없다.

예컨대 어느 지방자치단체가 자신의 관할 구역에 토지를 소유한 경우뿐 아니라 다른 지방자치단체 관할 구역에 연수원이나 휴양소 보유를 위하여 토지를 소유한 경우가 있을 수 있는데, 다른 지방자치단체가 그 토지를 포함하여 정비구역을 지정하고 정비사업을 시행한다고 가정할 경우, 해당 정비구역 안에 토지를 소유하고 있는 지방자치단체가 반드시 그 정비구역 내 일반 주민들의 공공복리 실현을 추구한다고 할 수는 없으므로 조합설립 시 지방자치단체의 동의의사가 개별적으로 반영되어야 할 필요가 있을 수 있다.

국가와 지방자치단체로 하여금 정비사업의 시행을 적극적으로 지원하도록 한 구 도시정비법의 규정을 국가나 지방자치단체에게 동의를 권장하는 뜻으로 해석하는 것을 넘어 동의서를 제출하지 않아도 동의한 것으로 본다고 해석하는 것은 법률의 문언을 너무 벗어나는 해석이다. 국가나 지방자치단체가 조합설립단계에서 명시적으로 반대의 의사표시를 하지 않았다고 하더라도 이는 조합설립에 당연히 동의한다는 내심의 의사를 가지고 있기 때문이 아니라, 나머지 토지등소유자만으로 동의요건을 충족하면 특별히 반대하지 않고 그들의 의사에 따르겠다는 정도로 해석할 수 있을 뿐이다.

3) 다수의견은, 국가나 지방자치단체는 사인이 아니어서 인감도장이나 인감증명서를 갖출 수 없기 때문에 인감증명서를 첨부한 서면 동의 방식에 관한 규정이 적용되지 않는다고 한다.

일반 토지등소유자의 경우에는 진정한 동의의사나 동의서 위조 여부를 일일이 확인하는 것이 사실상 불가능하여 인감증명서를 첨부한 동의서 제출 방식을 채택한 것과 달리 국가나 지방자치단체의 경우에는 그러한 문제가 발생할 소지가 없다. 이러한 경우 국가나 지방자치단체에는 인감증명에 관한 규정이 적용될 수 없고 달리 인감증명을 대체할 수 있는 다른 방법에 관하여 법률이 규정하고 있지 않기 때문에 법원이 해석에 의하여 그러한 법률의 흠결을 보충할 여지가 있다.

대법원이 정비구역 내에 토지나 건축물을 소유한 교회가 조합의 설립 및 사업시행에 대하여 동의를 하는 경우 정관 기타 규약이 없으면 교인들 총회의 과반수 결의에 의하여야 한다고 판시하면서(대법원 2001. 6. 15. 선고 99두5566 판결 참조), 별도로 교회의 인감증명을 요구하지 않은 것은, 인감증명에 관한 규정을 적용할 수 없는 권리능력 없는 사단 등의 경우에 법률의 흠결을 해석에 의하여 보충한 예이다.

구 도시정비법 제17조 제1항의 본질적인 내용은 조합설립에 대한 동의를 서면 방식에 의하도록 한 것이고, 그 동의가 본인의 진정한 의사임을 확인하는 방법으로서 인감도장과 인감증명서를 갖추도록 요구하고 있다. 인감도장이나 인감증명서를 갖출 수 없기 때문에 법률이 정하고 있는 동의서를 제출하지 않아도 된다고 보는 것은 본말이 전도된 것으로 입법론과 해석론을 혼동하여 정당한 법률해석의 한계를 넘어선 것이다.

4) 이 사건에서 조합설립을 추진하는 추진위원회가 법률이 정한 동의요건을 미비하여 조합설립이 무산되게 하는 것보다는 국가나 지방자치단체를 동의자에 포함시키는 쪽으로 해석하는 것이 구체적 타당성이 있다는 생각이 다수의견의 밑바탕에 깔린 것으로 짐작된다.

그러나 특별한 사정이 있는 예외적 사안을 구체적 타당성 있게 해결한다는 명분으로 법률해석의 본질과 원칙을 뛰어넘을 수는 없다. 법률이 정한 동의요건을 제대로 갖추지 못하였음에도 조합이 적법하게 설립된 것으로 인정하여 재건축사업 추진을 가능하게 하는 것이 구체적 타당성 있는 해결이라고 보기도 어렵지만, 당해 사건에서의 구체적 타당성 확보라는 명분으로 1회적이고 예외적인 해석을 허용하는 것은 법률해석의 본질과 원칙에서도 벗어난다.

라. 법관은 법을 해석함에 있어서 그 법이 지향하는 원칙과 목표가 훼손되지 않

도록 하면서 국민들이 명확한 행위준칙으로 삼을 수 있도록 해야 하고, 동일한 조건에 있는 수범자에게는 동일하게 적용되도록 해야 한다. 그리고 법률의 문언 자체가 명확한 개념으로 되어 있고 그 문리해석을 통하여 명확하고 타당한 결론이 도출된다면 원칙적으로 더 이상 다른 해석방법은 활용할 필요가 없거나 제한될 수밖에 없다. 만약 이와 같은 법해석의 한계를 벗어나 예외적이고 자의적인 해석을 허용한다면, 국민으로서는 법원이 언제 그와 같은 해석의 잣대를 들이댈지 알 수 없어서 법관이 법률에 의한 재판이 아닌 자의적인 재판을 한다는 의심을 떨치지 못할 것이며, 이는 법원의 재판에 대한 국민의 신뢰를 크게 해칠 뿐만 아니라 모든 분쟁을 법원에 가져가 보지 않고서는 해결할 수 없게 함으로써 법적 안정성을 크게 훼손하게 된다(대법원 2009. 4. 23. 선고 2006 다81035 판결 등 참조).

구 도시정비법 제16조, 제17조의 명문규정에 의하면 주택재건축사업의 시행을 위한 정비구역 안에 국·공유지가 있는 경우에 국가나 지방자치단체도 서면에 의한 동의의사를 표시하여야 조합의 설립에 동의한 것이 된다고 해석할 수밖에 없다. 그럼에도 다수의견은 국가나 지방자치단체가 반대의 의사표시를 하는 등의 특별한 사정이 없는 이상 국가 또는 정비구역 지정권자, 조합설립인가 처분권자 등이 대표자로 있는 지방자치단체는 조합의 설립에 동의하였다고 보아 토지등소유자의 동의자 수에 산입하는 것으로 해석하고 있어 정당한 법률 해석의 한계를 벗어나는 해석을 하고 있으므로, 이러한 다수의견에는 도저히 찬성할 수 없다.

이상과 같이 다수의견에 반대하는 취지를 밝힌다.

09

엿장수 마음대로

변호사 보수의 감액

판시사항

변호사의 소송위임사무에 관한 약정 보수액이 부당하게 과다하여 신의성실의 원칙이나 형평의 관념에 반한다고 볼 만한 특별한 사정이 있는 경우, 변호사의 보수 청구가 적당하다고 인정되는 범위 내로 제한되는지 여부(적극) 및 이 경우 법원은 그에 관한 합리적 근거를 명확히 밝혀야 하는지 여부(적극)

세준 대법관님, 그동안 건강하게 지내셨습니까? 대법관님을 만날 때마다 저희들의 생각이 깊어지는 것 같아서 이 시간이 기다려집니다.

김신 저 역시 마찬가지입니다. 오늘은 어떤 판결을 준비해 왔습니까?

세준 대법원 2018. 5. 17. 선고 2016다35833 전원합의체 판결[약정금]을 준비해 왔습니다.

김신 신의칙에 의한 변호사 보수 감액 여부가 문제 된 판결인데, 변호사인 여러분에게는 흥미로울 것 같습니다.

지희 의뢰인 중에는 사건이 패소로 끝나면 지급한 착수금을 반환하라고 하고, 승소하면 성공보수를 감액해 달라고 떼를 쓰는 경우가 있습니다. 변호사는 이런 요구를 받으면 당황스럽습니다. 그 요구에 응하지 않으면 소송을 제기하는 사람도 있습니다. 그러니 변호사들은 이 판결에 관심이 갈 수밖에 없습니다.

김신 어느 분이 사실관계부터 정리해 주시겠습니까?

재윤 제가 말씀드리겠습니다. 피고들은 대학교수로서 전국교수공제회 회원입니다. 전국교수공제회 간부가 공제회 기금 560억 원을 횡령하여 피고들이 손해를 보게 되었는데, 피고들이 감독기관인 대한민국에 책임을 묻는 소송을 제기해 달라고 변호사인 원고에게 위임하였습니다. 원고는 피고들을 대리하여 피고 1인당 100만 원씩 합계 3억 6,700만 원을 청구하는 소를 제기하였습니다. 피고들은 원고에게 착수보수금(이하 착수금이라고 하겠습니다)으로 1인당 10만 원씩 합계 3,670만 원을 지급하기로 약속하였는데, 일부 피고가 소송위임을 철회하는 바람에 금액이 3,500만 원으로 줄었습니다. 그런데 피고들 패소 판결이 선고되자, 피고들이 불만을 품고 착수금을 지급하지 않았습니다. 그러자 원고가 피고들을 상대로 약정한 착수금을 청구하는 소를 제기하였습니다.

김신 원심 법원은 어떻게 판단하였습니까?

재윤 원심은, 피고들이 약정한 착수금을 지급할 의무가 있다고 하면서도 그중 2,000만 원만 지급하라고 판결하였습니다.

김신 변호사 보수가 문제 되는 사건은 대부분 성공보수금에 관한 것인데, 이 사건은 이미 지급한 착수금이라는 점이 다소 특이합니다. 원심이 착수금을 감액한 근거는 무엇입니까?

세준 원심은, "의뢰인과의 평소 관계, 사건 수임 경위, 사건처리의 경

과와 난이도, 노력 정도, 소송물 가액, 승소로 얻는 구체적 이익과 변호
사회의 보수규정, 기타 제반 사정을 고려하여, 약정 보수액이 부당하게
과다하여 신의성실의 원칙이나 형평의 원칙에 반한다고 볼 만한 특별
한 사정이 있는 경우에는 예외적으로 상당하다고 인정되는 범위 내의
보수액만을 청구할 수 있다.”(대법원 2009. 7. 9. 선고 2009다21249 판결
등)는 판례를 인용하여 판단하였습니다.

김신 제가 그 판례를 변경해야 된다고 주장하여 이 사건이 대법원 전
원합의체에 회부되었습니다. 합의 결과 판례를 유지하자는 쪽이 다수
의견이었고, 판례를 변경하자는 의견은 소수의견에 그쳤습니다. 다만
다수의견과 소수의견 모두 원심판결을 파기하자는 결론은 같았기 때문
에, 소수의견은 별개의견으로 표시되었습니다. 우선 다수의견을 살펴
볼까요?

지희 다수의견은 변호사 보수를 감액할 수 있다는 판례를 유지하자는
의견입니다. 다만 이 사건은 보수가 부당하게 과다하다고 하여 원심판
결을 파기하자는 의견이었습니다.

김신 별개의견은 제가 말씀드리겠습니다. 별개의견은 변호사 보수를
감액할 수 없다고 합니다.

세준 민법 제2조의 신의칙 조항이 보수의 감액 근거가 될 수 없습니까?

김신 그렇습니다. 민법 제2조 제1항은 ‘권리의 행사와 의무의 이행은
신의에 좇아 성실히 하여야 한다’, 제2항은 ‘권리는 남용하지 못한다’
라고 규정하고 있습니다. 그 규정은 보수를 감액할 수 있다고 규정하고

있지 않습니다.

지희 그 조항을 유연하게 적용하여 부당하게 과다한 변호사 보수를 감액하는 근거로 보아도 좋지 않을까요?

김신 추상적인 일반조항인 민법 제2조는 함부로 적용하면 안 됩니다. 법원이 어떤 결론을 정당화하고 싶은데 분명한 이유를 제시하기 곤란하다고 하여 일반조항을 적용하는 것을 흔히 '일반조항으로의 도피'라고 말하지요? 이것은 되도록 자제하여야 합니다. 그래서 대법원도 "신의칙과 같은 일반 원칙을 적용하여 법이 두고 있는 구체적인 제도의 운용을 배제하는 것은 법해석에 있어 또 하나의 대원칙인 법적 안정성을 해할 위험이 있으므로 그 적용에 있어 신중을 기하여야 한다."고 하여 그 위험성을 경고하고 있습니다.

세준 그렇지만 성문법을 기계적으로 적용할 때 생기는 불합리한 결과를 방지하기 위하여 신의칙을 적용해야 할 경우가 있지 않습니까?

김신 물론 불가피한 경우도 있겠지만, 그럴 때도 법률을 그대로 적용하면 도저히 참을 수 없는 부당한 결과가 야기되는 경우에만, 최후의 수단으로, 그것도 법의 정신이나 입법자의 결단과 모순되지 않는 범위 안에서만 신의칙을 적용할 수 있습니다. 다수의견과 같이 쉽게 신의칙을 적용하여 계약 내용을 수정하면 안 됩니다.

지희 일반적으로 신의칙을 잘만 운영하면 성문법의 미비점을 보완할 수 있다고 긍정적으로 생각하는데, 대법관님께서는 그것을 부정적으로 보시는 것 같습니다.

김신 그렇습니다. 저는 계약은 반드시 약속한 대로 지켜져야 한다고 생각합니다.

지희 그 말씀을 들으니 'pacta sunt servanda'라는 법격언이 생각납니다.

김신 대단하십니다. 그 말은 계약은 반드시 지켜야 하고, 당초의 약정대로 지켜야 한다는 의미입니다. 사람들이 계약을 체결하고도 그것을 지키지 않겠다고 하면 사회는 혼란에 빠지므로, 국가는 계약을 지키도록 강제합니다. 이 사건에서 원고는 계약대로 이행하라고 주장하고, 피고들은 계약대로 이행하지 않겠다고 합니다. 이럴 때 법원은 누구 손을 들어 주어야 할까요?

재윤 계약대로 이행하라는 원고의 손을 들어 주어야 하지 않겠습니까?

김신 그것이 법원의 사명이고 역할입니다. 그런데 다수의견은 피고들의 손을 들어주었습니다.

재윤 이 사건에서 원심은 원고와 피고들이 약속한 착수금 3,500만 원 중 2,000만 원만 지급하라고 판결하였는데, 이렇게 가장 적당한 금액을 정하여 지급하라고 하는 것이 법원의 사명 아닐까요?

김신 저는 국민들이 스스로 체결한 계약을 국가, 즉 법원이 그중 일부를 무효라고 선언하면서 나머지만 지급하라고 판결하는 것은, '국가'의 판단이 '개인'의 자유로운 결정보다 정의롭다는 국가만능주의를 선언한 것이나 다름없다고 생각합니다. 이것은 국가가 계약의 본질적 부분에 구체적, 직접적으로 개입하는 것인데, 만약 이것을 정당하다고 하면 우리 헌법이 보장하고 있는 사적 자치를 근본적으로 부정하는 것과 다름없습니다.

지희 대법관님께서 이 판결이 사적 자치를 침해할 위험성이 있어서 헌법 질서에 위배된다고 말씀하시니 다시 생각해 보아야겠습니다.

김신 그런데 법원이 보수를 감액하는 것도 문제지만 감액하는 기준이 불분명하다는 점도 문제입니다. 법원은 어떤 기준에 따라 감액하고 있습니까?

지희 대법원은 "의뢰인과의 평소 관계, 사건 수임 경위, 사건처리 경과와 난이도, 노력의 정도, 소송물의 가액, 의뢰인이 승소로 인하여 얻게 된 구체적 이익, 그 밖에 변론에 나타난 여러 사정을 고려하여" 적당하다고 인정되는 범위를 정하고 그 범위를 넘어서는 변호사 보수액은 "부당하게 과다하다"고 합니다. 그러나 그 판시만으로는 기준을 알 수 없고, 법원이 엿장수 마음대로 정하겠다는 말처럼 들립니다.

김신 사건마다 사정이 다르기 때문에 기준은 추상적일 수밖에 없을 것입니다. 그러나 기준이 불분명하면 분쟁이 생겨도 자율적으로 해결할 수 없습니다. 해결을 위해 법원을 찾았는데 법관마다 기준이 다르고, 하급심과 상급심의 기준이 엇갈리면 대법원에 상고할 수밖에 없겠지요? 그러면 법률관계는 조기에 확정되지 않고, 1, 2심 사건도 늘어나고 대법원 사건까지 늘어날 수밖에 없습니다.

세준 제가 생각하기에, 법원이 변호사 보수를 감액해 준다는 판결을 하니 당사자들은 찔러나 보자는 심산으로 무조건 소송을 하려는 경향도 있는 것 같습니다. 법원이 이런 현상을 조장하고 있다는 비판도 있습니다.

김신 감액 기준이 불명확하여, 법원마다, 심급마다 그 결론이 달라질 수 있다는 것은 법원 불신의 원인이 될 수 있습니다. 법원이 엿장수 마음대로식의 판단을 하면, 당사자들은 영향력 있는 변호사를 찾으려는 유혹을 느끼게 됩니다. 이것도 작은 문제가 아닙니다.

세준 법원이 변호사 보수에 대해서만 감액을 인정합니까?

김신 판례가 당초에는 변호사 보수만 감액할 수 있다고 하다가 최근에는 법무사와 중개사의 보수, 신탁회사의 신탁보수 등에 대하여도 보수의 감액을 인정하는 등 위임계약 일반으로 법리를 확장하고 있습니다. 이대로 가다가는 매매대금도 감액할 수 있다고 하지 않을지 모르겠습니다.

재윤 변호사 보수는 몰라도 매매대금을 감액할 수 있다는 생각은 해본 적이 없지만, 이론적으로는 가능할 수 있겠습니다. 그런데 대법관님의 의견에 동조한 대법관이 거의 없었는데, 그 이유가 무엇이라고 생각하십니까?

김신 이 문제는 변호사들의 신뢰도와 관계가 있지 않을까 생각합니다. 국민들은 변호사들이 법률적 지식과 독점적 지위를 이용하여 업무를 수행하면서 과다한 보수를 받고 있으므로 보수를 감액해야 된다고 생각하는 것 같습니다. 만약 변호사들이 변호사법에 규정된 대로 기본적 인권을 옹호하고 사회정의를 실현함을 사명으로 하고, 성실히 직무를 수행하고 사회질서 유지와 법률제도 개선에 노력하고 있다고 국민들이 인식하고 있다면, 법원이 변호사 보수를 감액할 수 있다고 생각했을까요?

재윤 그럴 수 있겠습니다. 다수의견은 변호사 보수를 감액할 수 있다고 하면서도 이 사건 원심판결은 파기하였습니다. 왜 이런 판단을 하였습니까?

김신 다수의견도 약정한 보수액 전부를 청구할 수 있는 것이 원칙이라고 합니다. 그러나 앞에서 제시한 여러 사정을 고려하여, 보수액이 부당하게 과다하여 신의성실의 원칙이나 형평의 관념에 반한다고 볼 만한 특별한 사정이 있는 경우에는 적당하다고 인정되는 범위 내의 보수액만을 청구할 수 있다는 예외를 인정하였습니다. 그런데 이 사건의 경우 그 원심이 변호사 보수를 감액하면서 그러한 예외적인 사정을 인정할 합리적인 근거를 밝히지 않았다고 하여 파기한 것입니다.

재윤 그런 점을 보면, 다수의견도 변호사 보수의 감액은 신중해야 한다는 취지를 담고 있는 것 같습니다.

김신 다수의견을 보면 '특별한 사정이 있는 경우', '예외적으로', '합리적 근거' 등의 표현을 하고 있습니다. 이것은 '특별한 사정이 있는 경우'에 '예외적으로' 변호사 보수를 감액할 수 있지만, 그 경우에는 '합리적 근거를 명확히' 하여야 한다는 취지로 이해하면 될 것 같습니다.

재윤 이 판결이 선고된 후 변호사 보수를 감액하는 판결이 많이 줄었다고 합니다. 일각에서는 실무에서는 대법관님의 의견이 다수의견으로 채택되었다는 평가도 있습니다. 소수의견의 합리적 논리가 가진 힘이 아닐까 생각합니다.

김신 여러분이 저의 의견을 높이 평가해 주시니 감사합니다.

지희 이 판결은 민사사건의 착수금에 관한 판결인데, 대법원은 2015. 7. 23. 선고 2015다200111 전원합의체 판결로 형사사건의 성공보수에 관하여 놀라운 판결을 내렸습니다. 그 사건에서 대법원은 형사사건에서의 성공보수약정은 선량한 풍속 기타 사회질서에 위배된다고 하여 성공보수금 청구를 아예 할 수 없다고 하였습니다. 변호사들은 이 판결에 대한 불만이 엄청나게 큽니다.

김신 그 전원합의체 판결을 비난하는 목소리를 저도 많이 들었습니다. 지난 해 제가 부산지방변호사회에서 강의할 기회가 있었는데, 변호사들로부터 그 판결에 대한 공격적 질문을 많이 받았습니다. 변호사가 형사사건의 변론을 하면서 단순히 법원의 선처를 구하는 정도가 아니라 엄청나게 많은 시간과 노력을 투입해서 무죄를 선고받은 경우에도 성공보수약정을 무효라고 하는 위 전원합의체 판결을 납득할 수 없다고 하였습니다. 그러나 위 전원합의체 판결의 당·부당은 별도로 다루기로 하고, 두 판결은 법리적으로 차이가 있다는 점만 지적하겠습니다.

지희 어떤 차이가 있습니까? 변호사들은 형사사건의 성공보수도 감액을 할 수 있다고 하면 받아들일 수 있겠다고 말하기도 합니다.

김신 형사사건 성공보수금 판결은 성공보수약정이 선량한 풍속 기타 사회질서를 규정한 민법 제103조라는 구체적 규정에 위배되었기 때문에 전부가 무효라는 것이고, 민사사건 착수금 판결은 민법 제2조에 위반하였으므로 감액할 수 있다는 것입니다. 저는 형사사건의 성공보수금이나 민사사건의 보수금이나 민법 제103조에 위반하면 전부가 무효이므로 한 푼도 받을 수 없고, 그렇지 않고 유효하다면 전액을 지급하여야 한다고 생각합니다.

세준 대법관님으로부터 대법원의 다수의견과 소수의견, 이론과 실무, 명분과 현실이 교차하는 생생한 말씀을 현장감 있게 들었습니다. 앞으로도 좋은 가르침을 부탁드립니다.

김신 저도 여러분과 대화를 나눌 수 있어서 즐거웠습니다. 다음 만날 때까지 건강하시기 바랍니다.

대법원 2018. 5. 17. 선고 2016다35833 전원합의체 판결

대법관 김신, 대법관 조희대의 별개의견

가. 다수의견은 신의성실의 원칙이나 형평의 관념에 근거하여, 당사자가 계약으로 정한 변호사보수액이 부당하게 과다하다고 인정되면 이를 감액할 수 있다고 한다.

그러나 다수의견은 계약을 지키지 않겠다는 당사자의 손을 들어주어 우리 민법의 기본 원리인 사적 자치의 원칙과 법적 안정성을 해치고, 법원 즉 국가에 계약을 수정할 권한을 인정하는 결과가 되어 자유민주주의와 시장경제질서를 천명한 헌법 원리에 어긋나는 문제점을 드러내고 있다.

나. 구체적으로는 아래와 같은 이유로 다수의견의 논리에 동의할 수 없고, 신의칙 또는 형평의 관념에 의해서는 당사자가 계약으로 정한 변호사보수금을 감액할 수 없음을 밝힌다.

(1) 헌법 제10조는 '모든 국민은 행복을 추구할 권리를 가진다'라고 규정하고 있다. 행복추구권에는 일반적 행동자유권이 포함되고, 일반적 행동자유권으로부터 사적 자치의 원칙이 파생된다. 또한 헌법은 전문과 제4조에서 자유민주적 기본질서를 천명하고, 헌법 제119조 제1항은 '대한민국의 경제질서는 개인과 기업의 경제상의 자유와 창의를 존중함을 기본으로 한다'라고 하여 시장경제질서를 기본 이념으로 선언하고 있다.

사적 자치의 원칙은 시장경제질서의 기초가 되는 헌법상의 원리이다. 이러한 사적 자치의 원칙이 법률행위의 영역에서 나타난 형태인 계약자유의 원칙은 계약의 체결 여부, 계약의 상대방, 계약의 방식과 내용 등을 당사자의 자유로운 의사로 결정하는 자유를 말한다. 이는 시장에 참여한 사람들이 저마다 자유로운 경쟁 아래 최적의 계약조건을 탐색하고 자신의 조건을 수정하는 과정을 거친 끝에 서로 간에 의사가 합치되는 지점을 찾아낸 경우 그 지점에서 계약이 이루어지도록 하는 것이 가장 합리적·효율적인 의사결정 방법이 된다는 시장경제에 대한 믿음을 바탕으로 한다.

이러한 계약자유의 원칙에 따라 체결된 계약은 지켜져야 하고, 계약 실현에 대한 당사자들의 신뢰 역시 보호되어야 한다. 계약이 그 내용대로 준수되리라는 믿음에 대한 법적 안정성이 확보되지 않는다면 시장경제질서도 원활하게 작동할 수 없다.

물론 사적 자치의 원칙 또는 계약자유의 원칙은 무제한의 절대적 자유를 의미하는 것은 아니다. 우리 헌법 역시 제23조와 제37조 제2항에서 재산권의 행사 등 권리가 제한될 수 있음을 분명히 하고 있지만, 그렇더라도 필요한 경우에 한하여 법률로써 제한할 수 있을 뿐이다. 민법은 반사회질서의 법률행위(제103조), 불공정한 법률행위(제104조) 등 법률행위의 무효사유를 개별적·구체적으로 규정하고 있다. 또한 '손해배상의 예정액이 부당히 과다한 경우에는 법원은 적당히 감액할 수 있다'고 하는 민법 제398조 제2항과 같이 명시적으로 계약의 내용을 수정할 수 있다고 규정하는 법률 조항도 존재한다.

그러나 신의칙과 관련하여서는 민법 제2조 제1항에서 '권리의 행사와 의무의 이행은 신의에 좇아 성실히 하여야 한다'라고 규정하고, 제2항에서 '권리는 남용하지 못한다'라고 규정할 뿐 이를 법률행위의 무효사유로 규정하고 있지는 않다. 그러므로 민법 제2조의 신의칙 또는 민법에 규정되어 있지도 않은 형평의 관념은 당사자 사이에 체결된 계약을 무효로 선언할 수 있는 근거가 될 수 없다.

그럼에도 신의칙 또는 형평의 관념 등 일반 원칙에 의해 개별 약정의 효력을 제약하려고 시도하는 것은 앞에서 본 헌법적 가치에 정면으로 반한다.

(2) 당사자가 체결한 계약의 실현을 보장하는 것은 법원의 사명이다. 계약을 이행하겠다고 하는 당사자와 이행하지 못하겠다고 하는 당사자 사이에서 법원은 계약을 이행하지 않겠다고 하는 당사자에게 이행을 명함으로써 계약을 이행하고자 하는 당사자를 보호해야 한다. 이 사건에서 원고는 계약을 그 내용대로 이행하여야 한다고 주장하고, 피고 1은 자신이 체결한 계약에 법이 정한 무효 또는 취소 사유가 없는데도 이를 이행하지 않겠다고 다툰다. 이런 상황에서 원심은 계약을 지키지 않겠다고 하는 위 피고의 손을 들어주었다. 법원은 그 역할에 충실하지 못했고 오히려 그 역할에 반하는 결론을 내렸다고 볼 수밖에 없다.

개인은 자신의 자유로운 선택과 결정에 따라 행동하고 그에 따른 결과를 다른 사람에게 귀속시키거나 전가하지 아니한 채 스스로 이를 감수하여야 한다는 '자기 책임의 원칙'은 계약을 둘러싼 법률관계에도 그대로 적용되어, 당사자는 자신이 계약을 체결한 결과 발생하게 되는 이익이나 손실을 스스로 감수해야 한다. 당사자들은 자신의 이해관계를 사안에 적합하도록 조정하여 합치된 의사로 적정 대가를 정해 계약을 체결하고 있고, 이는 변호사보수약정에 있어서도 마찬가지이다.

변호사는 추후에 약정보수액이 감액될 것을 각오하고 보수약정을 하는 것이 아니다. 의뢰인은 자신이 한 약속에 따라 약정된 보수를 지급해야 하는 것일 뿐 새로운 손해를 입는 것이 아니다. 약속을 지키지 않고 약정보수액의 감액을 요구하는 당사자의 주장은 약속이 지켜지리라고 믿은 상대방의 신뢰보다 우선할 수 없고, 신의칙이 그 도구가 되어서도 안 된다. 자신이 지급하기로 약정한 대가를 지급하지 않으려는 의뢰인의 행태야말로 신의칙에 반하는 것이다.

법원은 계약에 따른 정당한 권리행사를 신의칙으로 제한할 것이 아니라 오히려 신의칙을 내세워 약속을 지키지 않으려는 태도를 계약 위반이라고 단호하게 선언하여야 마땅하다.

(3) 다수의견은 법원이 주어진 소명에 충실하지 못하게 된다는 결과 그 이상의 심각한 문제를 안고 있다. 바로 법원이 당사자가 정한 계약 내용을 수정할 수 있는 권한을 법률상 근거 없이 스스로 창설했다는 문제이다.

다수의견은 신의칙이나 형평의 관념에 비추어 계약 내용의 일부만 유효하고 나머지 부분은 효력을 인정할 수 없다고 한다. 계약을 지켜야 한다는 명제는 계약의 내용을 온전히 지켜야 한다는 것이지 그중 일부만 지켜도 된다는 의미가 아니다. 계약의 내용 중 일부가 무효라는 판단은 사실상 당사자가 체결한 계약을 법원이 수정하는 것과 같다. 법원이 당사자가 약정한 보수가 과다하다는 이유로 계약의 구체적 내용에 개입하여 약정의 일부를 무효라고 선언하는 것은 사적 자치의 원칙에 대한 중대한 제약이고, 자유민주주의와 시장경제질서를 기본이념으로 하는 대한민국의 헌법 정신에도 반한다. 국민이 자유로운 의사에 기초하여 체결한 계약의 내용보다 국가가 선언하는 내용이 정의에 부합한다는 국가만능주의를 선언하는 셈이 된다.

더구나 법원이 이러한 계약 수정 권한을 가진다는 일반 규정이나, 변호사 보수에 관한 구체적 근거 규정은 찾아볼 수도 없다. 그런데도 다수의견은 신의칙과 형평의 관념을 근거로 내세워 계약의 일부 무효를 선언하며 계약 내용을 수정할 수 있다고 한다.

신의칙이 계약의 무효를 선언하는 근거가 될 수 없음은 앞에서 보았다. 그뿐 아니라 개별적·구체적인 법률의 근거 없이 신의칙에 기대어 계약 내용을 수정할 수 있다는 발상은 매우 위험하다. 만약 신의칙이 계약 수정의 근거 규정이 될 수 있다면 민법 규정 중 상당수는 없어도 무방하다. 법원은 신의칙만으로도 얼마든지 스스로 합당하다고 인정하는 결론을 내리는 것이 가능하기 때문이다.

신의칙에 관한 민법 제2조는 그 개념이 추상적인 일반 조항이다. 구체적인 사안에서 법원이 이러한 일반 조항을 적용할 때에는, 분명한 이유를 대기 어려운 어떤 결론을 정당화하기 위한 편의적인 적용, 즉 '일반조항으로의 도피'가 되지 않도록 주의하여야 한다. 또한 신의칙이 우리 민법의 대원칙이라면 그 원칙은 당연히 입법 과정에서도 반영되었을 것인데, 그러한 입법 과정을 거친 실정법의 개별 조항에 의해 명백히 인정되는 권리·의무의 내용을 신의칙을 이유로 변경하는 것은 법체계에 심각한 혼란을 초래하여 법의 권위와 법적 안정성에 큰 위협이 될 수 있다. 대법원도 이미 신의칙과 같은 일반 원칙을 적용하여 법이 두고 있는 구체적인 제도의 운용을 배제하는 것은 법해석에 있어 또 하나의 대원칙인 법적 안정성을 해할 위험이 있으므로 그 적용에 있어서는 신중을 기하여야 한다고 누차 판시해 왔다(대법원 2008. 5. 29. 선고 2004다33469 판결 등 참조). 따라서 신의칙 등 일반 원칙을 직접 적용하여 실정법의 운용을 사실상 수정하는 것은, 비록 그 목적이 성문법을 기계적으로 적용함으로써 발생하는 불합리한 결과를 방지하기 위한 것이라고 하여도, 개별적인 사안의 특수성때문에 법률을 그대로 적용하면 도저히 참을 수 없는 부당한 결과가 야기되는 경우에 최후 수단으로, 그것도 법의 정신이나 입법자의 결단과 모순되지 않는 범위 안에서만 고려해 볼 수 있는 방안에 불과하다.

변호사보수액이 과다한 면은 있으나 사회질서에 반한다거나 불공정하다고 할 정도에는 이르지 않아 민법 제103조와 제104조에 의해 무효라고 할 수 없는 경우라고 하여, 의뢰인으로 하여금 스스로 약정한 보수액을 전부 지급하도록 하는 것이 도저히 참을 수 없는 부당한 결과를 야기하는 것이라고 볼 수 있는지 의문이다. 다수의견은 단순히 보수액이 과다하므로 이를 감액할 필요가 있다는 점에 집착한 나머지 너무 쉽게 신의칙으로 도피하여 전체 법체계에 맞지 않는 무리한 법리를 구성하고 있다.

(4) 또한 다수의견이 기준으로 삼고 있는 '적당하다고 인정되는 범위 내의 보수액'이란 모호하고 불확정적인 내용으로서 도대체 어느 정도의 보수가 적정하다는 것인지 알 수 없다는 점도 심각한 문제다. 신의칙은 앞에서 본 것과 같이 추상적 규정이고 구체적인 판단의 기준을 전혀 제시하고 있지 않다. 적당하다고 인정되는 범위를 초과하여 신의칙 또는 형평의 관념에 반하는지 여부에 관해 구체적인 기준을 세운다는 것은 사실상 불가능하다. 다수의견은 의뢰인

과의 평소 관계, 사건 수임 경위, 사건처리 경과와 난이도, 노력의 정도, 소송물의 가액, 의뢰인이 승소로 인하여 얻게 된 구체적 이익, 그 밖에 변론에 나타난 여러 사정을 고려하여 적당하다고 인정되는 범위를 정하고 그 범위를 넘어서는 것은 부당하게 과다하다고 하는데, 위에서 든 여섯 가지 요소 역시 추상적인 내용에 불과하여 적정한 보수액을 설정하는 구체적 기준이 되기 어려운 것은 마찬가지이다.

적정한 보수액의 범위에 대한 기준이 제시되지 않는다면 그 적정성 여부는 전적으로 법원의 결정에 의존할 수밖에 없다. 그뿐만 아니라 법관마다 적정하다고 생각하는 보수액의 범위가 같다고 할 수도 없다. 결국 소송위임계약에서 유효하다고 인정되는 보수액의 범위는 법원의 판단을 받아야 분명해지고, 법관마다 기준이 달라 하급심과 상급심의 결론이 엇갈리면 대법원의 판단까지 있어야 보수액이 최종적으로 정해진다. 그러므로 다수의견에 따르게 되면, 당사자는 계약을 자신의 의사에 따라 체결하고도 계약서 문언대로 효력이 발생하리라는 기대를 가질 수 없다. 계약서의 문언상 명백하고 당사자가 확실하게 알고 있는 계약의 내용에 대해서까지 법원의 판단을 받게 함으로써 법률관계의 불확실성을 야기하고, 법적 분쟁의 증가를 초래한다. 법원에 가서 신의칙을 주장하면 보수액이 감액될 수 있다는 희망을 가지게 함으로써 결국 계약대로 이행하지 않아도 된다는 인식을 법원이 앞장서서 만들고 있는 것은 아닌지 우려된다.

(5) 판례는 당초에는 변호사의 공적인 지위, 자격이 인정된 소수가 시장을 독점하는 성격 등을 이유로 조심스럽게 보수의 감액을 인정한 것으로 보인다. 계약 체결 후 여러 상황을 돌이켜보니 약정한 보수가 과다하다는 생각은 할 수 있다. 그런데 이는 변호사 보수뿐만 아니라 매매계약의 매매대금, 임대차계약의 차임 등 모든 계약에서 발생할 수 있는 상황이다. 그러나 판례는 모든 계약에서 신의칙을 근거로 약정한 반대급부의 규모를 조절하지는 않았다. 유독 위임계약 특히 소송위임계약에서만 비교적 쉽고 광범위하게 변호사 보수의 감액을 인정해 왔다. 법관이 비교적 익숙한 분야라고 하여 이러한 판단을 한 것이

라면 합리적 근거 없이 변호사 직역을 다른 직역과 차별하는 것이다. 변호사의 공익적 지위와 독점적 성격에 기대어 엄격한 기준을 적용할 수 있다고도 볼 수 있으나, 최근에는 법무사와 중개사의 보수, 신탁회사의 신탁보수 등에 대하여도 신의칙과 형평의 관념을 들어 그 보수의 감액을 인정하며 위임계약 일반으로 법리가 확장되는 추세를 보이고 있으므로, 더 이상 공익적 지위 등을 이유로 내세울 수도 없게 되었다.

더욱 우려되는 것은, 이러한 추세에 의하면 앞으로 매매계약 등 다른 계약에까지 대금의 감액을 인정하지 않으리라는 보장이 없다는 점이다.

시장경제질서 아래에서 국가의 개입은 경제활동을 시장에만 맡겨둘 경우 경제적 효율성을 확보하지 못하거나 거기에서 파생되는 사회적 문제들을 스스로 해결하지 못할 때에 이를 보완하는 수단으로만 사용되어야 한다. 국가의 개입이 언제나 효율성을 담보하는 것도 아니다. 특히 계약자유에 대한 국가의 개입이 공공복리 또는 정의나 형평의 관념에 비추어 정당화될 수 없는 예외적인 사정이 존재하지 아니하는 상황임에도, 계약의 본질적 부분인 급부와 반대급부의 등가관계에 대한 구체적이고도 직접적인 통제라는 방법을 통하여 일반적으로 이루어지게 되면, 이는 사적 자치를 근본적으로 허무는 것이어서 우리 헌법질서 아래에서 정당화될 수 없다.

우리 민법은 계약이 사회질서에 반하거나 공정하지 않아 그 효력이 인정되지 않는 경우를 제103조와 제104조에서 명확하게 규정하고 있다. 즉 민법은 여기에 해당하지 않는다면 약정한 대가가 과다하다고 하더라도 계약자유의 원칙으로 돌아가 계약 내용대로 효력을 인정하겠다고 선언하고 있다고 볼 수 있다. 이것은 법 규정의 흠결이 아니라 법률의 결단이다. 만일 이러한 경우에도 당사자 형평 등을 고려하여 계약 내용의 수정이 필요하다면, 헌법에서 정한 대로 구체적 법률 규정을 마련하여야 옳지, 일반 규정인 신의칙을 적용하는 방법으로 해결할 수는 없다.

다. 그럼에도 원심은 원고와 피고들이 소송위임계약에서 약정한 변호사 보수(착수보수금과 부가가치세) 3,850만 원이 부당하게 과다하여 신의칙 및 형평의 원칙에 반한다는 이유로 위 변호사 보수를 2,000만 원으로 감액한 다음, 이렇게 감액된 변호사 보수 채권이 모두 변제되어 소멸하였다고 판단하여 이 부분 원고의 청구를 배척하였다. 이러한 원심판단에는 위에서 본 신의칙과 형평의 관념에 관한 법리를 오해하여 판결 결과에 영향을 미친 잘못이 있으므로, 원심판결 중 착수보수금과 부가가치세에 관한 약정금 청구 부분은 파기되어야 한다.

라. 이상과 같은 이유로, 원심판결이 파기되어야 한다는 결론에서는 다수의견과 의견을 같이 하지만 그 파기의 이유는 달리하므로, 별개의견으로 이를 밝혀 둔다.

10

불난 것도 서러운데

원인 불명의 화재와 임차인의 책임

화재로 임차 외 건물 부분 연소 사건

대법원 2017. 5. 18. 선고 2012다86895, 86901 전원합의체 판결

판시사항

[1] 임대차 목적물이 화재 등으로 소멸됨으로써 임차인의 목적물 반환의무가 이행불능이 된 경우, 임차인이 이행불능이 자기가 책임질 수 없는 사유로 인한 것이라는 증명을 다하지 못하면 목적물 반환의무의 이행불능으로 인한 손해를 배상할 책임을 지는지 여부(적극) 및 이러한 법리는 반환된 임차 건물이 화재로 훼손되었음을 이유로 손해배상을 구하는 경우에도 동일하게 적용되는지 여부(적극) / 임대차계약 존속 중에 발생한 화재가 임대인이 지배·관리하는 영역에 존재하는 하자로 발생한 것으로 추단되는 경우, 임대인이 화재로 인한 목적물 반환의무의 이행불능 등에 관한 손해배상책임을 임차인에게 물을 수 있는지 여부(원칙적 소극)

[2] 임차인이 임대인 소유 건물의 일부를 임차하여 사용·수익하던 중 임차 건물 부분에서 화재가 발생하여 임차 건물 부분이 아닌 건물 부분까지 불에 타 그로 인해 임대인에게 재산상 손해가 발생한 경우, 임차 외 건물 부분에 발생한 손해에 대하여 임대인이 임차인을 상대로 채무불이행을 원인으로 하는 배상을 구하기 위하여 주장·증명하여야 할 사항

[3] 상법 제724조 제2항에 의하여 피해자에게 인정되는 직접청구권의 법적 성질(=손해배상청구권) 및 피해자의 직접청구권에 따라 보험자가 부담하는 손해배상채무의 범위

재윤 대법관님, 그동안 어떻게 지내셨습니까?

김신 코로나19 때문에 꼼짝도 못 하고 지냈습니다. 언제까지 이렇게 사회적 격리상태로 지내야 할지 몰라서 답답합니다. 오늘은 어떤 판결을 준비해 왔습니까?

재윤 대법원 2017. 5. 18. 선고 2012다86895, 86901 전원합의체 판결 [손해배상(기)]을 준비하였습니다. 이 판결은 임차건물 화재로 인한 임차 외 건물 소실과 관련한 임차인의 손해배상책임을 다루고 있습니다.

김신 이 전원합의체 판결은 다수의견과 반대의견 그리고 별개의견으로 나뉘어 이론적 공방을 하고 있어서 쟁점과 논리를 파악하기가 어렵습니다.

세준 이 사건 판결문도 그렇지만 대부분의 판결문이 어려워서, 혹자는 법관들이 일부러 판결문을 어렵게 작성하는 게 아니냐는 농담을 할 정도입니다.

김신 판결문이 어렵게 느껴지는 이유 중 하나로 판결문에 사용되는 법률용어가 일반인에게 낯설다는 점을 들 수 있겠습니다. 의학, 과학, 경제에 관한 용어가 그 분야 전문가가 아닌 사람에게는 낯선 것과 마찬가지입니다. 법원이 아무리 쉬운 용어를 사용해도 한계가 있습니다. 판결문이 어려운 것이 법원 탓만은 아니라는 말씀입니다.

지희 그런데 판결문은 문장이 너무 길다는 불만도 많습니다.

김신 예전에는 판결문 문장이 '~하고, ~하면'으로 끝없이 이어져 문장 하나가 한 페이지를 넘는 것도 있었습니다. 그러나 최근에는 한 문장에 주어와 동사가 하나씩 있는 단순한 문장을 사용하려고 많이 노력하고 있습니다.

세준 그 이외에도 어렵게 느껴지는 이유가 있을 것 같습니다.

김신 제가 '징역 6개월'을 '징역 6월'이라고 잘못 표현한 탓에 뜻이 정확하게 전달되지 않는다는 말씀을 드린 적이 있습니다. 이런 잘못된 표현을 고치면 훨씬 읽기 쉬워지겠지요? 그 이외에도 이유가 있겠지만, 오늘의 판결을 읽으면서 또 찾아봅시다. 어느 분이 사실관계를 말씀해 주세요.

재윤 제가 말씀드리겠습니다. 피고는 원고 소유 2층 건물의 1층 일부 150평을 임차하여 골프용품 판매 매장 등으로 사용하였습니다. 그런데 어느 날 위 건물의 1층 전면 주출입구와 1층 및 2층 사이에서 원인 불명의 화재가 발생하여 1층 전면 주출입구와 1, 2층 외벽이 타고, 원고가 사용하던 2층 전부, 옥상 창고, 1층 전면 주출입구 부근 등이 전소하였습니다. 이에 건물의 임대인인 원고가 피고를 상대로 하여 손해배상을 청구하였습니다.

김신 원고가 불법행위책임을 묻는 것이 아니라 채무불이행 손해배상책임을 묻고 있습니까?

제윤 그렇습니다. 그런데 원고는 피고가 무슨 채무를 불이행하였다고 합니까?

김신 피고가 원고와 임대차계약을 체결하고 원고 소유의 건물을 사용하고 있지 않습니까? 그렇다면 피고는 임대차계약이 종료되면 그 건물을 원고에게 원상대로 반환할 채무가 있습니다. 그런데, 이 사건에서 화재로 임차건물이 소훼되어 원상대로 반환할 수 없게 되었으므로 피고에게 그로 인한 채무불이행책임을 묻는 것입니다.

재윤 피고가 임차한 부분에 대한 채무불이행책임은 물을 수 있을 것 같습니다.

김신 그런데, 임대차계약에 포함되지 않은 부분에 대한 손해까지 피고에게 책임을 물을 수 있을까요? 그 부분도 피고에게 채무불이행책임이 있는지가 이 사건의 쟁점이 되었습니다. 제1, 2심은 어떻게 판단하였습니까?

재윤 이 사건에서 피고도 원고를 상대로 반소를 제기하였지만 큰 쟁점이 없으므로, 본소 중심으로 말씀드리겠습니다. 제1심은 원고의 청구를 기각하였고, 제2심은 원고의 청구를 일부 인용하였습니다. 이에 대하여 피고가 상고하였습니다.

김신 대법원은 전원합의체에서 판결을 선고하였는데, 피고가 임차 외 부분에 대하여도 채무불이행책임을 지는지에 관하여 이견이 있었습니다. 이를 긍정하는 것이 다수의견이고, 부정하는 것이 별개의견입니다.

재윤 임차부분에 화재가 발생하여 피고가 원상대로 반환하지 못하면 채무불이행책임을 지는 것은 이론이 없습니까?

김신 민법에는 임차인은 임대차 기간 중에는 선량한 관리자의 주의를 다하여 임대차 목적물을 보존하고, 임대차 종료 시에 임대차 목적물을 원상에 회복하여 반환할 의무를 부담한다고 규정되어 있습니다. 따라서 임대차 목적물이 화재로 소멸하여 반환할 수 없는 경우, 임차인이 반환하지 못하는 것이 자기책임이 아니라는 것을 증명하지 못하면 손해배상책임이 있습니다. 따라서 이 부분에는 이론이 없었습니다.

세준 그런데 임대인도 임대차계약 존속 중에 그 사용·수익에 필요한 상태를 유지하게 할 의무가 있는데, 그렇다면 임차부분에 화재가 발생하였다면 임대인도 사용·수익에 필요한 상태를 유지할 의무를 다하지 못한 것 아닙니까?

김신 어려운 문제입니다. 임대목적물에 화재가 발생하여 전소한 경우, 임대인은 사용·수익에 필요한 상태를 유지할 의무를 다하지 못하고, 임차인은 목적물을 반환할 의무를 이행하지 못하게 됩니다. 이 경우 대법원은 화재가 임대인이 지배·관리하는 영역에 존재하는 하자로 발생하였다고 추단되면, 특별한 사정이 없는 한 임대인은 그 화재로 인한 책임을 임차인에게 물을 수 없다고 하여, 누가 지배·관리하는 영역에 존재하는 하자로 화재가 발생한 것인지를 따져 그 사람에게 책임을 부담시키고 있습니다.

세준 그렇다면 임차 외 부분에 발생한 손해는 누구에게 책임이 있습니까?

김신 이 점에 대해서는 대법관들의 의견이 나누어졌습니다.

지희 다수의견을 먼저 살펴보면 좋겠습니다.

김신 다수의견은, 임차인이 보존·관리의무를 위반하여 화재가 발생한 원인을 제공하는 등 화재 발생과 관련된 계약상 의무 위반이 증명되고, 그 의무 위반과 임차 외 부분의 손해 사이에 상당인과관계가 있으며, 임차 외 부분의 손해가 그러한 의무 위반에 따른 통상의 손해에 해당하거나, 임차인이 그 사정을 알았거나 알 수 있었을 특별한 사정으로 인한 손해에 해당한다고 볼 수 있는 경우, 임차인은 임차 외 부분의 손해에 대해서도 책임을 부담한다고 판시하였습니다.

재윤 다수의견이 종래 판례와 다른 점이 있습니까?

김신 종래 대법원은, 임차부분에서 화재가 발생하여 임차 외 부분까지 불에 타서 임대인에게 손해가 발생한 경우, 임차부분과 임차 외 부분이 상호 유지·존립함에 있어서 구조상 불가분의 일체를 이루는 관계에 있다면, 임차인은 임차부분의 보존에 관하여 선량한 관리자의 주의의무를 다하였음을 증명하지 못하는 이상 임차뿐만 아니라 임차 외 부분에 대한 손해에 대하여도 채무불이행책임이 있다고 판단했습니다. 다수의견은 판례가 증명책임이 임차인에게 있다고 한 것을 임대인에게 있다고 변경한 점에서 종래 판례와 차이가 있습니다.

재윤 원심은, 이 사건에서 임차부분이 다른 부분과 구조상 불가분의 일체를 이루고 있으므로 피고가 임차부분을 보존할 의무를 다하지 않은 이상, 임차 외 부분의 소훼로 인해 원고가 입은 손해를 배상할 책임이 있다고 판시하였습니다만, 다수의견은 이에 대해 어떻게 판단하였습니까?

김신 다수의견은, 이 사건 화재 발생 원인이 밝혀지지 않았고, 임차인인 피고가 화재 발생 원인을 제공하는 등 계약상 의무 위반이 없었으므로, 임차 외 부분 손해에 대하여 피고에게 책임이 없다고 하였습니다.

세준 이 전원합의체 판결은, 임차 부분과 구조상 일체 불가분의 관계에 있다는 이유로 임차 외 부분 손해에 대하여 임차인에게 배상책임을 지웠던 종전 판례를 변경하여 임차인의 책임을 경감시켰다고 평가할 수 있겠습니다.

김신 그렇게 평가해도 좋을 것 같습니다. 이런 다수의견에 대하여, 두 개의 별개의견과 한 개의 반대의견이 있습니다. 그 의견들을 함께 살펴보면 좋겠습니다.

재윤 대법관님께서는 별개의견(이하 '별개의견1'이라고 합니다)을 제시하셨는데, 별개의견1은 다수의견과 어떤 차이가 있습니까?

김신 다수의견은 임차 외 부분에 발생한 재산상 손해에 대한 배상책임의 법적 성질을 채무불이행책임이라고 하지만, 별개의견1은 불법행위책임이라고 하는 차이가 있습니다.

지희 별개의견1이 불법행위책임이라고 주장하는 이유는 무엇입니까?

김신 임차 외 부분은 임대인과 임차인이 체결한 임대차계약의 대상이 아니기 때문에, 임차 외 부분에 관해서는 위 계약에 따른 의무가 발생하지 않습니다. 따라서 채무불이행책임을 부담하지 않습니다.

지희 대법원은 숙박계약, 입원계약, 근로계약, 여행계약 등에서 명시적인 계약에 포함되어 있지 않더라도 채권자의 신체, 재산에 대한 보호의무 또는 안전배려의무를 인정하지 않습니까? 임차인도 임대인의 법익을 해쳐서는 안 된다는 일반적 의무가 있으므로 그 의무를 위반하여 임대인에게 입힌 손해에 대하여는 계약상 채무불이행책임을 물어도 될 것 같은데요?

김신 일반적인 보호의무 또는 안전배려의무에 대한 책임을 인정하는 경우는 예외적입니다. 계약당사자들이 계약으로 정한 의무 위반이 아니라, 일반적인 의무 위반에 대하여는 불법행위책임을 물으면 충분합니다. 일반적인 의무를 계약상 의무로 끌어들이는 것은 채무불이행과 불법행위를 엄격히 구별하는 우리 민법 체계와 맞지 않습니다.

지희 별개의견1은 법경제학적 관점에서 보험으로 문제를 해결하여야 한다는 의견을 제시하였지요?

김신 예컨대 임대인이 1동의 건물을 여러 부분으로 구분하여 각각 임대차계약을 체결하는 경우, 누가 보험에 가입하는 것이 적절할까요? 임대인이 건물 전체를 보험목적으로 하여 화재보험에 가입한 다음 그 보험료를 차임 등의 형태로 임차인들에게 분산시키고, 임차인은 자신이 임차한 부분만 보험에 가입하는 것이 합리적이지 않을까요? 임차인은 자신의 임차부분에 대하여만 책임을 부담하면 된다는 것이 별개의견 1의 생각입니다. 종전 판례에 따르면 임차인은 '구조상 불가분의 일체'를 이루는 건물 전부에 대하여 보험에 가입할 필요가 있는데, 이것은 거래의 현실에 맞지 않고 사회 전체적으로 비효율적입니다.

재윤 다수의견과 별개의견1의 차이는 무엇입니까?

김신 임차 외 부분에 발생한 손해에 대하여 다수의견은 채무불이행책임을 묻지만, 별개의견1은 불법행위책임을 묻는다는 점에서 차이가 있습니다. 그렇지만, 임차인에게 귀책사유가 있다는 점에 대한 증명책임이 임대인에게 있다는 점은 의견이 일치합니다. 그래서 두 의견 모두 원심판결을 파기하여야 한다는 결론이었습니다.

세준 이러한 결론에 반대하는 의견도 있었지요?

김신 그렇습니다. 반대의견은 다수의견이나 별개의견1이 우리 민법의 규정과 체계에 맞지 않다고 비판합니다. 반대의견은, 임차인의 손해배상책임이 성립하는지 여부는 민법 제390조에 따라 판단하고, 임차부분이든 임차 외 부분이든 그것이 손해배상의 범위에 포함되는지 여부는 민법 제393조에 따라 판단하여야 한다고 합니다. 그러므로 화재로 불에 탄 부분이 임차부분인지 임차 외 부분인지에 따라 손해배상책임의 성립요건이나 그 증명책임을 달리 보는 다수의견과 별개의견1에 반대합니다.

재윤 반대의견은 손해배상책임은 누구에게 있다고 합니까?

김신 반대의견은 종전 판례와 같이 누가 지배·관리하는 영역에서 화재가 발생하였는지를 기준으로 손해배상책임을 판단합니다. 화재가 임차인이 지배·관리하는 영역에서 발생하였다는 점이 증명되면 그 손해는 임차인이 책임진다고 합니다.

세준 손해배상의 범위에 대하여는 어떻게 주장합니까?

김신 반대의견은, 그 손해가 채무자가 배상하여야 할 손해의 범위에 포함되는지 여부는 그 손해가 이행이익에 해당하는지, 민법 제393조에서 정한 손해배상의 범위에 포함되는지에 따라 달리 판단합니다. 임차 부분에서 화재가 발생하여 임대인 소유의 임차 외 부분까지 불에 탄 경우에도 민법 제393조에 따라 손해의 범위를 정하면 된다고 합니다.

지희 반대의견에 따르면 이 사건은 어떻게 해결되어야 합니까?

김신 반대의견은 이 사건 화재는 임차인인 피고가 지배·관리하던 영역에서 발생하였으므로, 피고에게 임차부분뿐 아니라 임차 외 부분에 발생한 손해에 대하여도 채무불이행책임이 있다고 한 원심판결이 타당하다고 하였습니다.

세준 이 판결에는 별개의견이 하나 더(이하 '별개의견2'라고 하겠습니다) 있지요?

김신 별개의견2는 임차인의 채무불이행책임의 성립 및 임차인이 배상하여야 할 손해배상의 범위에 관한 의견은 반대의견과 같지만, 법원은 임차인의 손해배상책임을 제한하면서 일정한 요소들을 반드시 고려하여 임대인과 임차인의 손해를 합리적으로 분담하여야 함에도 원심이 그중 일부 요소를 심리하지 않았으므로 원심을 파기하여야 한다는 의견입니다.

세준 대법관님, 이번 전원합의체 판결은 원인 불명의 화재가 발생하여 임차부분과 불가분의 관계에 있는 임차 외 부분에 연소된 경우, 그 부분 손해까지 임차인에게 책임이 있다는 종전 판례를 변경하였다는 점에서 의미가 적지 않습니다.

김신 종전 판례에 대하여는 여러 면에서 비판이 많았습니다. 이 전원합의체 판결은 민법 이론에 충실하면서도 구체적 타당성에 맞는 결론을 도출하였다고 평가할 수 있습니다.

지희 대법관님들의 의견이 이렇게 다양하다는 것 자체가 사안과 논리의 어려움을 보여 주는 것 같습니다.

김신 저도 판결문을 읽어도 이해되지 않을 때가 있습니다. 여러분이 대법원 판결을 뛰어넘는 논리를 개발해 보면 어떨까요?

지희 오늘 귀한 말씀 들려주셔서 대단히 감사합니다. 대법관님, 건강 잘 챙기시길 바랍니다.

대법원 2017. 5. 18. 선고 2012다86895, 86901 전원합의체 판결

대법관 김신, 대법관 권순일의 별개의견

가. 별개의견의 요지는, 임차인이 임대인 소유 건물의 일부를 임차하여 사용·수익하던 중 그 임차한 부분에서 화재가 발생하여 임차 외 건물 부분까지 불에 타 그로 인해 임대인에게 재산상 손해가 발생한 경우에, 다른 특별한 사정이 없는 한 임차 외 건물 부분에 발생한 재산상 손해에 관하여는 불법행위책임만이 성립한다고 보아야 하므로, 이와 달리 판단한 대법원 86다카1066 판결 등을 비롯하여 그와 같은 취지의 판결들은 이 견해에 배치되는 범위 내에서 모두 변경되어야 한다는 것이다. 그 이유는 다음과 같다.

(1) 임대차계약의 내용이 임차인에게 임차 외 건물 부분에 대한 손해를 방지할 의무가 있는 것으로 해석된다면, 임차인의 그러한 의무 위반으로 인하여 임차 외 건물 부분에 발생한 손해에 관하여 채무불이행책임이 성립하지 않을 이유가 없다. 그러나 특별한 사정이 없는 한 임차인은 임차 외 건물 부분에 대한 계약상 의무를 부담하지 않고, 그러한 계약상 의무가 인정되지 않는 한 화재로 인하여 임차 외 건물 부분이 소훼된 손해를 배상하는 것은 임차인의 의무를 법률상 근거 없이 부당하게 확대하는 것이고, 채무불이행책임에서의 손해배상의 목적인 이행이익의 배상과는 무관하다.

첫째로, 당사자 사이에 특별한 약정이 있다는 등의 사정이 없는 한 임차인은 임차 외 건물 부분에 대하여는 임대차계약상 아무런 의무를 부담하지 않는다. 다만 임차인 역시 법공동체 구성원의 일원인 이상 다른 사람의 법익을 해하여서는 아니 된다는 일반적인 의무를 부담하는데, 그러한 의무를 위반하여 계약의 목적물이 아닌 물건에 손해를 가한 경우에는 불법행위로 인한 손해배상책임을 지는 것으로 충분하다. 그러한 물건이 임대인의 소유라는 우연한 사정만으로 달리 볼 이유가 없고, 화재의 원인이 불분명하여 불법행위책임에 관하여 임대인과 임차인의 귀책사유를 판단할 수 없는 예외적인 사안에서 계약상 아무런 근거 없이 임차인에게 채무불이행책임을 인정할 이유도 없다. 대법원판례가, 계약 당사자가 계약상 인정되는 급부의무 외에 일정한 신의칙상 의무를 부담하는 것을 전면적으로 부정하고 있지는 않으나, 숙박계약, 입원계약, 근로계약, 여행계약 등 일정한 유형의 계약에 한하여 채권자의 신체, 재산에 대한 보호의무 또는 안전배려의무를 인정하고 있을 뿐이다(대법원 1999. 2. 23. 선고 97다12082 판결, 대법원 2000. 11. 24. 선고 2000다38718 판결, 대법원 2003. 4. 11. 선고 2002다63275 판결, 대법원 2014. 9. 25. 선고 2014다213387 판결 등 참조). 그러한 특별한 경우가 아님에도 앞에서 본 바와 같은 법공동체 구성원의 일반적인 의무를 당사자 간의 특별한 약정 없이 계약상 의무의 영역으로 끌어들이는 것은 채무불이행책임과 불법행위책임을 엄격히 구별하고 있는 우리 민법의 체계에 부합하지 않는다(통상의 임대차관계에서 임대인이 임차인의 안전을 배려하여 주거나 도난을 방지하는 등의 보호의무까지 부담한다고 볼 수 없다고 한 대법원 1999. 7. 9. 선고 99다10004 판결도 같은 맥락이라고 볼 수 있다).

임대차계약을 체결할 때 당사자들의 주된 관심사는 임대차 목적물 그 자체의 제공과 반환, 차임의 수수에 관한 것이고, 임대인이 임차 외 건물 부분을 소유하고 있는지 여부를 고려하여 임대차계약을 체결하는 것은 이례적이다. 이러한 이례적 사정을 내세워 임차인에게 임차 외 건물 부분에 대한 의무가 있다고 인정하려면, 그와 같은 의무의 구체적인 내용을 임대인이 주장·증명해야 한다.

둘째로, 채무불이행책임에서 손해배상의 목적은 채무가 제대로 이행되었더라면 채권자가 있었을 상태를 회복시키는 것이므로, 계약을 위반한 채무자는 이행이익, 즉 계약이 완전히 이행된 것과 동일한 경제적 이익을 배상하여야 하는데(대법원 2008. 12. 24. 선고 2006다25745 판결 등 참조), 임차 외 건물 부분에 대한 임차인의 계약상 의무의 존재가 증명되지 않는 이상, 임대인 소유의 임차 외 건물 부분의 소훼로 인한 손해를 배상하는 것은 이러한 이행이익의 배상과는 관련이 없다. 임차인이 임대차계약에 따라 부담하는 반환의무는 임대차 목적물 그 자체에 대한 것이고, 그 전제가 되는 보존의무도 임대차 목적물 그 자체의 반환을 떠나서는 생각할 수 없다. 이러한 임차인의 임대차 목적물 반환의무 및 그 전제가 되는 보존의무가 제대로 이행되었더라면 채권자인 임대인이 얻었을 이익의 배상이란 임대차 목적물이 '반환될' 것을 전제로 채권자인 임대인이 향유할 수 있었던 이익의 배상을 의미하는 것이다. 따라서 임차 건물 부분에서 발생한 화재가 우연히 임대인 소유인 임차 외 건물 부분까지 확대된 경우 임차 외 건물 부분의 손해는, 임차인의 임대차 목적물 반환의무 및 보존의무의 이행이익과는 무관한 별개의 손해라고 보아야 한다.

(2) 대법원 86다카1066 판결 등에 의하면, 임대차 목적물에서 발생한 화재가 확대되어 소훼된 부분이 임대차 목적물과 불가분의 일체를 이루는 관계에 있고 그 부분 또한 임대인의 소유라면, 그 화재의 원인이 밝혀지지 않았음에도 임차인이 임대차 목적물의 보존에 관하여 선량한 관리자의 주의의무를 다하였음을 증명하지 않는 한 임차물 반환의무의 이행불능으로 인한 손해배상으로 그 부분 손해에 대한 배상책임까지 부담한다는 것이다. 그러나 화재로 인하여 임대인에게 발생한 손해 중 임대차 목적물 자체의 멸실·훼손으로 인한 손해는 화재의 결과 발생한 채무불이행(목적물 반환의무 불이행)으로 인한 손해인 반면, 임차 외 건물 부분의 멸실·훼손으로 인한 손해는 화재의 원인이 된 채무자의 불법행위 또는 채무불이행으로 인한 손해일 수는 있어도 목적물 반환의무 불이행 그 자체로 인한 손해로 볼 수는 없다. 따라서 임차인이 임대차 목적물인 건물과 임차 외 건물 부분에 대하여 부담하는 의무의 내용을 동일한 것으로 보거나, 전자의 채무불이행 사실만으로 임차인이 후자의 손해에 대해서까지 채무불이행책임을 져야 한다고 볼 것은 아니다.

또한 임차 외 건물 부분에 발생한 손해에 대한 배상책임에 관하여 그 소유자가 임대인인지 제3자인지 하는 우연한 사정에 따라 손해배상책임의 발생근거를 달리 보아 그 증명책임의 귀속까지 달리 판단할 특별한 이유를 찾기 어렵다.

임대인은 임대차계약의 당사자로서 임대차계약에 따라 수선의무를 부담하고, 임차인의 임차 건물 부분의 사용·수익 상태에 대하여 잘 알고 있거나 잘 알고 있을 개연성이 큰 사람이므로 화재라는 결과발생에 대하여 양적·질적으로 일부 책임이 있을 수 있는 반면, 제3자는 화재의 발생 지점인 임대차 목적물에 대하여 아무런 주의의무도 부담하지 않는다. 그럼에도 대법원 86다카1066 판결 등은 제3자가 임차 외 건물 부분의 소유자인 경우에는 불법행위에서의 증명책임 구조에 따라 제3자가 임차인의 귀책사유를 증명하지 못하는 한 임차인의 손해배상책임이 없다고 보면서, 화재의 발생에 양적·질적으로 일부 책임이 있거나 화재의 원인에 대해 더 잘 증명할 수 있는 지위에 있는 임대인이 임차 외 건물 부분의 소유자인 경우에는 임차인이 자신에게 귀책사유 없음을 증명하지 못하는 한 손해배상책임을 져야 한다는 것이다. 이러한 해석은 형평에 어긋난다.

화재로 인해 임대차 목적물 자체에 발생한 손해에 대한 배상책임이 문제 되는 경우에 임대차 목적물의 보존에 관하여 선량한 관리자의 주의의무를 다하였다는 점에 대한 증명책임이 임차인에게 있다고 해석하는 것은 바로 그러한 손해가 임차인이 임대차계약에 의하여 보존·관리의무를 부담하는 영역에 발생한 손해라는 데에 그 이유가 있다. 그러나 임차인이 보존·관리의무를 부담하는 영역에 속하지 아니하는 임차 외 건물 부분에 발생한 손해에 대해서까지 자신의 귀책사유 없음을 증명하지 못하면 배상책임을 져야 한다는 견해는 민사법의 기본원칙인 자기책임의 원칙에 맞지 않고, 증명책임의 합리적인 분배원칙과도 부합하지 아니한다.

(3) 대법원 86다카1066 판결 등이 제시하는 '불가분의 일체'라는 불확정개념은 화재의 속성에 비추어 그로 인한 피해가 어디까지 확대될지 불명확한 실화 사건에서 임차인의 책임범위에 관한 분명하고 일관된 기준이 되지 못하므로, 임차인의 손해배상책임이 어디까지 확대될지 예측하기 어렵다.

더욱이 「실화책임에 관한 법률」(2009. 5. 8. 법률 제9648호로 전부 개정된 것, 이하 '실화책임법'이라고 한다)은 실화의 특수성을 고려하여 실화자에게 중대한 과실이 없는 경우 민법 제765조의 특례로서 손해의 배상의무자에게 실화로 인한 손해배상액 경감을 청구할 수 있도록 하고 있다. 그런데 실화로 인한 손해 배상의무의 성립 자체를 제한하였던 구 실화책임법(2009. 5. 8. 법률 제9648호로 전부 개정되기 전의 것)에 관한 것이기는 하나, 대법원 1987. 12. 8. 선고 87다카898 판결 등은 채무불이행으로 인한 손해배상청구에 관해서는 위 법률이 적용되지 않는다고 판시하였으므로, 현행 실화책임법하에서도 위와 같은 해석이 유지된다면 다수의견이나 반대의견처럼 임대인이 실화자를 상대로 채무불이행책임을 구할 경우 실화책임법의 입법 취지를 몰각하게 될 우려가 있다.

(4) 법경제학적 관점에서 보더라도, 임대차계약의 목적물이 아닌 임차 외 건물 부분에 발생한 손해에 관하여는 계약책임이 아니라 불법행위 제도에 의하여 해결하는 것이 타당하다. 그 이유는 아래와 같다.

① 계약법은 계약의 이행을 담보함으로써 시장경제 체제에서 자원의 효율적 배분을 달성하는 기능을 수행한다. 민법이 정하는 계약 위반에 대한 구제수단 중 현실적으로 가장 중요한 의미를 가지는 것은 손해배상이다. 민법 제390조는 계약 위반에 대하여 일반적으로 손해배상을 인정하고 있는데, 이때의 손해배상은 채무자가 이행을 하였더라면 채권자가 얻을 수 있었던 이익, 즉 이행이익의 배상을 의미한다. 그리고 민법 제390조 단서는 채무불이행에 대하여 채무자의 귀책사유가 없다는 점에 대한 증명책임을 채무자에게 지우는데, 이는 채권자와 채무자 사이에 존재하는 특별결합관계에 의하여 채무자는 약속된 급부의 실현을 인수한 것이고, 통상 채무의 이행이 이루어지지 아니한 경우에는 그 이유가 채무자의 지배영역에 있다고 추정되기 때문인 것이다(이는 계약이행이 불능이 될 위험은 최소비용회피자가 부담하는 것이 효율적이라는 원칙에도 부합한다). 이렇게 함으로써 채무자는 계약 위반 여부에 관한 결정을 사회적으로 효율적인 방법으로 할 수 있고, 채무불이행이 되지 아니하도록 최적 수준의 주의를 기울이게 된다.

손해배상책임의 근거를 계약 위반에서 찾는 것은 채권자와 채무자 사이에 법공동체의 구성원이라는 일반적 지위를 넘어서는 계약이라고 하는 법적 특별 결합관계가 존재하고, 그렇기 때문에 채무불이행에 대한 귀책사유의 부존재에 대한 증명책임을 채무자에게 부담시켜 가급적 계약이 이행된 것과 같은 상태를 실현시키기 위한 것인데, 그러하지 아니한 사안에서 다수의견이나 반대의견과 같이 손해배상책임의 근거를 굳이 계약책임으로 구성할 필요를 찾기 어렵다.

② 거래비용의 절감이라는 계약법의 또 다른 기능에 비추어 보더라도, 임대차계약의 이행불능에 따른 손해배상책임은 임대차계약의 목적물에 관한 것에 한하여 논의하는 것이 타당하다.

건물 임대차계약의 경우, 임대인은 보통 건물 유지·관리에 필요한 건축물의 구조, 설비, 용도 등에 관한 정보를 보유하고 있고, 임차인들에 관한 정보 역시 쉽게 수집할 수 있는 지위에 있다. 또한 임대인은 그 거래비용을 차임 또는 관리비의 형태로 분산하여 임차인에게 전가시킬 수도 있다. 반면에 원인 불명의 화재임에도 임차 외 건물 부분에 대해서까지 임차인이 채무불이행으로 인한 손해배상책임을 부담한다고 보게 되면, 임차인은 대법원 86다카1066 판결 등에서 말하는 '구조상 불가분의 일체를 이루는 관계'가 어디까지인지, 나아가 자신이 손해배상책임을 면하려면 어느 정도의 주의의무를 기울여야 하고 손해배상책임의 범위는 어디까지가 될 것인지 예측하기 어려운 처지에 놓이게 되므로, 임차 목적물 외에 건물 전체에 관한 정보를 조사·수집할 필요가 있게 되는데, 이는 현실적으로 곤란할 뿐만 아니라, 설령 가능하다 하더라도 그 비용을 감당하기 어려울 것이다. 결국 건물 전체의 위험요소는 임대인이 상대적으로 적은 비용으로 파악하여 각각의 임대차계약에서 반영시킬 수 있는 반면, 건물 일부의 임차인은 정보의 비대칭 상태에서 계약을 체결하게 되고, 이러한 상황이 효율적이지도 공정하지도 않음은 물론이다.

③ 민법 제750조는 불법행위책임에 관하여 과실책임의 원칙을 규정하고 있다. 과실책임원칙 아래에서, 가해자의 상당한 주의의 정도가 사회적으로 최적인

수준으로 설정되어 있을 경우, 가해자는 배상책임을 면하기 위해 상당한 주의를 기울일 유인을 가지게 되고, 피해자도 자신이 부담하게 될 손해를 줄이기 위한 주의를 기울일 유인을 가지게 된다.

그런데 보험의 이용이 보편화된 오늘날에는 손해의 사후적 배분 기능은 불법행위에 관한 법원칙을 적용하는 방식을 통하기보다는 보험제도를 적절히 활용하는 것이 사회 전체적으로 더욱 효율적이다. 보험제도를 활용하는 경우에도 잠재적 가해자와 피해자 중 누가 보험에 가입하는 것이 적절한지를 결정하는 데에는 당연히 손해배상에 관한 법원칙을 고려하게 된다. 임대인이 1동의 건물을 여러 개의 건물 부분으로 구분하여 각각 임대차계약을 체결하는 경우, 원인불명의 화재로 인하여 건물 전체가 멸실될 위험에 대비하여 임대인은 건물 전체를 보험목적으로 하여 화제보험에 가입한 다음 그 보험료를 차임 등의 형태로 분산시키고, 임차인은 임대차 목적물 반환의무의 이행불능에 대비하여 그 부분에 대하여 보험에 가입하는 것이 통상적일 뿐만 아니라 합리적이다. 이것이 별개의견이 제시하는 손해배상의 법원칙에도 부합함은 물론이다.

그러나 대법원 86다카1066 판결 등에 따르게 되면, '구조상 불가분의 일체를 이루는 관계'가 1동의 건물 전부에 해당할 때에는 임차인으로서는 자신에게 귀책사유가 없는 경우에도 건물 전부를 대상으로 그 반환의무 이행불능에 대비하여 보험에 가입할 필요가 발생하는데, 이것은 거래의 현실에도 맞지 않을 뿐더러 사회 전체적으로 보아도 비효율적임을 쉽게 알 수 있다.

(5) 결국 임차인이 임대인 소유 건물의 일부를 임차하여 사용·수익하던 중 그 임차한 부분에서 화재가 발생하여 임차 외 건물 부분까지 불에 타 그로 인해 임대인에게 재산상 손해가 발생한 경우에, 다른 특별한 사정이 없는 한 임차 외 건물 부분에 발생한 재산상 손해에 관하여는 불법행위책임만이 성립한다고 보아야 한다. 그러므로 임대인이 임차인을 상대로 임차 외 건물 부분에 발생한 손해의 배상을 구하는 경우에는 불법행위에 있어서의 증명책임의 일반원칙에 따라 그 손해 발생에 관하여 임차인에게 귀책사유가 있다는 점에 관한 증명책임

은 피해자인 임대인에게 있다고 보아야 한다. 그리고 이는 대법원 86다카1066 판결 등이 설시한 바와 같은 "그 건물의 규모와 구조로 볼 때 건물 중 임차한 부분과 그 밖의 부분이 상호 유지·존립에 있어 불가분의 일체를 이루는 관계"라 하더라도 달리 볼 것은 아니다.

나. 원심판결 중 임대차 목적물이 아닌 건물 부분에 발생한 손해 부분에 관하여 본다.

원심은, 이 사건 건물의 1층에 위치한 이 사건 임대차 목적물은 이 사건 건물의 다른 부분과 상호 유지·존립에 있어 구조상 불가분의 일체를 이루고 있는데, 이 사건 화재로 인하여 이 사건 임대차 목적물뿐만 아니라 건물의 다른 부분인 1층 나머지 부분, 2층 및 옥상 부분이 소훼되었으므로, 피고(반소원고)는 채무불이행책임에 따라 이 사건 임대차 목적물에 발생한 손해뿐만 아니라 이 사건 임차 외 건물 부분이 소훼되어 원고가 입게 된 손해까지도 배상할 의무가 있고, 나아가 피고 삼성화재도 피고(반소원고)의 보험자로서 위와 같은 손해를 배상할 의무가 있다고 판단하는 한편, 이 사건 화재 발생 이후 관련 소방당국과 수사기관에서 화재 현장 및 목격자 등을 통하여 방화가능성, 전기적·기계적 요인과 인위적 요인(담뱃불 내지 그 불티 등) 등 모든 발화원인을 조사하였으나, 이 사건 화재의 발화원인은 결국 밝혀지지 않은 사실을 인정하였다.

이러한 사실관계를 앞서 본 법리에 비추어 살펴보면, 임차인인 피고(반소원고)가 이 사건 임대차 목적물 반환의무를 불이행하였으나, 이와 별도로 이 사건 임차 외 건물 부분이 소훼되는 데에 관하여는 고의 또는 과실이 있다고 단정할수 없다.

그럼에도 원심은 임대차 목적물과 상호 유지·존립에 있어 구조상 불가분의 일체 관계에 있는 다른 부분이 소훼되어 임대인이 입게 된 손해에 대하여 임차인이 자신의 귀책사유 없음을 증명하지 못하는 한 채무불이행으로 인한 손해배상책임을 지게 된다는 잘못된 전제 아래, 피고(반소원고)가 이 사건 임대차 목적물을 보존할 의무를 다하였음을 인정할 증거가 부족하다는 이유로 이 사건 임차 외 건물 부분에 발생한 손해에 대해서도 피고(반소원고)에게 배상책임이 있고, 피고 삼성화재에게도 같은 책임이 있다고 판단하였다. 이러한 원심판결에는 임대차 목적물에서 발생한 화재가 확대되어 임차 외 건물 부분에 발생한 손해의 배상책임에 관한 법리를 오해하여 판결에 영향을 미친 잘못이 있다.

다. 원심의 위와 같은 법리오해의 잘못은 피고(반소원고)가 배상하여야 할 전체 손해액 산정에 관한 판단에 영향을 미쳤고, 이는 피고 삼성화재가 원고에게 지급할 전체 보험금의 액수에 관한 판단에도 영향을 미쳤다고 보아야 한다. 따라서 원심판결의 본소에 관한 부분 중 피고들 패소 부분은 전부 파기되어야 한다.

이상과 같이 다수의견의 결론에는 찬성하지만 그 파기의 이유는 달리하므로, 별개의견으로 이를 밝혀 둔다.

11

남의 산에 몰래 묘를 쓰다

분묘기지권과 취득시효

【판시사항】

타인 소유의 토지에 분묘를 설치한 경우에 20년간 평온, 공연하게 분묘의 기지를 점유하면 지상권과 유사한 관습상의 물권인 분묘기지권을 시효로 취득한다는 법적 규범이 2000. 1. 12. 법률 제6158호로 전부 개정된 '장사 등에 관한 법률'의 시행일인 2001. 1. 13. 이전에 설치된 분묘에 관하여 현재까지 유지되고 있는지 여부(적극)

세준 대법관님. 그동안 건강하게 지내셨습니까?

김신 코로나19 때문에 외출을 삼가고 조용히 지내고 있는 터라 여러분을 만나니 반갑습니다. 오늘은 어떤 판결을 준비해 왔습니까?

재윤 오늘은 대법원 2017. 1. 19. 선고 2013다17292 전원합의체 판결 [분묘철거등]을 준비했습니다.

김신 그 판결은 관습법에 기한 분묘기지권을 다루고 있는 판결입니다.

지희 그런데 분묘기지권이 조금 낯선 단어인데, 무슨 말입니까?

김신 분묘기지권은 민법에 규정되어 있지 않지만, 판례가 "분묘기지권이란 분묘를 수호하고 봉제사하는 목적을 달성하는 데 필요한 범위 내에서 타인 소유의 토지를 사용할 수 있고 토지 소유자나 제3자의 방해를 배제할 수 있는 관습상의 물권이다."라고 하고 있습니다. 그러니 분묘를 지키기 위해 필요한 토지를 사용할 수 있는 권리라고 이해하면 되겠습니다.

세준 분묘는 산소 혹은 무덤과 같은 뜻이지요?

김신 그렇습니다. 판례도 "분묘란 그 내부에 사람의 유골, 유해, 유발 등 시신을 매장하여 사자(死者)를 안장한 장소를 말한다."고 합니다.

재윤 분묘기지권은 자기 소유가 아닌 타인 소유 토지에 분묘를 설치한 경우에 인정되는 것이지요?

김신 그렇습니다. 자기 소유 토지에 분묘를 설치하였다면 분쟁이 생길 여지가 없습니다. 타인 소유 토지에 설치하였기 때문에 토지 소유자 또는 그 자손과 분쟁이 발생하고, 분묘기지권이 문제 되는 것입니다.

세준 타인 소유 토지에 분묘를 설치하더라도 소유자의 허락을 받은 경우에는 문제 되지 않을 것 같습니다.

김신 그렇습니다. 판례는 타인 소유 토지에 소유자의 승낙을 받아 분묘를 설치한 경우에는 당연히 분묘기지권을 취득한다고 합니다. 이 경우 토지 소유자가 바뀌어도 구 소유자에게 토지 양도 시 분묘를 이장하겠다고 약속하지 않았다면 분묘를 철거할 의무가 없다고 합니다.

세준 남의 토지에 소유자의 승낙 없이 분묘를 설치하면, 분쟁이 발생할 소지가 많겠습니다.

김신 소유자가 바뀌면 분쟁이 발생할 가능성이 높습니다. 판례는 이 경우에도 분묘를 설치하고 20년간 평온, 공연하게 그 기지를 점유하면 취득시효 완성으로 분묘기지권을 취득할 수 있고, 이 분묘기지권은 지상권과 유사한 관습상의 물권으로서 등기 없이 제3자에게 대항할 수 있다고 합니다.

재윤 판례는 남의 토지에 소유자의 허락 없이 분묘를 설치한 사람에게 특혜를 주는 것 아닙니까?

김신 이것은 우리의 전통 사상과 밀접한 관계가 있습니다. 우리 민족은 예로부터 명당을 골라 조상의 분묘를 설치하고, 그곳을 경건하고 존엄하게 여겨 함부로 훼손하면 안 된다고 생각해 왔습니다. 옛날에는 개인이 분묘를 매장할 임야를 소유할 수 없어서 타인 소유 임야에 분묘를 설치할 수밖에 없었습니다. 조선시대에도 '산송'이라고 하여 분묘를 둘러싼 분쟁이 많았습니다. 근대적 의미의 임야소유제도가 생기면서 타인의 토지에 설치된 분묘를 둘러싼 분쟁이 급증하자, 일제강점기부터 분묘를 소유하기 위한 사용권인 관습법상의 분묘기지권을 인정하였습니다. 대법원도 그 태도를 이어받았는데, 특혜라고 생각할 여지도 있습니다. 어느 분이 사실관계를 말씀해 주세요.

지희 제가 말씀드리겠습니다. 원고는 이 사건 임야의 소유자입니다. 그 임야에 이 사건 종중의 시조의 분묘가 1733년 무렵 설치되어 있고, 1987년부터 1990년 사이에 피고들의 증조부 또는 어머니의 분묘 등이 각 설치되었습니다. 원고가, 위 분묘를 수호·관리하면서 분묘와 그 분묘의 기지를 점유하고 있는 피고들을 상대로 분묘철거를 구하는 소를 제기하였습니다.

김신   원심은 어떻게 판단하였습니까?

지희   원심은 피고들이 이 사건 분묘들을 20년 이상 점유하였다고 하여 각 해당 분묘기지에 대한 분묘기지권을 시효로 취득하였다는 이유로 원고의 청구를 기각하였습니다.

김신   대법원에서 의견이 나뉘었는데, 우선 다수의견을 요약해 주세요.

지희   다수의견은, 20년간 평온, 공연하게 그 분묘의 기지를 점유하면 지상권과 유사한 관습상의 물권인 분묘기지권을 시효로 취득한다는 점은 오랜 세월 동안 지속되어 온 관습 노는 관행으로서 법적 규범으로 승인되어 왔고, 이러한 법적 규범이 '장사 등에 관한 법률'(법률 제6158호) 시행일인 2001. 1. 13. 이전에 설치된 분묘에 관하여도 현재까지 유지되고 있다고 하며 원심판결이 옳다고 판단하였습니다.

김신   이번에는 반대의견을 요약해 주세요.

지희   반대의견은, 토지 소유자의 승낙이 없음에도 20년간 평온, 공연한 점유가 있었다는 사실만으로 사실상 영구적이고 무상인 분묘기지권의 시효취득을 인정하는 관습은 적어도 2001. 1. 13. 위 장사에 관한 법률(법률 제6158호)이 시행될 무렵에는 법적 규범으로서 효력을 상실하였으므로, 2001. 1. 13. 당시 20년의 시효기간이 경과하지 아니한 분묘에 대하여는 분묘기지권의 시효취득을 주장할 수 없다고 하였습니다. 그 결과 피고의 시조 분묘에 대한 원고의 청구는 기각하고 나머지 분묘에 대한 원고의 청구는 인용되어야 한다고 주장하였습니다.

김신 반대의견은 2001. 1. 13. 장사에 관한 법률(이하 '장사법'이라 합니다)의 시행을 기점으로 관습으로서의 분묘기지권의 효력이 상실하였다고 하는 것 같습니다.

재윤 그렇다면 장사법의 내용을 살펴볼 필요가 있겠습니다.

김신 2001. 1. 13.부터 시행되던 장사법은 종전에 시행되던 '매장 및 묘지 등에 관한 법률'을 전부 개정한 것인데, 주요 내용은 분묘의 설치기간을 15년으로 제한하고 15년씩 3회에 한하여 설치기간의 연장을 허용하며, 토지 소유자의 승낙 없이 설치된 분묘에 대하여 토지 소유자가 이를 개장하는 경우 분묘의 연고자는 당해 토지 소유자에게 토지 사용권 기타 분묘의 보존을 위한 권리를 주장할 수 없다고 하였습니다. 위 조항들은 법 시행 후 최초로 설치되는 분묘부터 적용된다고 부칙으로 규정하였습니다.

재윤 장사법에 그렇게 규정되어 있다면, 장사법 시행 전에 설치된 이 사건 종중의 시조 묘는 철거할 수 없지만, 그 후 설치된 피고의 어머니 등의 묘들은 철거해야 한다는 반대의견이 타당한 것 같은데요?

김신 다수의견은 그렇지 않다고 합니다. 최초의 장사법은 2007. 5. 25. 법률 제8489호로 전부 개정되어 2008. 5. 26.부터 시행되었는데, 분묘의 설치기간을 제한하고 분묘 연고자가 토지 소유자의 승낙 없이 설치된 분묘에 대한 토지 사용권 등을 주장할 수 없다는 조항을 두었습니다. 2015. 12. 29. 법률 제13660호로 다시 개정되었는데, 주요 내용은 분묘의 설치기간을 30년으로 제한하고 1회에 한하여 그 설치기간을 30년으로 하여 연장할 수 있도록 하였습니다. 위 각 개정 장사법은 분묘의 설치기간 제한을 모두 2001. 1. 13. 이후 최초로 설치된 분묘부터 적용한다고 부칙에 규정하였습니다. 판례는 이러한 부칙에 비추어 보면, 분묘의 설치기간을 제한하고 토지 소유자의 승낙 없이 설치된 분묘에 대하여 토지 소유자가 이를 개장하는 경우에 분묘의 연고자는 당해 토지 소유자에 대항할 수 없다는 내용의 규정들은 최초 장사법 시행일인 2001. 1. 13. 이후 설치된 분묘에 관하여만 적용되고, 그 전에 설치된 분묘에 대하여는 분묘기지권이 인정된다고 합니다.

세준 그런데 반대의견은 아예 분묘기지권의 취득시효에 관한 관습이 있었다는 점에 대하여 의문을 제기하고 있지 않습니까?

김신 그렇습니다. 그런데 일제강점기 조선고등법원 1927. 3. 8. 판결은 토지 소유자의 승낙을 받은 경우뿐만 아니라, 토지 소유자의 승낙을 받지 않고 타인의 토지에 분묘를 설치한 사람도 20년간 평온, 공연하게 분묘기지를 점유한 때에는 시효로 인하여 타인의 토지에 대해 지상권과 유사한 일종의 물권을 취득하며, 이 권리에 대하여는 증명 또는 등기 없이도 제3자에게 대항할 수 있는 것이 관습이라고 하였습니다. 해방 이후 우리 대법원도 같은 취지에서 타인 소유의 토지에 소유자의 승낙 없이 분묘를 설치한 경우에 20년간 평온, 공연하게 그 분묘의 기지를 점유하면 지상권과 유사한 관습상의 물권인 분묘기지권을 시효로 취득한다고 거듭하여 판결하고 있습니다. 이런 역사를 무시하고 그러한 관습의 존재를 부정하는 것은 타당하지 않다고 생각합니다.

세준 토지 소유자의 승낙이 없음에도 20년간 평온, 공연한 점유가 있었다는 사실만으로 사실상 영구적이고 무상인 분묘기지권의 시효취득을 인정하는 관습은 사유재산권을 존중하는 헌법에 반한다는 지적이 있습니다. 그래서 반대의견에서는 분묘기지권에 관한 관습이 법적 규범으로서의 효력을 상실하였다고 주장하지 않습니까?

김신 그렇습니다. 반대의견은, 현행 민법 시행 후 임야를 비롯한 토지의 소유권 개념 및 사유재산제도가 확립되고 토지의 경제적인 가치가 상승함에 따라 토지 소유자의 권리의식이 향상되고 보호의 필요성이 커졌다고 합니다. 또한 상대적으로 매장을 중심으로 한 장묘문화가 현저히 퇴색함에 따라, 토지 소유자의 승낙 없이 무단으로 설치된 분묘까지 취득시효에 의한 분묘기지권을 관습으로 인정하였던 사회적·문화적 기초는 상실되었고 이러한 관습은 전체 법질서와도 부합하지 않게 되었다고 합니다. 그러므로 적어도 2001. 1. 13. 장사법이 시행될 무렵에는 사유재산권을 존중하는 헌법을 비롯한 전체 법질서에 반하는 것으로서 정당성과 합리성을 상실하였을 뿐 아니라 이러한 관습의 법적 구속력에 대하여 우리 사회 구성원들이 확신을 가지지 않게 됨에 따라 법적 규범으로서 효력을 상실하였다고 주장합니다.

지희 반대의견은 오랫동안 유효하다고 인정해 온 관습법이 전체 법질서와 부합하지 않게 되었다는 것으로 들립니다.

김신 대법원이 관습법을 쉽게 부정하면 법적 안정성을 해할 위험이 있습니다. 만약 관습법의 법적 규범으로서의 효력을 부정하려면 그것을 둘러싼 전체적인 법질서 체계와 관습법의 효력을 인정한 판례의 기초가 된 사회 구성원들의 인식·태도와 그 사회적·문화적 배경 등에 의미 있는 변화가 뚜렷하게 드러나야 합니다. 그러한 판단을 하기 위해서는 사전에 국민들의 법인식에 대한 실증적인 연구, 조사가 필요합니다. 그러한 선행 작업이 이루어지지 않은 상태에서 분묘기지권이라는 관습법에 대하여 법적 규범으로서의 효력을 유지할 수 없다고 하는 것은 성급합니다.

재윤 반대의견이 2001. 1. 13. 장사법 시행 후 설치된 분묘는 그 설치기간을 제한하고, 분묘기지권의 시효취득을 인정하지 않는 규정을 두고 있다는 점을 들어, 분묘기지권 또는 그 시효취득에 관한 관습법이 소멸되거나 내용이 변경되었다고 하는 주장에 대하여 어떻게 생각하십니까?

김신 다수의견은, 이것이 장사법의 개정 또는 시행 이전에 설치된 분묘는 여전히 분묘기지권 또는 그 시효취득을 인정하는 관습에 관한 사회 구성원들의 법적 확신의 변화나 소멸이 없었다는 반증이 된다고 반박합니다.

재윤 반대의견은 분묘기지권이 토지의 효율적 이용을 저해하는 원인이 되었고, 공평이나 형평의 관점에서든 효율의 관점에서든 분묘기지권에 관한 판례를 그대로 유지하여야 할 근거를 찾기 어렵고, 전체 법질서에 부합하지 않아 정당성과 합리성을 유지할 수 없다고 하는 것 같습니다.

김신 앞에서 말씀드린 것처럼, 과거에는 다른 사람의 임야에 조상의 시신을 매장하는 경우가 허다하였고, 토지 소유자의 승낙을 받더라도 계약서를 작성하는 경우는 드물었습니다. 그래서 토지 소유자가 바뀌어 분묘를 굴이(掘移)하라고 요구하는 등으로 시비가 생겨도 토지 소유자의 승낙을 받았다는 것을 증명하기가 어려웠습니다. 분묘기지권의 시효취득에 관한 판례는 이러한 문제를 해소해 주는 긍정적인 측면이 있음을 생각하면 반대의견에 찬성하기 어렵습니다.

지희 최근 헌법재판소에서도 관습법상의 분묘기지권에 관한 결정을 내렸다는 뉴스를 보았는데, 헌법재판소도 다수의견과 같은 입장인 것 같습니다.

김신 저도 그 뉴스를 보았습니다. 청구인이 아버지로부터 물려받은 땅에 피청구인의 조상 분묘가 설치되어 있었습니다. 그런데 청구인이 분묘의 연고자를 찾을 수 없어 분묘를 철거하고 화장을 하였습니다. 그러자 피청구인이 나타나 그 분묘를 철거한 것은 관습상의 분묘기지권을 침해한 불법행위라고 주장하며 손해배상을 청구하였고, 법원은 청구인에게 손해배상을 명하는 판결을 하였습니다. 그러자 청구인은 타인 소유의 토지에 소유자의 허락 없이 분묘를 설치해도 20년간 점유하면 분묘기지권을 취득할 수 있다는 관습법은 개인의 재산권을 침해하여 위헌이라고 하여 헌법소원을 하였습니다. 헌법재판소는 헌법소원을 기각하였습니다.

지희 헌법재판소는 어떤 이유로 그렇게 결정하였습니까?

김신 헌법재판소는, 분묘기지권에 관한 관습법 중 "타인 소유의 토지에 소유자의 승낙 없이 분묘를 설치한 경우에는 20년간 평온, 공연하게 그 분묘의 기지를 점유하면 지상권과 유사한 관습상의 물권인 분묘기지권을 시효로 취득하고, 이를 등기 없이 제3자에게 대항할 수 있다."는 부분 및 "분묘기지권의 존속기간에 관하여 당사자 사이에 약정이 있는 등 특별한 사정이 없는 경우에는 권리자가 분묘의 수호와 봉사를 계속하는 한 그 분묘가 존속하고 있는 동안은 분묘기지권은 존속한다."는 부분은 헌법에 위반되지 아니한다고 판단하였습니다. 대법원 다수의견과 결론이 같습니다.

지희 관습상의 분묘기지권을 인정하지 말자는 의견은 아직 소수인 것 같습니다. 그러나 최근에는 매장 대신 화장하는 사례가 급격히 증가하고 있는 등 전통적인 장사방법이나 장묘문화에 대한 사회 구성원들의 인식 변화가 생기고 있는 것 같습니다.

김신 그런 변화가 급속하게 이루어지고 있습니다. 그렇지만 분묘기지권에 관한 관습에 대한 사회 구성원들의 법적 구속력에 대한 확신이 소멸하였거나 그러한 관행이 변경되었다고 보기에는 아직 부족하다고 생각합니다.

세준 다수의견은 타인 소유의 토지에 분묘를 설치한 경우에도 20년간 평온, 공연하게 그 분묘의 기지를 점유하면 지상권과 유사한 관습상의 물권인 분묘기지권을 시효로 취득한다는 점은 지금도 유효하다고 판단한 것입니까?

김신 그렇습니다. 관습상의 물권인 분묘기지권은 오랜 세월 동안 지속되어 온 관습 또는 관행으로서 법적 규범으로 승인되어 왔고, 이러한 법적 규범은 당초 장사법 시행일인 2001. 1. 13. 이전에 설치된 분묘에 관하여 현재까지 유지되고 있습니다. 이 사건에서도 피고들은 각 분묘가 설치된 때부터 20년 이상 분묘를 수호·관리하면서 위 분묘와 그 분묘의 기지를 점유하여 왔으므로 분묘기지권을 시효로 취득하였다고 판단하였습니다.

지희 이 사건에서 다수의견은 분묘란 단순한 공작물이 아니라 조상의 숨결이 살아 있는 신성한 장소로서 그 철거를 쉽게 허용하여서는 안 된다는 입장입니다. 반면 반대의견은 경제적 가치가 높아져 임야의 소유권을 최대한 존중하여야 하며 그 지상 분묘는 임야의 가치를 낮추는 걸림돌에 불과하므로 철거를 허용하는 입장인 것 같습니다.

김신 다수의견과 반대의견 모두 나름의 현실성과 명분론을 가지고 있다고 생각합니다. 반대의견을 제시하신 대법관이 다섯 분이나 된다는 사실이 이 점을 명백히 보여 줍니다. 그러나 다수의견은 현재의 사회적인 여건이나 인식에 비추어 보면 반대의견이 다수의견을 압도할 정도는 아니라고 반박하고 있습니다.

세준 이 판결에서 본격적으로 다루어지지는 않았지만, 토지 소유자가 관습상의 분묘기지권자에게 지료는 청구할 수 있겠지요?

김신 이제까지 대법원은, 관습상의 분묘기지권을 시효취득한 경우에는 토지 소유자에게 지료를 지급할 의무가 없다고 판결하였습니다.

세준 지료까지 청구할 수 없다는 것은 토지 소유자에게 지나치게 가혹하지 않습니까? 관습법상 법정지상권자에게는 지료 지급의무를 인정하는 판례와도 균형이 맞지 않다고 생각합니다.

김신 이 문제에 관하여는 대법원에서 별도의 사건으로 연구 중인 것으로 알고 있습니다. 그 사건에서 1심은 종전 판례에 따라 지료 지급의무가 없다고 하였으나, 원심은 지료 지급의무가 있다고 판단하였습니다. 대법원에서 판례를 변경할 것인지, 저도 궁금합니다.

지희 오늘은 아주 재미있는 주제를 가지고 대법관님과 대화하였습니다. 다수의견과 반대의견이 대립하고 숫자도 8:5로 팽팽할 뿐 아니라 각 의견에 대하여 보충의견까지 제시하면서 격론을 벌이고 있습니다. 나중에 헌법재판소도 의견을 밝혔습니다. 그 의견들을 읽다보면 과거와 현재, 죽은 자와 산 자, 영혼의 무게와 부동산의 가치 사이에서 저울추가 생생하게 요동치고 있음을 느끼게 됩니다. 자신이 가진 가치관에 따라 달리 볼 수 있는 여지가 많은 것 같습니다.

김신 이 전원합의체 판결은 복잡한 이론을 전개하고 있고 문장도 복잡하여 읽기가 어렵습니다. 그런데도 여러분이 판결에 흥미를 가지고 대화에 임하니 다행입니다. 지금까지 여러분과 대법원 전원합의체 판결을 함께 읽는 유익한 시간을 가졌습니다. 그런데 저의 개인적 사정으로 여러분과의 만남을 더 이상 못 하게 되었다는 아쉬운 말씀을 드려야 될 것 같습니다.

세준 그렇습니까? 대법관님과 함께 공부하는 시간을 가져서 너무 좋았는데, 그만두신다니 아쉽습니다. 모쪼록 다시 만날 수 있으면 좋겠습니다.

김신 저도 여러분과의 만남을 소중한 추억으로 간직하겠습니다. 늘 건강하고 행복하시길 기원합니다.

대법원 2017. 1. 19. 선고 2013다17292 전원합의체 판결
[분묘철거등]

다수의견에 대한 대법관 김신, 대법관 조희대의 보충의견

가. 반대의견은 분묘기지권의 시효취득을 인정하는 종전의 관습은 적어도 2001. 1. 13. 장사법(법률 제6158호)이 시행될 무렵에는 사유재산권을 존중하는 헌법을 비롯한 전체 법질서에 반하여 정당성과 합리성을 상실하였을 뿐 아니라, 이러한 관습의 법적 구속력에 대하여 우리 사회 구성원들이 확신을 가지지 않게 됨에 따라 법적 규범으로서의 효력을 상실하였으므로, 2001. 1. 13. 당시 아직 20년의 시효기간이 경과하지 아니한 분묘의 경우 법적 규범의 효력을 상실한 분묘기지권의 시효취득에 관한 종전의 관습을 가지고 분묘기지권의 시효취득을 주장할 수 없다고 한다.

그러나 대법원은 오랜 기간 동안 분묘 소유를 위한 토지 사용권의 보호를 내용으로 하는 관습 또는 관행을 근거로 분묘기지권의 시효취득에 관한 관습법을 확인하고 이를 적용해 왔으며, 위와 같이 확고부동하게 법적 규범으로서의 효력이 인정되어 온 분묘기지권에 관한 관습법에 대하여 그 효력이 상실되었다고 볼 수 있을 정도로 전체적인 법질서 체계나 사회를 지배하는 기본적 이념 또는 사회질서 등에 중대한 변화가 있었다고 단정하기 어렵다.

나. 우선 분묘기지권의 시효취득에 관한 관습법에 대하여 법적 규범으로서의 효력이 상실되었다고 볼 수 있을 정도로 위 관습을 둘러싼 전체적인 법질서 체계에 의미 있는 변화가 있었는지 살펴본다.

(1) 대법원은 현행 민법이 시행되기 전에 타인 소유의 토지에 소유자의 승낙 없이 분묘를 설치한 경우에 20년간 평온, 공연하게 그 분묘의 기지를 점유하면 지상권과 유사한 관습상의 물권인 분묘기지권을 시효로 취득하고, 이를 등

기 없이 제3자에게 대항할 수 있는 것이 관습이라고 판시하였고(대법원 1955. 9. 29. 선고 4288민상210 판결, 대법원 1957. 10. 31. 선고 4290민상539 판결 참조), 현행 민법이 시행된 후에도 분묘기지권의 시효취득에 관한 관습법의 효력을 인정한 대법원판결을 폐기할 필요가 없다고 판시하였다(대법원 1963. 7. 25. 선고 63다157 판결 참조). 이후 대법원은 50년 가까이 같은 취지의 판결을 거듭 내림으로써 장사법(법률 제6158호)의 시행 전에 설치된 분묘에 대하여 분묘기지권의 시효취득에 관한 관습법을 적용해 왔다(대법원 1995. 2. 28. 선고 94다37912 판결, 대법원 2011. 11. 10. 선고 2011다63017, 63024 판결 등 참조).

(2) (가) 묘지에 관한 법제 역시 분묘기지권에 관한 관습법에 영향을 줄 정도의 중대한 변화가 있었다고 볼 수 없다.

대법원은 분묘 설치자가 '묘지, 화장장, 매장 및 화장취체규칙'에 따라 처벌된다고 하더라도, 지상권 유사의 물권인 분묘기지권을 취득함에 아무런 영향이 없다고 판시하였고(대법원 1973. 2. 26. 선고 72다2464 판결 참조), 위 '묘지, 화장장, 매장 및 화장취체규칙'에 의하여 경찰서장이 개장을 명할 수 있는 경우에도, 이는 묘지에 관한 풍기문란 및 위생저해의 단속이라는 행정목적을 위한 것이므로 분묘기지권의 취득에 영향이 없다고 판시하였다(대법원 1955. 9. 29. 선고 4288민상210 판결 참조).

장사법으로 전부 개정되기 전의 매장법은 관습법상 인정된 분묘기지권을 허용하지 않는 명시적인 규정을 두고 있지 않을 뿐만 아니라, 대법원은 분묘기지권의 범위가 매장법이 규정한 분묘의 제한면적 범위 내로 한정되는 것은 아니라고 판시하는 등(대법원 1994. 8. 26. 선고 94다28970 판결, 대법원 1994. 12. 23. 선고 94다15530 판결 등 참조) 공법상의 규제에 한정되어 있던 매장법이 관습법으로 인정된 분묘기지권의 내용에 영향을 줄 수 없다고 밝히고 있다.

나아가 장사법(법률 제6158호) 부칙 제2조는 토지 소유자의 승낙 없이 설치된 분묘에 대하여 토지 소유자가 이를 개장하는 경우 분묘의 연고자는 당해 토지 소유자에게 토지 사용권인 분묘기지권의 시효취득을 주장할 수 없다는 취지로 규정한 제23조 제3항에 관하여 장사법 시행 후 최초로 설치된 분묘부터 적용한다고 규정하여, 장사법 시행 전에 설치된 분묘에 관하여 기존 관습법의 적용을 배제하지 않고 있다.

위와 같이 공법상의 규제에 머물러 있던 매장법 등이 사법(私法)상의 권리인 분묘기지권의 취득에 영향을 줄 수 없었고, 2001. 1. 13. 시행된 장사법(법률 제6158호) 역시 법 시행 전에 설치된 분묘에 대하여 기존 관습법의 적용을 배제하지 않고 있으므로, 토지 소유자의 승낙 없이 설치한 분묘에 관하여 토지 사용권의 주장을 제한하는 등의 규정을 둔 장사법의 시행만으로 분묘기지권에 관한 관습법의 존립 근거가 상실되었다고 볼 수 없다.

(나) 장사법은 매장·화장 등 장사의 방법과 묘지·화장장 등 장사시설의 설치·조성 및 관리 등에 관한 사항을 정하여 보건위생상의 위해를 방지하고, 국토의 효율적 이용과 공공복리 증진에 이바지하는 것을 입법 목적으로 한다(제1조). 비록 장사법이 위와 같은 입법 목적의 달성과 그 실효성 확보를 위하여 분묘의 설치기간을 제한하고 토지 소유자의 승낙 없이 설치한 분묘에 관하여 토지 사용권의 주장을 제한하는 등의 규정을 두었지만, 그 부칙을 통해 장사법(법률 제6158호)이 시행된 2001. 1. 13. 이후 최초로 설치된 분묘부터 위와 같은 내용의 규정을 적용한다고 명시하고 있다. 이러한 장사법의 규정들에 비추어 보면, 장사법의 입법태도는 법 시행 후에 설치된 분묘에 대한 규제를 통해 국토의 효율적인 이용 및 공공복리의 증진 등을 도모함으로써 묘지의 부족과 분묘설치로 인한 국토의 효율적 이용 저해 등의 문제를 점진적으로 해소하기 위한 것으로 보일 뿐이고, 장사법 시행 당시까지 인정되어 온 분묘기지권에 관한 관습법을 일거에 폐지하여 분묘의 증가나 그 존속에 따른 현실적인 문제를 한꺼번에 해결하기 위한 것으로 볼 수 없다.

(다) 그렇다면 2001. 1. 13. 장사법(법률 제6158호) 시행 전에 이미 설치된 분

묘에 대하여 그동안 인정되어 온 관습법에 의한 분묘기지권이나 그 취득시효가 허용될 수 없다고 보기 어렵고, 장사법의 시행만으로 분묘기지권에 관한 관습법의 변화 또는 소멸을 인정할 만한 전체 법질서의 변화가 뚜렷하게 드러났다고 단정할 수도 없다.

(3) (가) 관습법은 사회의 거듭된 관행으로 생성된 사회생활규범이 사회의 법적 확신과 인식에 의하여 법적 규범으로 승인·강행되기에 이른 것이므로(대법원 1983. 6. 14. 선고 80다3231 판결 등 참조), 법원은 위와 같이 인정된 관습법에 기속되고 함부로 그 효력을 부정할 수는 없다.

(나) 분묘기지권에 관한 관습법은 우리 민족의 조상에 대한 경애추모의 정신을 기반으로 한 관습 또는 관행을 토대로 하고 있고, 제사·숭경의 대상인 '분묘'의 특수성 등을 감안하면, 소유권 절대의 사상만을 이유로 이를 전체 법질서에 반하는 것으로서 정당성 또는 합리성이 없다고 볼 수는 없는 것이다.

대법원은 일찍이 분묘는 조상의 유체 등을 안장한 장소이므로 자손이 이를 보전할 의무가 있음은 물론이고 타인이라도 그 존엄성을 존중하여야 한다고 판시하였고(대법원 1959. 10. 8. 선고 4291민상770 판결 참조), 분묘 소재지의 임야 소유권을 취득한 자가 공사 등 그 임야를 사용, 수익하는 경우 분묘에 관하여 지상권 유사의 물권을 가진 분묘 소유자에 대항할 수 있는 정당한 권원을 취득하였는지 여부를 확인할 주의의무가 있다고 판시하였다(대법원 1979. 2. 13. 선고 78다2338 판결 참조).

한편 형법은 제2편 각칙 제12장 '신앙에 관한 죄'에서 분묘발굴죄(제160조)를 규정하고 있는데, 대법원은 분묘발굴죄의 객체인 분묘는 사람의 사체, 유골, 유발 등을 매장하여 제사나 예배 또는 기념의 대상으로 하는 장소를 말하는 것이고, 그 사자가 누구인지 불명하다고 할지라도 제사·숭경하고 종교적 예의의 대상으로 되어 있고 이를 수호, 봉사하는 자가 있으면 여기에 해당한다고 판시하였다(대법원 1990. 2. 13. 선고 89도2061 판결 등 참조). 이에 따르면 유족들의 수호, 봉사의 대상이 되는 분묘에 대한 침해는 형사법적으로는 범죄행위에 해당한다.

위와 같이 분묘는 자손들이나 토지 소유자 등 제3자가 함부로 훼손할 수 없는 특수성을 가지고 있고, 분묘의 수호, 봉사를 위한 분묘기지권 역시 위와 같은 관념에 기초하고 있다. 이러한 분묘의 속성이나 분묘기지권의 특성 등을 고려하여, 대법원은 분묘기지권에 관하여 소유자나 제3자의 방해를 배제할 수 있는 물권으로서의 효력을 인정하고, 봉분 등 외부에서 분묘의 존재를 인식할 수 있는 형태를 갖추고 있다면 등기 없이 분묘기지권을 취득하며, 분묘기지권의 존속기간도 당사자 사이의 약정이 있는 등 특별한 사정이 없는 한 분묘의 수호와 봉사를 계속하며 그 분묘가 존속하는 동안 계속된다고 해석하였다.

(다) 한편 다음과 같은 이유에서 분묘기지권이나 그 시효취득을 인정하는 관습법이 토지 소유자의 소유권을 유명무실하게 할 정도로 정당성이나 합리성이 없다고 볼 수는 없다.

분묘기지권의 시효취득으로 인하여 결과적으로 토지 소유자의 권리가 제한되는 것은 사실이나, 이는 취득시효제도를 인정하는 이상 당연히 발생하는 문제이다. 그렇지만 대법원은 타인 소유의 토지 위에 그 소유자의 승낙 없이 분묘를 설치한 자가 20년간 평온, 공연히 그 분묘의 기지를 점유한 때에는 그 점유자는 시효에 의하여 그 토지 위에 지상권 유사의 물권을 취득하고, 이에 대한 소유권을 취득하는 것은 아니라고 판시하였고(대법원 1969. 1. 28. 선고 68다 1927, 1928 판결 등 참조), 타인의 토지 위에 분묘를 설치·소유하는 자는 다른 특별한 사정이 없는 한 그 분묘의 보존·관리에 필요한 범위 내에서만 타인의 토지를 점유하는 것이므로, 점유의 성질상 소유의 의사가 추정되지 않는다고 판시함으로써(대법원 1997. 3. 28. 선고 97다3651, 3668 판결 등 참조), 분묘기지 부분에 대하여 분묘 설치자 등의 소유권 시효취득의 가능성을 원천적으로 차단하고 있다. 즉 취득시효제도에 의하여 성립한 분묘기지권의 내용을 토지 사용권으로 국한하여 인정함으로써 분묘기지권이 성립하더라도 토지 소유자의 소유권이 완전히 상실되는 것을 방지하고 있다.

분묘기지권을 시효취득하기 위해서는 법률상 용인될 수 없는 강포(強暴)행위를 쓰지 아니하는 '평온'한 점유와 은비(隱)의 점유가 아닌 '공연'한 점유를 요구하므로(대법원 1996. 6. 14. 선고 96다14036 판결 등 참조), 법률상 도저히 용인할 수 없는 방법으로 분묘를 설치한 경우에는 분묘기지권의 시효취득이 인정되지 않을 수 있다. 게다가 토지 소유자는 분묘설치 후 20년의 시효기간이 경과하기 전에 분묘 소유자에게 분묘굴이를 구하는 등으로 권리구제가 가능함은 물론이다.

또한 분묘기지권은 분묘를 수호하고 봉사하는 목적을 달성하는 데 필요한 범위 내에서만 타인의 토지를 사용할 수 있는 권리이므로, 선대 분묘를 수호하고 봉사하는 목적을 달성하는 데 반드시 필요한 범위가 아니라면 분묘의 확장이나 석물 등의 설치 또는 분묘 전면의 석축 공사 등은 허용되지 않고(대법원 1993. 7. 16. 선고 93다210 판결, 대법원 1994. 4. 12. 선고 92다54944 판결 등 참조), 기존의 분묘 외에 새로운 분묘를 신설할 권능도 인정되지 않는다(대법원 1997. 5. 23. 선고 95다29086, 29093 판결 등 참조). 위와 같이 토지 소유자는 분묘의 수호·관리에 필요한 상당한 범위 내에 한정하여 분묘기지가 된 토지 부분에 대한 소유권의 행사가 제한될 뿐이다(대법원 2000. 9. 26. 선고 99다14006 판결 등 참조).

분묘기지권의 대상이 된 분묘가 존재하지 않게 되거나 자손들의 수호와 봉사가 계속되지 않으면 자연스럽게 그 권리가 소멸하므로, 분묘기지권이 영구적으로 토지 소유자의 소유권을 제한하는 것도 아니다.

(라) 이른바 '악의의 무단점유'의 경우에 민법 제197조 제1항에 의한 소유의 의사가 있는 점유라는 추정이 깨어졌다고 판시한 대법원 1997. 8. 21. 선고 95다28625 전원합의체 판결의 법리를 근거로 분묘기지권의 시효취득에 관한 관습법의 효력이 상실되었다고 볼 수는 없다.

위 전원합의체 판결은, 점유자가 점유 개시 당시에 소유권 취득의 원인이 될 수 있는 법률행위 기타 법률요건이 없이 그와 같은 법률요건이 없다는 사실을 잘 알면서 타인 소유의 부동산을 무단점유한 것임이 증명된 경우에는 특별한 사정이 없는 한 점유자가 타인의 소유권을 배척하고 점유할 의사를 갖고 있지 않다고 보아야 하고, 이로써 소유의 의사가 있는 점유라는 추정은 깨어졌다고 판시함으로써, 악의의 무단점유자에 대하여 민법 제245조 제1항에 의한 소유권 시효취득을 부정하였는데, 그 취지는 등기한 진정한 부동산 소유자가 점유자의 취득시효완성으로 인하여 소유권을 쉽게 상실하는 불합리한 결과를 방지하기 위한 것으로 볼 수 있다.

그러나 분묘 소유를 위한 토지 사용권만을 등기 없이 취득하는 관습법상의 물권인 분묘기지권의 시효취득 요건을 위와 똑같은 입장에서 바라볼 수는 없다.

현행 민법은 법률행위로 인한 부동산 물권의 득실변경에 관하여 등기라는 공시방법을 갖추어야 효력이 생기는 이른바 '형식주의'를 채택하였고, 이러한 관점에서 보면 점유자가 소유권 등 부동산 물권을 등기 없이 취득한다는 의사를 가진다는 것이 타당하다고 볼 수 없는 점 등을 고려하여, 위 전원합의체 판결은 이른바 '악의의 무단점유'가 증명된 경우 소유의 의사가 있는 점유라는 추정이 깨어졌다고 한 것이다.

반면에 예측할 수 없는 상황에서 갑자기 조상이 사망하여 분묘를 설치할 필요가 생긴 경우 토지 소유자의 명시적인 승낙을 받고 분묘를 설치하는 경우도 있겠지만, 토지 소유자가 명시적으로 반대하지 않고 용인한 상태에서 분묘를 설치하는 경우도 많다. 여기에 분묘기지권이 토지 소유자의 승낙이 있는 경우 등기 없이도 취득할 수 있는 관습법에 의한 물권인 점, 제사·숭경의 대상인 '분묘'의 특수성과 이웃 간의 정의(情誼)를 소중히 여기던 전통적 가치관 등까지 함께 고려하면, 대부분의 분묘 설치자는 토지 소유권을 불법적으로 침해한다는 인식보다는 토지 소유자의 용인 아래 분묘를 설치한다는 의사를 가지고 있었다고 보는 것이 우리의 법 감정이나 사회현실에 맞을 것이다. 아울러 분묘의 수호·봉사가 20년 이상의 장기간 계속되었다면 위 분묘에 관하여 형성된 사회질서를 그대로 유지시키는 것이 온당할 것이다.

분묘 설치자 등이 토지 소유자의 승낙에 대한 증명을 못하는 경우라도 일정한 요건 아래 그 시효취득을 인정하는 것이 자연스럽다. 만약 토지 소유자의 승낙이 없다는 이유로 '악의의 무단점유'라고 단정하고 분묘기지권의 시효취득을 허용하지 않는다면, 이는 분묘설치 후 20년 이상이 경과한 시점에서 분묘 소유자에게 분묘설치 당시의 토지 소유자의 승낙 등 내심의 의사를 증명하라고 요구하는 것과 마찬가지이고, 사실상 분묘기지권의 시효취득을 허용하지 않는 것과 다르지 않다. 하지만 그러한 결과가 우리 사회의 분묘설치의 관행과 실태나 분묘기지권이 관습법상의 물권으로 인정되고 있는 취지와 부합하는지 의문이다.

따라서 부동산 물권관계에 관한 등기제도의 의미 등을 바탕으로 한 소유권 시효취득의 요건은 분묘 소유를 위한 토지 사용권만을 인정하고 등기 없이 취득할 수 있는 관습상의 물권인 분묘기지권의 시효취득의 요건과 분명히 구별되어야 하고, 위 전원합의체 판결의 법리가 분묘기지권의 시효취득에 관한 관습법의 효력에 영향을 미친다고 보기 어렵다.

(4) 따라서 분묘기지권이나 그 취득시효에 관한 관습법이 전체 법질서에 반하여 정당성이나 합리성을 상실하였고 이에 따라 법적 규범으로서의 효력을 유지할 수 없게 되었다고 볼 정도로 위 관습을 둘러싼 전체적인 법질서 체계에 의미 있는 변화가 있었다고 볼 수는 없다.

다. 다음으로 분묘기지권의 시효취득에 관한 관습법에 대하여 사회 구성원들이 법적 확신을 가지지 않게 될 정도로 관습법의 효력을 인정한 대법원판례의 기초가 된 사회 구성원들의 인식·태도나 그 사회적·문화적 배경 등에 중대한 변화가 있었는지 살펴본다.

(1) 관습법은 성문법과 달리 사회의 거듭된 관행으로 생성된 사회생활규범이 사회 구성원들의 법적 확신과 인식에 의하여 법적 규범으로 승인·강행되기에 이른 것인 만큼, 사회 구성원들이 법적 확신을 잃게 됨으로써 관습법의 법적 효력이 상실되었다고 인정하기 위해서는 관습조사 등 실증적인 자료에 근거할 필요가 있다. 그런데 기록상 2001. 1. 13. 장사법(법률 제6158호)이 시행될 무렵 매장문화 등을 토대로 한 분묘기지권에 관한 관습에 대하여 사회 구성원들의 법적 확신이 소멸하였거나 그러한 관행이 본질적으로 변경되었다고 인정할 만한 자료를 찾을 수 없다.

(2) 2001. 1. 13. 장사법(법률 제6158호)이 시행되기 전인 1999년도 전국 평균 화장률은 30.3%, 2000년도 전국 평균 화장률은 33.7%에 불과하여, 장사법이 시행되기 전에는 우리나라의 장사방법으로 전통적인 매장률이 화장률을 압도하였다. 나아가 장사법의 시행 이후 국가의 시책 등에 따라 화장률이 급격하게 증가하였다고 하더라도, 화장 후 매장을 위하여 설치되는 분묘의 수요도 무시할 수 없는 등 과거부터 지속되어 왔던 매장문화가 완전히 사라졌다거나 매장선호의식 등에 변화가 있었다고 단정할 수 없다. 오히려 사설묘지를 허용하고 있는 우리의 법제 아래에서는 분묘기지권의 기초가 되는 매장문화가 여전히 우리 사회에 존속하고 있다고 보아야 한다.

또한 장묘문화의 변화가 곧 분묘기지권이라는 관습법에 대한 법적 확신의 소멸과 직결된다고 볼 수 없다. 장묘문화나 장사방법에 대한 현 세대의 인식과는 별도로 조상숭배사상을 토대로 한 분묘기지권에 관한 관습법은 여전히 존속한다고 보아야 한다. 예를 들어, 이른바 '민족대이동'이라고 할 정도로 설날이나 추석과 같은 명절에 귀성하여 조상의 분묘에서 성묘를 하는 전통과 관행은 우리 국민에게 너무나 당연하게 받아들여지고 있다. 이처럼 장묘문화의 변화와는 별개로 조상숭배사상에 기초한 분묘에 대한 전통적인 인식은 여전히 뿌리 깊게 남아 있다고 보는 것이 우리의 현실에 부합하고, 분묘에 대한 존중과 보존 역시 우리 사회 구성원들에게 중요한 문제로 계속 남아 있음을 알 수 있다.

(3) 2015. 12. 29. 법률 제13660호로 개정되고 같은 날 시행된 장사법은 매장법을 전부 개정한 장사법(법률 제6158호) 시행일인 2001. 1. 13. 이후 설치된 분묘의 설치기간을 15년에서 30년으로 늘렸는데(제19조 제1항, 부칙 제2조), 위와 같이 장사법을 개정하게 된 이유는 분묘의 설치기간 제한에 대하여 국민들이 충분히 인식하지 못하고 있고 분묘의 설치기간 만료로 분묘개장을 할 경우 국민의 반감과 불편이 생길 수 있음을 뒤늦게나마 반영할 필요가 있었기 때문이다. 즉 장사법 시행 후에 설치된 분묘의 설치기간 만료에 따른 개장과 관련하여 이에 대비한 행정적 정비나 사회적 여건이 충분하지 않아 분묘의 설치기간을 15년에서 30년으로 늘린 것이다.

이러한 장사법 개정경위에 비추어 보면, 장사법 시행 후 상당한 기간이 경과하였음에도 분묘나 이를 둘러싼 법률관계에 대하여 사회 구성원들의 인식 변화가 뚜렷하다고 보기 어렵다. 여기에서 더 나아가 만약 대법원판례의 변경으로 장사법 시행 이전에 설치된 분묘까지 개장 또는 이장을 하게 될 경우 그에 따른 사회·경제적 비용 부담이나 제반 여건 역시 이를 감당할 수 있을지 의문이고, 사회 구성원들이 위와 같은 결과까지 용인하였다고 볼 수 있는지도 명백하지 않다.

(4) 따라서 분묘기지권의 시효취득에 관한 관습법에 대하여 사회 구성원들의 인식·태도나 그 사회적·문화적 배경 등에 중대한 변화가 있었다고 볼 수도 없다.

라. (1) 과거의 사실관계에 적용되는 관습법에 대하여 그 법적 효력의 유무에 대한 심사가 가능하다고 하더라도, 그 법적 효력을 부정하게 되면 기존의 관습법에 따라 수십 년간 형성된 과거의 법률관계에 대한 효력이 일시에 뒤흔들려 법적 안정성을 해할 위험이 크므로 매우 신중하게 판단해야 한다.

특히 분묘기지권의 시효취득에 관한 관습법에 대하여 그 효력 상실을 인정한다면, 이미 시효취득기간의 경과로 취득시효가 완성되어 성립한 분묘기지권을 소급하여 소멸시킴으로써 시효취득이라는 규범에 대한 법적 안정성과 신의성실의 원칙에 기초한 당사자의 신뢰보호를 깨뜨리는 결과가 될 수도 있다.

(2) 또한 1999년 말 당시 기준으로 묘지 면적이 전 국토의 약 1%에 해당하고, 분묘 수는 약 2,000만 기에 이르고 있으며 매년 약 17만 기가 새로 발생하고 있다고 한다. 이에 따르면 장사법(법률 제6158호) 시행일인 2001. 1. 13.까지 20년의 시효기간이 경과하지 아니한 분묘만도 상당한 숫자일 것임을 짐작할 수 있다. 이러한 사정에 비추어 보면, 분묘기지권의 시효취득에 관한 관습법의 효력을 부정할 경우 분묘의 이장 및 개장으로 매우 큰 사회적 혼란이 생길 수 있으므로, 위 관습법의 효력 유무를 신중하게 판단할 수밖에 없다. 그런데 앞서 살펴본 대로 분묘기지권에 관한 관습법에 대하여 법적 규범으로서의 효력을 유지할 수 없게 되었다고 볼 만한 명백한 사정이 보이지 않는다.

마. 우리의 전통적 사고방식에 의하면 분묘는 단순한 공작물이 아니라 조상의 영혼이 깃든 정신적 장소이고, 망자에 대한 슬픔과 존경 그 밖의 기억이 살아 있는 사람에게 남아 있는 동안에는 그 기억을 담아두고 드러내는 숭모의 장소로서 존중되어야 한다는 인식이 사회 구성원들에게 쌓이고 뿌리를 내려 위에서 본 바와 같은 관습법이 형성되었다. 그러한 관습법의 형성 가운데 분묘를 경제적 가치로 계량한다는 생각은 조금도 들어 있지 않았다. 그런데 근대적인 의미의 임야소유제도가 형성되면서부터 일부에서나마 분묘기지가 존재하는 임야 등 토지뿐 아니라 그 지상의 분묘까지 그 정신적 가치보다 경제적 가치를 우선시하기 시작하면서 분묘를 둘러싼 법적 다툼이 생겼던 것이다. 근대적 소유권의 절대성이라는 잣대를 일반 공작물과 마찬가지로 분묘에 들이대면 그 굴이를 구하는 청구를 쉽게 배척하기는 힘들겠지만, 그럼에도 불구하고 위에서 본 여러 요건을 충족하는 한 그 청구를 쉽게 받아들여서는 안 된다는 사회 구성원들의 합치된 의식이 분묘기지권에 관한 관습법을 형성·유지하게 된 기초일 것으로 짐작된다. 국가에서 장사법의 시행 등 입법으로도 사회 구성원들 속에 오랜 기간을 통하여 생활 속에 깊게 뿌리박고 있는 이러한 의식을 쉽게 바꾸기 힘들다는 것은 그 법률을 강력하게 시행하지 못하고 여러 차례 개정하

고 있는 점으로 미루어 보더라도 쉽게 알 수 있다. 그렇다면 분묘기지권의 시효취득의 경우에도 분묘의 기지에 대한 소유권이 아닌 그 사용권만을 주장하는 것인 점과 분묘에 내재된 정신적 가치를 함께 고려하면 토지 소유권에 관한 취득시효 이론을 그대로 적용하고자 하는 시도는 쉽게 받아들이기 힘들다. 다만 경제적 가치가 높아져만 가는 임야의 소유권은 최대한 존중하여야 하고 그에 반비례하여 그 지상 분묘는 그 가치를 낮추는 걸림돌에 불과하므로 되도록 그 굴이를 쉽게 허용하고자 하는 인식과, 분묘란 쉽게 세우고 쉽게 철거할 수 있는 한갓 공작물과 단순 비교하여서는 아니 되는 정신적 가치를 가진 신성한 장소로서 조상의 숨결이 살아 있는 사람들의 기억 속에 남아 있는 한 그 굴이를 허용하여서는 아니 된다는 인식 사이의 균형추가 흔들리고 있다는 취지의 반대의견을 받아들인다고 하더라도, 아직은 그 균형추가 전자(前者)로 넘어가 버렸다고 볼 수는 없다는 것이 다수의견의 취지이다.

이상과 같이 다수의견에 대한 보충의견을 밝혀 둔다.

청년이 묻고
대법관 김신이 답하다

2021년 4월 8일 초판 1쇄 찍음
2021년 4월 21일 초판 1쇄 펴냄

지은이 김신

펴낸이 정종주
편집주간 박윤선
편집 강민우 김재영
마케팅 김창덕

펴낸곳 도서출판 뿌리와이파리
등록번호 제10-2201호(2001년 8월 21일)
주소 서울시 마포구 월드컵로128-4 2층
전화 02)324-2142~3
전송 02)324-2150
전자우편 puripari@hanmail.net

디자인 가필드
종이 화인페이퍼
인쇄 및 제본 영신사
라미네이팅 금성산업

© 김신, 2021

값 18,000원
ISBN 978-89-6462-155-4 (03360)